産業復興の経営学

―大震災の経験を踏まえて―

石原慎士
佐々木茂
石川和男
李　東勲
編著

同友館

はじめに

　東日本大震災から6年の歳月が経過した。東日本大震災後，震災に関する様々な書籍が発行されてきた。被災地の大学に勤務し，被災企業に対する支援活動を行ってきた筆者らも，多くの方々から震災復興や被災企業の状況に関する原稿を書かないかと勧められた。中には，将来想定されている震災や災害に備えるための教訓や提言を記して欲しいといった要請を受けることもあった。将来想定されている地震に備えるべく提言を記すことについては，その必要性を感じていながらも，被災地の状況を目の当たりにしているとその気になれなかった。その理由は，「復旧」は進んでいても真の意味での「復興」は進んでいないと感じていたからである。震災から時間が経過しても未だに仮設住宅で居住している人々や販路開拓に悩んでいる企業経営者を見ていると，「復興」はもとより，「復旧」ですら進んでいないと感じた。このため，「復興」という言葉を使うことに罪悪感や嫌悪感を抱くようになり，震災から4年目までに依頼された原稿は一部を除いてほとんど辞退してきた。

　しかし，震災から5年が経過した2016年頃から，被災企業の経営者の意識は徐々に変わってきた。従前の販路を喪失したものの，新規販路の開拓に意欲的に取り組む企業も見られるようになった。被災したことをポジティブに捉える経営者や，従来までのビジネスを見直し，新しい価値を持つ商品を開発しようと考える企業も散見されるようになってきた。筆者らは，被災企業の経営者たちが意欲的な姿勢で新しいビジネスを考えるようになったとき，「復興」がようやく緒に就いたと感じた。

　このように感じたとき，筆者は「被災経験を次の震災に生かさなければならない」，「同じ経験を繰り返してはならない」と思い，研究活動でご指導・ご支援いただいている諸兄に対して「ご経験を踏まえて産業復興のあり方について提言していただけないか」とお願いした。そして，東日本大震災から6年が経過した2017年7月に本書を上梓させていただくことになった。著者の中には，

阪神淡路大震災（1995年），新潟県中越地震（2004年），東日本大震災（2011年）で被災した研究者に加え，大震災が生じたときに，被災地に足繁く通い，ボランティア活動に従事した研究者も含まれている。本書の執筆に際しては，被災地の現場で経験したことやご専門の研究分野と被災地の課題との関連性を考察していただいた。ここで本書の内容について簡単に紹介する。

第Ⅰ部では，「主要産業の被災と復興に向けた取り組み」と題し，震災復興におけるレジリエンスの概念（第1章）について提示しながら，東日本大震災（第2章），阪神淡路大震災（第3章），新潟県中越地震（第4章）の被災地における復興に向けた取り組みなどについて述べている。このほか，東日本大震災の1ヶ月前（2011年2月）にニュージーランドで発生したカンタベリー地震（第5章）の被災地の状況についても取り上げている。

第Ⅱ部では，「震災復興に向けた産業ソリューション」と題し，水産業（第6章），食品製造業（第7章），小売業（第8章），観光業（第9章）といった業種における復興ソリューションのあり方について，事例を提示しつつ述べている。本部では，震災復興に不可欠な産業政策（第10章）のあり方についても東日本大震災時の状況を踏まえながら述べている。

第Ⅲ部では，「産業持続に向けたマネジメント」と題し，経営管理（第11章），組織管理（第12章），施設・設備管理（第13章），流通管理（第14章），情報伝達（第15章），リスクマネジメント（第16章），ソーシャルイノベーション（第17章）といった観点を提示しながら，産業復興の際に求められるマネジメントのあり方について述べている。

そして，第Ⅳ部では，「震災に備えるための産業持続策」と題し，各章の内容を集約するとともに，後の震災に備えるべく対応や産業復興期の活動に対する提言を記している。本部では，危機変化モデル（第18章），事業継続計画（第19章），連携（第20章）という論点を提示しながら，編著者（佐々木・石川・石原）が第Ⅲ部までに述べてきた内容を踏まえつつ，執筆した。

震災から経過した歳月は，「もう○年」と感じる人も居るかもしれないが，被災地に身を置いていると「まだ○年」という感じがする。正直なところ，東

はじめに

日本大震災で被災した産業の復興が順調に進展するか否かについては，まだ言及できる段階では無い。また，震災後の復旧・復興策が最善だったのか否かについても，現時点では明確に述べることはできない。しかし，震災や災害は，発生確率の高低はあるものの，いつ何時，どこで生じるかを予知できるものではない。実際に，東日本大震災後も，熊本県や鳥取県，福島県，茨城県などで強い揺れを伴う地震が発生している。本書が読者の皆様にとって，震災に備えるべく対応や産業復興のあり方について，検討・再考するきっかけや参考になれば望外の幸せである。

最後に，本書執筆の機会をお与えいただき，編集作業をご担当いただいた株式会社同友館編集部次長の佐藤文彦氏には，とくに感謝の意を表したい。

2017年7月

編著者　石原　慎士
佐々木　茂
石川　和男
李　東勲

◉目　次◉

はじめに　*iii*

主要産業の被災と復興に向けた取り組み

第1章 震災復興とレジリエンス……………………………………2

1. はじめに　*2*
2. 震災復興（復興災害）の実相　*2*
3. 復興場面へのレジリエンス概念の導入，その虚実　*5*
4. 復興の物語を紡ぎ出す　*9*
5. おわりに　*16*

第2章 東日本大震災による産業の被災……………………………22

1. はじめに　*22*
2. 東日本大震災による産業被害　*22*
3. 石巻市と気仙沼市における水産業の特徴　*29*
4. 代替生産　*32*
5. 風評被害払拭に向けた取り組み　*35*
6. おわりに　*38*

第3章 阪神淡路大震災と産業復興 …………………………………… 42

1. はじめに　*42*
2. 震災と産業　*43*
3. 地場産業と震災―ケミカルシューズ産業の場合―　*46*
4. おわりに　*50*

第4章 中越地震（新潟県中越地域） ……………………………………… 53

1. はじめに　*53*
2. 被害の概要と産業への影響　*53*
3. 各産業の復興過程と新たな展開―事例から読み解く―　*58*
4. おわりに　*64*

第5章 カンタベリー地震（ニュージーランド・クライストチャーチ市） …… 67

1. はじめに　*67*
2. ニュージーランドと震災の概要　*67*
3. 復興に向けたユニークな取り組み　*74*
4. おわりに　*82*

第II部 震災に備えるための産業ソリューション

第6章 水産業における復興ソリューション……88

1. はじめに　*88*
2. 宮城県における銀鮭養殖の課題　*89*
3. おわりに　*98*

第7章 食品製造業における復興ソリューション……101

1. はじめに　*101*
2. 被災企業の調査　*102*
3. 産学・異業種連携による商品開発　*106*
4. おわりに　*111*

第8章 商店街再生の取り組みと諸問題……113

1. はじめに　*113*
2. 石巻市における中心市街地の被災状況　*114*
3. 商店街再生への取り組み　*118*
4. おわりに　*122*

第9章 東日本大震災後の東北の観光の取り組み……125

1. はじめに：東北観光の課題　*125*
2. 東北地方へのインバウンド観光の可能性　*127*

3. 東北の観光に求められるアプローチ　128
4. 観光による地域再生は，
　　地域全体として取り組めるかどうかが課題　131
5. 震災復興観光という視点　133
6. プロモーション戦略　134
7. 東北全体のブランド化につながるみちのく潮風トレイル　136
8. おわりに　136

ケースに学ぶ　一般社団法人リアス観光創造プラットフォームの取り組み　138

第10章　自治体が対応するソリューション　141

1. はじめに　141
2. 被災地における産業復興支援事業　142
3. 岩手県の産業復興支援策　145
4. 宮古市による産業復興支援策　151
5. おわりに　155

第Ⅲ部　産業持続に向けたマネジメント

第11章　経営管理　160

1. はじめに　160
2. 総合管理　161
3. 実態調査とその分析　163
4. おわりに　171

第12章 組織管理 …………………………………………………………… 174

1. はじめに　*174*
2. 組織の構造と機能　*176*
3. 組織を管理するリーダーの役割　*180*
4. バルーン型組織への革新　*186*
5. おわりに　*189*

第13章 施設・設備管理 …………………………………………………… 193

1. はじめに　*193*
2. 阪神・淡路大震災と東日本大震災からの教訓　*193*
3. 企業におけるBCP策定の実態調査と位置づけ　*196*
4. 施設管理の計画　*198*
5. おわりに　*201*

第14章 流通管理 …………………………………………………………… 204

1. はじめに　*204*
2. 流通・物流管理概念　*204*
3. 災害発生後における事業復旧と対応　*207*
4. 食品流通の特殊性とサプライチェーン　*211*
5. おわりに　*215*

ケースに学ぶ　サプライチェーン震災　*216*

第15章 地域と連携したメディアシステムの構築を目指して ……… 218

1. はじめに　*218*

2. 災害時における情報伝達　*219*
　　3. 石巻専修大学での取り組み　*222*
　　4. おわりに　*228*

第16章　リスクマネジメント　*231*

　　1. はじめに　*231*
　　2. 組織におけるレジリエンスの意識を高めるための体制　*231*
　　3. 組織体制のマネジメント　*236*
　　4. おわりに　*240*

第17章　ソーシャル・イノベーション　*242*

　　1. はじめに　*242*
　　2. ソーシャル・イノベーションとサバだしラーメン　*245*
　　3. おわりに　*252*
　　ケースに学ぶ　ふくしま自然エネルギー基金とソーシャル・イノベーション　*252*

第Ⅳ部　震災に備えるための産業持続策（提言）

第18章　危機変化モデル　*256*

　　1. はじめに　*256*
　　2. コンビニエンス・ストアの課題対応力の向上　*257*
　　3. 危機変化モデル　*259*

4. 事例研究①：ローソンの取り組み　261
  5. 事例研究②：ルネサスの2つの震災を経た進化と課題　265
  6. 事例研究③：マゼラン・リゾーツ・アンド・トラストによる外国人のトラベル・ボランティアの試み（観光交流が地域の活力源となる）　273
  7. 官官民民連携による災害復興への取り組み　277
  8. 震災に備えるための提言　288

第19章　震災に備えるための産業持続策 …………………………292

  1. はじめに　292
  2. 事業継続計画（BCP）の必要性　292
  3. BCP策定の要点　296
  4. BCP運用上の要点　299
  5. BCP策定することの有効性　301
  6. 震災に備えるための提言　302

第20章　産業復興における連携の必要性 ………………………304

  1. はじめに　304
  2. 阪神淡路大震災の教訓　305
  3. 東日本大震災の経験を踏まえて　306
  4. 地域産業を持続させるためのアライアンス　309
  5. ソーシャル・イノベーション・クラスター　312
  6. 震災に備えるための提言　315

おわりに　319

第I部

主要産業の被災と復興に向けた取り組み

震災復興とレジリエンス

1. はじめに

　本書冒頭の第１章では，被災地における地域産業の復興・維持策を論じるに際して，その基本的な認識論的枠組みについて検討・確認していく。その際に本章では，幅広い論調があることを前提としつつも，まずはその現場の担い手である（生活者・労働者であるところの）被災者の生活再建に傾注すべきことを確認する（強力な社会基盤のリノベーション偏重論とならぬよう）。そして，中長期的な復興とさらにその先に位置づけられる将来の被災への備え，すなわち防災を，息の長い防災社会構築の取り組みとして減災サイクルの円環としてとらえて，そこから導出されてくる事前復興論（含：Business Continuity Plan，Community Continuity Plan）と，その認識論的基盤たるレジリエンス論の位相を合わせて検討していくこととする[(1)]。

2. 震災復興（復興災害）の実相

　復興の奔流において翻弄される生活再建の実相（復興災害）を確認しつつ，そうした事象が産出・容認されるに至る現況日本の社会的メカニズムを批判的に解読・検討してみよう。

(1)「復興」認識の重層性

　一般的に「復興」という言葉は，『広辞林』にあるように，「もとのように再建すること」として認識されている。したがって，これとは異なる現実が存在し，それを表す言葉が流布している被災現場においては，被災地内外の者同士でちぐはぐな会話が交されていて，これによって様々な軋轢が発生している。被災地に外から訪れる者たちが「みなさん，復興に向けて頑張って下さい」と無邪気に口にすることによって，被災当事者は底知れぬ苦悩・怒りを覚えることがある。それには二つの理由がある。一つは，被災者にとっては，「被災地外の者に"ガンバレ"などと言われる以前に，もう自分達は心底ガンバリし尽くしている。この上，あと何をガンバレと言うのだ‼」ということ。被災者に対する"ガンバレ"が禁句であることは，臨床心理学の領域から度々警告されていることなのでここではこれ以上触れない。もう一つは，「私たちは被災地で今，何とか生活の再建に向けて奮闘努力している。それなのに何故，外からフラッとやって来た人達が，私たちにここから立ち去れと言う権利があるのか」，ということ。被災地外から投げかけられる心づくしの励ましの言葉＝「復興に向けて頑張って下さい」が何故，被災者には「ここから立ち去れ」と聞こえてしまうのか。そこには，被災からの再建・復興に関わる諸主体間の幾層もの認識のズレ・断絶が存在する。

(2) 既定復興の誤謬〜「復興災害」

　我が国では関東大震災（1923年）以降，被災地復興と言えばそれは都市基盤再整備の公共事業を軸に進められてきた歴史が厚い。これは，同震災の態様・教訓である大災害≒大規模延焼火災のイメージのもと，その復興策として，土地区画整理事業（延焼しないように，広い道路・公園で街区構成をはかる）が一義的に採用されて来たことを意味する。関東大震災復興に際しては，その直前，1919年制定の「(旧)都市計画法」に位置づけられている土地区画整理法が採用されて，これが特別都市計画法として制定・施行されて，勅令で東京・横浜において帝都復興事業が行われた。そしてその約20年後にも再び，

空襲（大規模延焼火災）=戦災の復興に対して同様の特別都市計画法が，今度は日本全国100以上の都市において同時一斉に施行され，これがその後，完了まで数十年続けられた。以降，我が国で災害復興といえば一義的に，基盤再整備の公共事業としてイメージされ，これが既定路線として規定手法に基づき疑義なく重ねられていくこととなる。こうした復興スタイルが「既定復興」と呼ばれるもので，震災・戦災以降は，大島元町大火（1965），酒田大火（1976），阪神・淡路大震災（1995），そして今回の東日本大震災（2011）などがこれに続く[2]。

　一方，災害復興によらずとも日常的に各地で，都市基盤整備のために土地区画整理事業が行われている。そこでは，減歩・換地・清算金[3]の負担が異議申し立てられて，裁判で争われ続けている。これは，これらの負担が基本的人権（居住権，財産権，生存権など）の侵害に当たるのではないかとの争いであり，土地区画整理事業の行われるところ，ほぼ自動的に住民の反対運動が組織される。これが特に被災地で行われる場合は，当該権利関係者が被災・避難して不在のところで，規定の手続きに則って粛々と（ほとんどの避難住民が知らない内に）事業が公告・決定されるので，被災者にはすこぶる不評（「寝耳に水の都市計画決定!!」）となる。しかしながら，非被災地の者には概ね好評であって，被災者がゴネているとしか映らない。

　また，土地区画整理事業で補償される権利関係者は，地権者，借地権者とそもそも法的に規定されていて，最も弱い権利関係者である借家人は保護されていない。つまり災害で住居（その揺れで壊れるような古く弱い木造のアパートなど）を失った借家人は，再興される瀟洒な街並みに新設される新しい住居（燃えないようにと鉄筋コンクリートで堅牢に造られたマンション）に入居したくても，その家賃を支払えないことが多いから，住み慣れた地域を後にして，支払える家賃を求めて彷徨せざるを得なくなる。被災地復興におけるジェントリフィケーション[4]である。このことは，被災地復興に都市計画事業を採用する限り，論理的にはあらかじめ決まっている。瀟洒な復興環境には人口が集中し（人口回復・増加：平屋・木造二階建てアパートが中高層のマンショ

ンに建て替わって収容人数が格段に増える），したがって地価は上昇し，新居住階層による納税額は被災以前より格段に多くなるから（税収回復・増収，福祉支出の削減），自治体ではもちろんそれを歓迎するし，それを誘導する。災害に遭って何とか生き延びても，復興事業の過程において基本的人権としての居住の権利を失う・奪われることとなる階層が生まれてくる。これを「復興災害」（塩崎（2014））と呼ぶ。災害復興における復興災害，そしてこうしたことは既定復興の枠組みではあらかじめ黙認・奨励されている。

　復興災害（復興ジェントリフィケーション）の予定（既定）犠牲者が，非被災者の無邪気な応援の言葉「復興に向けて頑張ってください」を「貧しい借家人は早く立ち去って下さい」と鋭く聞き取り，激怒するのである。

3. 復興場面へのレジリエンス概念の導入，その虚実

（1）事前復興

　阪神・淡路大震災の復興都市計画事業の現場で，こうした難しさの矢面に立っていた研究実践者（都市計画・建築の防災社会工学者たち）は，その教訓として「事前復興」という枠組みを思いつくこととなった。彼らは，「災害が起こる前に考え準備しておくことで，事後の都市復興における迅速性・即効性を確保するとともに，諸施策・計画の総合性とその過程での住民参加をより実効性のあるものにするはずである」（中林（1999））と考え，一つの仮説として「事前復興都市計画」を唱えた。大都市神戸の被災を教訓とすることとして，この仮説がいち早く東京都において政策的に採用されることとなった。

　「復興」が，復旧の後の事項，すなわち「復興」を冠した都市計画事業（土木事業）として矮小化・曲解されることのないよう[5]，被災前からの重要検討事項として事前に位置づけられた（「事前復興」）。これにより，「防災まちづくり」を考えるに際しては，被災前の今であるにも関わらず，地域住民自身によって，被害想定に基づいて被災状況と被災後の態様・段取りがイメージされ，学び取られていくこととなった。「事前復興を盛り込んだ防災まちづくり」

の創成である。ここで気づくことは、「事前復興を盛り込んだ防災まちづくり」はローカルな生活者自身の主体的実践である、ということである。上から押しつけられるハード整備の防災施策ではない。

(2) レジリエンス（Resilience :「復元＝回復力」概念）

こうした事前復興の取り組みが全国各地で少しずつ進められ始めた頃、2005年にアメリカでハリケーンカトリーナによる大災害が発生し、防災社会工学の領域で盛んにレジリエンス（Resilience）が唱えられるようになって（Wisner et al（2004））、これが日本にも輸入された。

世界中で頻発する大災害とその背景が克明に調査された。そして、災害をその災害因（災害の原因となる、例えば、地震や洪水、噴火‥‥）との関係のみで捉えるのではなく、災害がこのような災害因をきっかけとしながらも、それに社会の構造的要素が重なり合うことによって、被害が広範に拡大し壊滅的なダメージに繋がっていくメカニズムとして解明され、そこへどのように実践的に関与していくかに焦点を置く研究が注目を集めるようになっていった。その視角こそが、「レジリエンス：復元＝回復力」概念である。そこではまず、「根元的な原因（Root Cause）」として、権力・社会構造、諸資源へのアクセス制限や、さらにはそうした状況を容認する政治・経済システムに関わるイデオロギーがあげられた。そして現実的には、こうした大状況において、脆弱性を促進させるように見受けられる根元的な原因にすべてを収斂させてしまって、体制批判的な議論のみが跋扈して、眼前の危険に対する処方や方策に行き着かない危険性が現実としてあることも改めて厳しく指摘されることとなった。そして、客観的な環境と条件で見る限りでは同程度に脆弱な状況にあるのに、地域社会の長期的災害の影響に差が見られるのはなぜなのか、大状況における脆弱性を促進させる根元的な原因に着目するだけで、災害による深刻な影響を軽減させることが出来るのか、といった疑問が投げかけられてきた。そこでクローズアップされてきたのが"「復元＝回復力」概念"である。これはいわば、

「‥‥大状況のなかでの客観的な環境や状況を見る過程では見逃しがちな，地域や集団の内部に蓄積された結束力やコミュニケート能力，問題解決能力などに目を向けていくための概念装置であり，それゆえに地域を復元＝回復していく原動力をその地域に埋め込まれ育まれてきた文化や社会的資源のなかに見いだそうとするもの」（浦野他（2007）pp.32-33）であった。

こうした被災地をまなざす災害社会学の視角が，ハリケーン・カトリーナを契機に日本にも輸入された[6]。ローカルな生活者自身の主体的実践である事前復興（復興まちづくり訓練）とワールドワイドな防災社会工学の視角（レジリエンス論）が顔を揃えることとなった。

(3) レジリエンス概念の出自〜援用・曲解

しかしながらこれをお読みいただいている今日，我が国においてレジリエンス概念が全く別様に解釈・運用される現場が頻繁に広報されるようになってきた。お気づきだろうか。同概念の出自をたどりつつ，昨今のその解釈の曲解・変容の姿を確認しておこう。

① 金属工学から精神医学を経て災害社会学へ

そもそもレジリエンスの語源はラテン語の「跳ねる（Salire）」と「跳ね返る（Resilire）」にあって，17〜19世紀に西欧で「圧縮された後，元の形，場所に戻る力，柔軟性」（加藤他編（2009）pp.9-11）という意味で使われていた。学術用語としてはまずは物理学に取り入れられて，金属工学において金属素材の弾性（あるいは靭性＝破壊に対する感受性・抵抗／材料の粘り強さ）を指す言葉として使われた[7]。

そこから1970年代に，発達精神病理学に取り込まれる（石井（2009））。悲惨なライフ・イベントを経験した人，都市の貧困家庭など，メンタルヘルス上，劣悪な条件下にある脆弱な集団に対する疫学的調査において，しかしながらこうしたハイリスク集団の中にも，逆境をこえてたくましく適応していく一群の個人があることが明らかになってきたことで，この概念が使われるように

なった。

　次いで，コンピュータ・サイエンス，ネットワーク・セキュリティ[8] の各領域から実業界全般へと転用されていく。20世紀末，2000年問題やサイバーテロに応ずる情報ネットワーク領域から，それを含む企業体全体のリスク・マネージメントを検討する領域で使われるようになって，そこでは例えば，BCP（Business Continuity Plan＝事業継続計画）からCCP（Community Continuity Plan＝地域継続計画）などとして展開・普及をみている。

　一方，同時期に，人文・社会科学の領域では，例えば環境倫理学において，ローカルな発想や共同性を公共性のなかに的確に位置づけるべきとして，例えば，専門家の科学知と地域住民の生活知を融合して，公共知として組み上げていくべきとの議論においてレジリエンス概念がとらえられ，これを獲得する社会過程が注目されることとなった。

　こうした流れで，我が国の防災社会工学においてもレジリエンス（"「復元＝回復力」概念"）が取り入れられるようになってきた。

② 国土強靱化スローガン

　ところで，東日本大震災（2011年）を経て日本政府は，国土強靱化基本法（2013年）を打ち出した。これは東日本大震災の経験を経て，今後予測される大規模災害を見据えたものであるが，同時に，平成不況・デフレ脱却のための内需拡大・インフラ更新の公共事業推進のスローガンともされていることに注意を払っておきたい。これから10年間で総額200兆円規模のインフラ投資が必要だとされていて，内閣官房に「ナショナル・レジリエンス（防災・減災）懇談会」が設置された。そこでは，レジリエンスが"強靱性"（「強くてしなやか」）と意訳され，「強靱な国土，経済社会システム」，すなわち，「私たちの国土や経済，暮らしが，災害や事故などにより致命的な被害を負わない強さと，速やかに回復するしなやかさをもつこと」の重要性として謳われることとなった。

　おりしも人口減少社会における財源縮小によるインフラ・メンテナンスの難

しさがいわれていたところで，笹子トンネル事故（2012年）[9] が発生し，これを契機に，国はこの翌年を「社会資本メンテナンス元年」と位置付け，社会資本の維持管理・更新への取組を積極的に進めていく姿勢を打ち出した。高度経済成長期に敷設された都市インフラが，4〜50年を経て老朽化しつつあるとするインフラ・クライシス論である。これが上記の国土強靱化と結びつけられた。その結果，本来，東日本大震災復興の現場で使われることとなっていた復興予算が全国各地で非復興事業に自由に使い回されることとなった[10]。「ガンバレ東北!!」のハズが気がついてみると見事に「ガンバレ日本!!」にすげ替えられていた。全国各地の工事現場で爆走する無数のダンプカーに貼られた「ガンバレ日本!!」のステッカーが，それを如実に物語る。首都圏の道路・トンネル工事は着々と進むが，東北の津波被災地・その小漁港では，8年度目を迎えた今でも，砕け散った防潮堤の残骸がそのままというところが，まだまだ多々残存する。

　ちょうどその頃，2014年度末には，東日本大震災の被災地・仙台で国連防災世界会議[11] が開催された。この世界会議でもレジリエンスが議論の中核の一つであった。ここでは本義に忠実に国際的な議論が重ねられた。EUではレジリエンスを「（個人や家庭，コミュニティ，国や地域が内乱などの人災も含めた）災害による重圧や衝撃に耐え，適応して迅速に回復する能力」と定義して，人道支援・開発援助政策の重要な投資対象としている。国連防災世界会議ではこのように定義されるレジリエンスをいかに国際的な協調のもと強化してくか，その具体的な枠組みが議論された。ここでは例えば，「レジリエンスと防災力強化に向けたEUの協力」と題して，リスク評価，国境を越えた協力，早期警戒，データ収集など，EUが開発して世界各地の災害に対するレジリエンスを高めるために展開してきた施策の具体例が紹介された。

4. 復興の物語を紡ぎ出す

　被災者の生活再建過程を後ろ支えするものとして復興現場に導入されてきた

はずのレジリエンス概念が，我が国では特異なことに，一部行財政サイドによって曲解・援用される大状況が発生していることを確認した[12]。

しかしながら被災現場では真摯・けなげに復興に向けた内発的な取り組みが重ねられていることもまた事実である。ここでは生活者・被災者自らが内在的な生活言語で語り出し紡ぎ出す地域の復興の物語のあり方を紹介して，事前復興論（そして，BCP/CCPにつなげて）の現場を概説していこう。

（1）物語復興

2004年に発生した新潟県中越地震[13]は過疎・高齢化の進む中山間地域を襲った災害であったから，大都市神戸の復興経験がそのまま活かされるということはない（限界集落に高層マンションを林立させる復興事業は馴染まない）。

中越では，中山間地域の被災現場の緊急支援に参与したボランティアが，山古志村災害ボランティアセンターを設置してボランティア・コーディネートを重ねていき，その後それは発展的に解消して中越復興市民会議の設立につながり（2005年），さらに中越防災安全推進機構に展開していくこととなる（2010年）。この過程では，復旧から復興の段階において，まずは中間支援組織[14]の重要性が認識されたところで中越復興市民会議が設立された。そこから復興の過程で（それを積年懸案の過疎対策に連結して）地域振興を担う人づくりが肝要ととらえられて，地域復興支援員制度が構築されて行く。このシステムは現在，国に採用されて，過疎対策として推進されている集落支援員や地域おこし協力隊等をネットワークする「地域サポート人ネットワーク全国協議会」の設立に繋がっている（2010年）。

こうした展開，すなわち，"復興は人づくりとともに"という考え方は，中越での一つのかけがえのない経験にその端を発している。それが「軸ずらし」・「物語復興」という考え方である。そこに寄り添って研究実践を重ねた若手研究者は次のように記している。

「新潟県中越地震では，山間部に散らばる過疎集落を災害がおそった。被災

地の多くは，高齢化の激しい小さな村々だった。このような中山間地では，地震がおきたからといって突然「どんな地域に復興したいか」と問われても，「いや，もうオラたち年だから，どうすることもねぇろ」と，なかなか議論は進まない。地域に山積する課題が大きすぎるのである。

　目先の一見どうしようもなさそうな大きな課題，あるいは悲観的な地域像から，ひとまずいちど視線をそらしてみる。これを中越では，「軸ずらし」と呼んでいる。中越では多くの学生ボランティアが，地域行事に参加したり，畑づくりを行った。豊かでたくましい山の暮らしに，学生たちが「すごい」「おいしい」と驚嘆する。「おぃ，こんな山のなかが，そんなにすごいか？」と，よそ者の目を通して自分たちの地域の価値を再発見する。そして，そのような小さな取り組みの成功体験を重ねることで，「自分たちにも，まだまだやれるのではないか」という思いが生まれてくる。それが，共通体験を積み重ねることで，共有されていく。やがて，「地震のせいで‥‥」と言っていた人が，「地震のおかげで‥‥」と語るようになる。「役場が‥‥」が，「自分たちで‥‥」に変化していく。こうして，「どんな地域に復興したいか」という地域への思いが語られはじめる。このように，地域や自分たちについて語りなおすことを通して，復興の物語を紡ぐ形を「物語復興」と呼んでいる」(宮本（2007）p.26)。

　復興を自分たちで語りなおすこと，こうした復興スタイルは，阪神・淡路大震災復興の現場に携わった研究者が，これを猛省する過程で，1989年にアメリカ・サンタクルーズで発生したロマプリエータ地震の復興の現場を視察して学び取ってきたものであった。

　既定復興を批判しつつ復興のあり方が模索されて「物語復興」の思想と実践が輸入され，これが中山間地域の被災地で独自の視角・「軸ずらし」を発見・包摂しながら，懸案の過疎対策として，地域復興支援員から集落支援員・地域おこし協力隊の制度化へと展開を導いた。

(2) 減災サイクル

このように，中越の被災地では，外部支援を巧みに導入しながら内発的に古里を再興していった。そこでは，復興が公共土木事業・都市計画事業の竣工（既定復興）とは決して同義ではなく，それを復興のごく一部に据えたところでの地域アイデンティティ再構築プロセスとしてとらえられていた。そしてその息の長いプロセスは，実は，次の災害に備える"防災"の位相に相当することが鋭く自覚されてきた。これが減災サイクルである（図表1-1）。

復旧・復興，そしてその延長に位置づけられる次の災害に向き合う防災対策までを，一つの円環の中で統合的に捉える考え方として「災害サイクル論」がある。様々なバリエーションが流布するが，そのうち最も普及しているのが，「防災対策サイクル」（Disaster Management Cycle：通称「DMC時計モデル」）と呼ばれるものだ。我が国ではこれに，阪神・淡路大震災後に広く認知された上で防災の一主体として位置づけられてきたボランティア[15]の，その意志と活動を重ね合わせて，各象限における取り組みのスローガンを添えつつ，独自に「減災サイクル」として構想されてきた。

発災時にはその応急対応において「もう一人の命を救えないか？」と奮闘する**救援ボランティア**。時計回りに次いで復旧・復興期には，そのドラスティックな流れに取り残されそうな人々に思いをはせて「最後の一人まで」と寄り添う**復興ボランティア**。そして次の災害に対峙する事前準備の時期においては，「たった一人でも救えるか？」を問い続ける**予防ボランティア**。ここでは，日頃からセーフティネットが充実していれば，いざ災害が発生してもまずは安心なのであるが，そうした意味で，「取りこぼしはできない」のであり，セーフティネットの網の目からこぼれ落ちる人がいてはならないとの認識で，「たった一人でも救う」ことが目標とされる。そして，そうした取り組みの認識論的な基礎あるいは延長における一つの理念的な姿として，**共創ボランティア**が構想する「もう一つの社会」が構想されることとなった。

第1章　震災復興とレジリエンス

図表1-1　減災サイクル

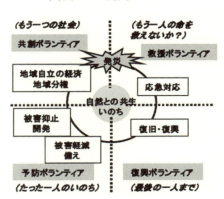

出所：村井（2008）p.212

（3）防災まちづくりの地区防災計画

　官製・既定復興で駆逐される社会層（復興災害）が発生しないように，「最後の一人まで」，「たった一人」までをもまなざす「もう一つの社会」が構築されれば‥‥，これは復興に関わる諸主体の悲願であろう。少なくともそのためには，「この度の被災」という重い貴重な経験が，そこで生き残り生活再建を模索する面々自身によって言説化されて血肉として次世代に継承されなくてはならない。居住階層が入れ替えられて復興なったり!!　とされたのでは先霊は浮かばれまい。

　被災の「たら」「れば」を執拗に調査して，これを復興過程で防災計画策定に盛り込んだ地区事例として，東日本大震災の津波被災地・岩手県大槌町の「安渡地区津波防災計画」策定がある。

　大槌町では津波で町長を含めて役場職員にも多く犠牲を出した（町全体としては約15,000人の人口のうち1,287人が，安渡地区では約2,000人の人口のうち218人が亡くなっている）。安渡地区は被災前から，ことのほか熱心に津波避難体制構築に取り組むところとして全国的に有名で，多くの視察を受け入れていたところでもあった。それなのになぜ，かくも多くの犠牲（集落人口の

13

11.2％）を出してしまったのか。被災後，再編なった新町内会ではその検証作業を重ね，それに基づき「地区防災計画」[16]を策定した。

　三陸沿岸の基礎自治体では，1933年の三陸地震津波災害の発災日に因んで，3月3日に津波避難訓練を実施しているところが多い。ここ安渡町内会でもそうで，毎年訓練を重ねていた。被災前数年間は，町役場・福祉課と共同して要支援者マップ作成してきており，安渡町内会2丁目の全17班でワークショップを実施していた。2011年度には全17班に詳細説明を実施していこうとしていた矢先（被災は2010年度末）に被災することとなってしまった。しかしながら，それまでの訓練が奏功して，3.11当日も真っ先に高台に避難したのは，低地の保育園の面々だった。幼い命は皆，救われた。その一方，町内218人の犠牲のうち60％超が高齢者で，また，壮年の消防団員41人のうち11人もが犠牲となっている。

　町内会ではこの被災の重い教訓を活かすべく，独自に防災計画を練り直して行きたいと考えていたところで，そのためには精確な被災調査が必要だった。そこで，「避難行動等ヒヤリング」（2011.11），「生存者への避難行動等アンケート」（2012.09），「安渡地区死亡状況調査」（2013.01）と各種調査を展開していくこととなる[17]。そこで明らかになってきたことの一つとして，亡くなった方の多くが，過去の津波到達線の間際にいて（「住んでいて」，また，「そこまで津波を見に来ていて」）呑まれてしまっていること，また（高齢者や障害者の）避難誘導にことのほか多くの時間・労力を要して避難介助要員ともども多くが犠牲となっていること。後者については，方言で「こすばる老人」の存在，すなわち，消防団の「逃げろ！」という避難誘導の声かけに対して「だだをこねる」老人が少なからずいて，避難誘導（だけ）に走り回っていたはずの消防団員が，実際にやらなくてはならなかったこととして，「（その家に残っている一人暮らし老人の）捜索」→「（「私は逃げない」とこすばる老人の）説得」→「（逃げるに際して持ち出したいという品の数々：薬，めがね，位牌，ラジオ‥‥の）梱包」→「（老人をおぶって，荷物袋を手に持っての）搬送」をしなくてはならず，結果として，高台に避難した（している）皆の眼

第1章　震災復興とレジリエンス

図表1-2　安渡町内会の津波防災計画づくりの経緯

年月日	○体制構築	◇調査	△成果
2011.10		◇避難行動等のヒヤリング	
2012.04	○安渡町内会誕生(旧安渡町内会1～3丁目の合併)		
2012.06	○安渡地区防災計画づくり**検討会**の設置		
2012.09		◇生存者への避難行動等アンケート	
2013.01		◇安渡地区死亡状況調査	
2013.04			△安渡町内会津波防災計画(案)、報告
2013.08	○安渡町内会・大槌町**懇談会**		
2013.10			△安渡地区津波防災計画、策定
2014.03	○安渡町内会・大槌町合同**防災訓練／検証会議**		
			△大槌町地域防災計画(資料編に掲載)
			△大槌町東日本大震災検証報告書
2014.09		◇生きた証プロジェクト	
2015.03	○安渡町内会・大槌町合同防災訓練／検証会議		
			△国連防災世界会議・報告

出所：吉川（2013）をもとにその後の状況・情報を加えて筆者作成（大矢根（2015））

下（眼前）で波にさらわれていた事実が次々と明らかになってきた。

　無念の思いを精確に調べ上げて、それを町内会独自の防災計画にまとめ上げていく作業が重ねられた（図表1-2）。

　まず、安渡町内会で、独自に「検討会」（安渡地区防災計画づくり検討会）を設置して議論と各種調査活動を重ねた。調査を経て安渡地区の防災計画を構想していく際に、大槌町役場で改訂作業が進められている地域防災計画（災害対策基本法に基づき、各基礎自治体にその策定が義務づけられている計画）との整合性を吟味するために、安渡町内会と大槌町役場の間で定期的に「懇談会」（「安渡町内会・大槌町懇談会」）を設けて検討を重ねた。そして、こうした検討の結果を検証するために、2014年3月2日、津波避難訓練が実施された。毎年3月に実施してきた町内会津波避難訓練の場を利用して、検討会で議論して新たに考案されてきた避難プランを試していくこととなり、その現場に役場（危機管理課）も参画するよう申し入れした。この訓練の前提として、こうした訓練はあくまで町内会が主導するものであって、決して役場が企画したところに町内会が参加させられているのではない、という強い自負心があって、そのことは、訓練名称にも明記されていた（「安渡町内会・大槌町合同防

15

災訓練」であって，「大槌町・安渡町内会防災訓練」ではない）。そして訓練直後には，町内会企画がどの程度，効果のあるものであったか，課題は何かが議論される「検証会議」が設定された。3月の寒い体育館に皆が集った。こうして「検討会→懇談会→防災訓練→検証会議‥‥」は足かけ3年，重ねられて来た。2013年度末，町内会から提出された「安渡地区津波防災計画」は，大槌町役場策定の地域防災計画の巻末・資料編に編入されることとなった。

　安渡町内会の地区防災計画策定の事例は2014年度『防災白書』に，「町内会，小学校区単位（自主防災組織）等で住民が主体となって，行政と連携して実施している特色のある取組」例として紹介・掲載され，また，2014年度末に仙台で開催された国連防災世界会議・パブリックフォーラム「地区防災計画モデル地区フォーラム」において，モデル地区No.11として報告会のトリをつとめる機会を得ることとなった。

5. おわりに

　復興と防災を繋げてとらえる防災社会構築に邁進する地域社会の実践例を見てきたところで，本章の最後に，本書の課題である「地域産業の復興」を，レジリエンスの醸成・延伸としてのBCP（事業継続計画）という側面から考えておこう。

　世紀末前後，2000年問題や9.11テロを経て広く世界的に，非常事態における組織機能の維持・再開の事前検討の重要性が認識された。

　中小企業庁では，

　「BCPとは，企業が自然災害，大火災，テロ攻撃などの緊急事態に遭遇した場合において，事業資産の損害を最小限にとどめつつ，中核となる事業の継続あるいは早期復旧を可能とするために，平常時に行うべき活動や緊急時における事業継続のための方法，手段などを取り決めておく計画のこと」（中小企業庁HPより）

と定義している。もちろんライフライン組織（企業）には必須のことがらであるが，最近では製造業でも，短期の業務停止が取引先・関連領域に及ぼす重大な影響（サプライチェーン）が認識されて，あらゆる業界で検討が深められていて，世界的には国際規格ISO22301（Business Continuity Management Systems-Requirements）が，そして日本ではこれを受けてJIS Q 22301（日本工業規格：事業継続マネジメントシステム―要求事項）が制定されている。

　災害復興論，防災社会工学領域では，BCPをCCP（コミュニティ継続計画）とともに，復興と防災を繋げたところに位置づけている。

　「‥‥復興は，災害が起こった後に突発的に始まるものではなく，行政のBCPとして位置づけられる必要があると言えます。また，地区が継続するためのコミュニティ継続計画（CCP）の中にも，復興を位置づけるべきだとも言えます。‥‥そのためには，コミュニティとして災害後の復興ではこういう方向に向かいたいということを，地域から責任を持って言っていかなければいけないと思います。つまり，コミュニティが責任を持つことを前提にCCPが成り立つのだと思っています。

　東京の事前復興の改善点としては，これまでの震災復興グランドデザインは都がつくってきましたが，それを住民参加で見直す時期にあると思います。‥‥防災まちづくりが必要である脆弱なまちが，間違いなく復興が必要になってくる被災しやすいまちなのです。「防災まちづくりでは土地区画整理なんかできないから修復型で」，「復興まちづくりでは土地区画整理をしないと多くの既存不適格の敷地では住宅の再建もできない」，というような，防災と復興でまちづくりが二枚舌ではいけないわけです。二つのまちづくりをかみ合わせる取り組みをきちんとやっておくことが何よりも大事だと思っています」（中林(2012) p.50）。

　BCP・リスクマネジメントも，そもそもその内発性・自律性が重要なのである。システムエンジニアが机上論として組み上げた強靱性として事業計画書

に書き込むのではなく，ローカルの言説として主体的に組み上げられるBCP，それは自ずとCCPと連動しているのであるが，そうしたレジリエンスをベースとしたBCPを醸成していくべきだろう。

　自地区内の課題を的確・真摯に把握して，その克服のための素材を自地区内から見出す努力を重ね（レジリエンスの醸成・獲得），アンテナを張り巡らせて古今内外の先例（霊）に学んで同型事象克服の実例を貪欲・果敢にアナロジーとして渉猟(しょうりょう)・援用することを重ねる‥‥。各々の地区・事業体がそれを実践することで，レジリエンスは内なる机上の取り組みから外に開放されて，ローカル取り組みとしての奥行きと緻密さを獲得していくこととなろう。

（注）
(1) なお，地域産業復興のあり方そのものを問う諸議論は，本書他章で専門的に詳細に引用・検討されるので本章では割愛させていただき，そうした議論の前提となる地域の復興論に焦点をあてて検討していく。
(2) そして過日2016年12月末，糸魚川大火が発生した。これは酒田大火復興40年記念フォーラム開催直後のことで，大火のニュースに日本海沿い二つの都市大火が重ね合わされて考えられた。
(3) 区画整理では，道路・公園等の公共施設の整備のために必要な公共用地（および事業費）を生み出すために，必要な土地（保留地）を地権者から一部を提供させることにより確保するが，これにより地権者の土地が減少することを減歩と呼ぶ。整備前の土地に換わり，交付される整備後の土地を換地といい，従前地面積と仮換地面積の不均衡が生じた場合は，これを金銭をもって清算することとなっていて清算金と呼ぶ。ほとんどの場合，清算金は，事業による地価上昇分を土地所有者が「支払う」こととなる。事業で地価が下落することはまずないから（そのような計画は立案され得ないから），土地所有者に清算金が支払われることは，ほぼないと言える。
(4) ジェントリフィケーション＝Gentrification。都心近接低開発・低所得地域（インナーシティ）が再開発されて，文化的，社会的な高級化がもたらされる。「被災した木造老朽家屋」と言われる事があるように，主に壊れたのは「古い（従って安い）」もので，事業で新築されるものは高価なものとなり，それを支払える

(5) 日本災害復興学会では,「復興とは何かを考える委員会」を組織して,その履歴・実相,多義性についてとりまとめを行っているので参照していただきたい。
http://f-gakkai.net/modules/tinyd2/index.php?id=1
(6) 災害大国日本には,レジリエンス概念の輸入以前から,地域独自の災害文化や"ご近所の底力"を始め,多様な内発的災害対応哲学・実践の蓄積が厚いところだ(大矢根(2013,2014))。
(7) そこから例えば,歯科治療で使用する材料・ワイヤーの弾性エネルギーを示して「線素材の復元力」などとして使われたりする。
(8) 社会の脆さは脆弱性(Vulnerability)という概念で扱われる。しかしながら壊れにくくすることには限界があるので,そこで社会が備える「しなやかさ」を意味するレジリエンス(Resilience)概念が取り入れられてきた。社会のレジリエンスが高いということが,頑強性(Robustness)・冗長性(Redundancy)・甲斐性(Resourcefulness)・迅速性(Rapidity)の4Rとして指標化されることとなった。
(9) 笹子トンネル天井板落下事故。2012年12月,中央自動車道・笹子トンネルで天井板のコンクリート板が約130mにわたって落下し,走行中の車複数台が巻き込まれて9名が死亡した事故。国土交通省事故調査・検討委員会は事故について,「‥‥ボルトを固定していた接着剤が劣化したことなど,複合的な要因が事故につながった」と最終報告書をまとめている。
(10) 2012年度には,南極海の調査捕鯨を妨害する「シー・シェパード」対策費や,沖縄の国道整備費など8事業への流用が指摘されて問題になり,2013年度には会計検査院が,復興予算で実施された1401件の事業を調査して,被災地復興とは関係のない事業が326件,1.4兆円に上っていると報告している。
(11) 国連防災世界会議は,第1回が横浜市(1994年),第2回が神戸市(2005年)で開催されたのを受け,第3回は東日本大震災の被災地である仙台市(2015年)で開催された。仙台会議では「神戸行動枠組」を検証して昨今の諸課題を踏まえた新防災方針の策定が行われ,そこでは特に,開発における防災の「主流化」(Mainstreaming of Disaster Risk Reduction)を進め「ビルト・バック・ベター」(Build Back Better 被災前より災害に強い復興を図る)をコンセプトに,世界レベルの減災目標の設定が議論された。
(12) 産業復興論にこれを特化してみると,資本の論理に基づいてローカルの漁村漁業を集約化して国際競争力を高めるという水産特区構想を批判的に読み解く石

川（2011）などを参照するといいだろう。
(13) 2004年10月23日，発震。県内・北魚沼郡川口町（現長岡市）では最大震度7を観測。家屋の全半壊はおよそ1万7,000棟に上り，高齢者や子供を中心に68名が死亡。豪雪地帯のため雪に押し潰されない頑丈な構造の家屋が多かったことから建物倒壊による犠牲が少なく，代わりに，山崩れや土砂崩れなどで鉄道・道路が約6,000カ所で分断された。
(14) 行政と地域の間にたって様々な活動を支援する組織のことで，市民と市民，市民と行政，行政と企業などの間に立って，そのパイプ役として中立的な立場で，それぞれの活動を支援する組織。
(15) 震災が発生して，全国から延べ100万人を超える若者達が駆けつけ，この新たなうねりを称して1995年は「ボランティア元年」と言われるようになった。こうした善意を適切に取り込もうと，主に社会福祉協議会が中核となってボランティア・コーディネートのシステムが構築されていくこととなった（菅他編（2008））。
(16) 東日本大震災では公助の限界が明らかになり，コミュニティにおける共助による防災活動の重要性が認識された。この教訓を踏まえ，平成25年6月の改正災害対策基本法において，地域コミュニティにおける地域住民や事業者による共助による防災活動に関する「地区防災計画制度」が法律に位置付けられた。「地区防災計画制度」は，市町村内の一定の地区の居住者及び事業者（地区居住者等）が地域の特性に応じた計画を作成するとともに，計画に基づく防災活動を実践し，継続していくことによって，地域防災力を向上させることを第一の目的としている。このような防災活動が，地域コミュニティの活性化やまちづくり，さらには，事前復興にもつながっていくといわれている（室崎・西澤（2014））。
(17) 被災直後，現地視察に訪れた災害社会学者・吉川忠寛（吉川（2013））がこれに献身的に協力していくこととなる。

【参考文献】

Wisner, B., Blaikie, P., Cannon, T. and Davis, I. (2004) *At Risk : Natural Hazards, People's Vulnerability and Disasters*, Routledge, Second edition. (first published in 1994)

石井京子（2009）「レジリエンスの定義と研究動向」『看護研究』42（1）

第1章　震災復興とレジリエンス

石川康弘（2011）『人間の復興か，資本の論理か3.11後の日本』自治体研究社
浦野正樹（2007）「災害社会学の岐路―災害対応の合理的制御と地域の脆弱性の軽減」
　浦野正樹・大矢根淳・吉川忠寛編（2007）『復興コミュニティ論入門』弘文堂
大矢根淳（2013）「復興，防災社会構築におけるレジリエンスの含意」『月刊公明』
　第90号
大矢根淳（2014）「地域レジリエンスの向上と事前復興」『労働の科学』Vol.69・
　No.4
大矢根淳（2015）「「安渡町内会防災計画づくり検討会」の取り組み―地区防災計画
　策定の体制と調査をめぐって」『地区防災計画学会誌C+Bousai』（別冊梗概集第
　1号）
加藤敏・八木剛平編（2009）『レジリアンス　現代精神医学の新しいパラダイム』金
　原出版
塩崎賢明（2014）『復興〈災害〉―阪神・淡路大震災と東日本大震災』岩波新書
菅磨志保他編（2008）『災害ボランティア論入門』弘文堂
関満博（2011, 2012, 2013, 2014, 2016）『東日本大震災と地域産業復興Ⅰ，Ⅱ，
　Ⅲ，Ⅳ，Ⅴ』新評論
中林一樹（1999）「復興への事前準備と防災都市づくり」『安全と再生の都市づくり
　―阪神・淡路大震災を超えて』社団法人日本都市計画学会防災・復興問題研究
　特別委員会
中林一樹（2012）「東京の事前復興」『関東都市学会年報』No.14
宮本匠（2007）「「軸ずらし」と「物語復興」」浦野正樹他編『復興コミュニティ論入
　門』弘文堂
村井雅清（2008）「もうひとつの社会」菅磨志保他編『災害ボランティア論入門』弘
　文堂
室﨑益輝・西澤雅道（2014）「地区防災計画制度創設の背景と学会への期待（対談）」
　『地区防災計画学会誌』（創刊号）
吉川忠寛（2013）「大槌町　安渡（2）津波被災地における防災計画づくりの教訓」浦
　野正樹他著『津波被災地の500日』早稲田大学出版部

（大矢根　淳）

第2章 東日本大震災による産業の被災

1. はじめに

　2011年3月11日に発生した東日本大震災の際には，震災による強い揺れや地盤沈下といった被害に加え，本震から約30分後に押し寄せてきた大津波によって沿岸部に立地していた多くの企業が被災した。沿岸に押し寄せてきた津波は，場所や地形によって異なるものの，牡鹿半島の南端に位置する宮城県石巻市鮎川で8.6m以上，気仙沼魚市場に隣接する気仙沼市港町で3.75mにも達した（石巻市（2015）；気仙沼・本吉地域広域行政事務組合消防本部（2012））。

　本章では，「東日本大震災による産業の被災」と題し，震災による被災状況や復興に向けた諸活動，復興事業の対応状況などについて述べていく。ここでは，日本の水産政策における重要拠点として位置づけられている特定第三種漁港を擁し，津波によって甚大な被害を受けた宮城県石巻市と気仙沼市の水産業に焦点を当てる。

2. 東日本大震災による産業被害

　特定第三種漁港を擁す石巻市と気仙沼市は，漁港の規模が大きく，水産業は両市にとって地域経済を支える上で重要な産業であった。震災以前の石巻漁港は水揚げ岸壁の長さが1,200mと日本一の長さを誇っていた。岸壁には，世界三大漁場の一つに数えられる三陸沖で漁獲した水産物が水揚げされ，複数の大

図表 2-1 石巻漁港と気仙沼漁港の水揚げ高の推移

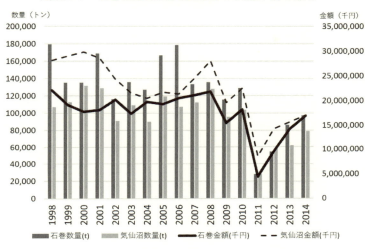

出所:石巻市(2016a);気仙沼市(2016)をもとに筆者作成

型旋網船を受け入れることが可能な漁港であった。また，暖流（黒潮）と寒流（親潮）が交わる金華山沖には，多種多様な暖流系と寒流系の魚が集まり，水揚げされる魚種は200種を超えていた。

一方，石巻漁港より100km程度北部に位置する気仙沼漁港は，生鮮カツオの水揚げ地として知られている。同港は，震災前の2010年までに生鮮カツオの水揚げ量日本一を14年連続で達成しており，毎年5月から10月までの生鮮カツオのシーズンに入ると水産関係者は「どんなに偉い人が来てもカツオを優先する」と話す。このほかにも，サメの水揚げ量も日本一を誇っており，同港で水揚げされるヨシキリザメおよびネズミザメ（モウカザメ）は市内の水産加工会社でフカヒレに加工される。

図表2-1は，1998年〜2014年までの石巻漁港と気仙沼漁港における水揚げ数量と金額の推移を表したものである。2011年の東日本大震災後は，両港とも漁港が被災し，しばらくの間は水揚げできる状況では無かったが，2014年以降は徐々に水揚げ高が回復している。しかし，被災の状況はそれぞれの漁港

間で相違が見られた。

（1）石巻漁港の被災と復興に向けた取り組み

　東日本大震災後，石巻漁港は東西にわたって600m以上の範囲にあった建物や設備が津波によって損壊した。図表2-2は，震災直後の石巻漁港の様子である。魚市場の建物は，一部を除いて流出した。今回の震災では，津波の被害に加え，地盤沈下による被害も甚大であった。震災後，漁港が所在する石巻市魚町一帯は，エリアによって差が見られたものの地盤が70〜80cm程度沈下したため，満潮や高潮の時期を迎えると魚市場前の臨港道路に海水が浸水した。また，下水道の損壊により雨水等の排水ができない状況が続いたため，降雨時には漁港周辺の道路が所々で冠水していた。

　ライフラインの復旧にも時間を要し，電気・水道が復旧したのは震災から4ヶ月が経過した2011年7月に入ってからであった。同漁港における水揚げは，2011年7月12日より再開されたが，水揚げおよび競り・入札等は漁港の西側のエリアに設置された仮設のテントで行われることになった。同年の11月には仮設の荷捌き施設が開設され，同港における鮮魚出荷の体制は暫定的でありながらも整備された形となった。

　被災した水産物地方卸売市場石巻売場（石巻魚市場）の再建に向けた事業も2013年から開始され，2015年9月1日より全面的な運用が開始された（図表2-3）。石巻魚市場の建設に際しては，国内市場に加え，海外市場への輸出も視野に入れた漁獲物の付加価値向上を実現する「高度衛生管理型施設」として整備される方針が策定された。これらの対応は，水産庁が策定する漁港における衛生管理の最高評価基準（レベル3）となり，水産業の復興に向けて付加価値が高い水産物を出荷できる体制が整うことになる。総事業費は約207億円であり，国の事業として実施されることになった（石巻市（2016b））。魚市場の建物は，高度衛生管理型の荷捌き場を漁業種別毎に3棟建設され，全棟を合わせた上屋根の長さは約880mとなった。この規模は，震災以前の1.4倍の規模となり，国内では最大規模の産地市場となった。

図表 2-2　震災直後の石巻漁港周辺の様子

出所：筆者撮影

図表 2-3　高度衛生管理型施設として整備された石巻魚市場

出所：筆者撮影

　石巻魚市場において水産物の取引が再開されるようになると，震災で甚大な被害を受けた魚町は水産物を積載したトラックが行き交うようになり，水産都市らしい光景が戻ってきた。水揚げ高も徐々に伸張し，2014年の水揚げ量（97,234トン）は2011年の約3.5倍，金額（16,938,665千円）も3.8倍程度まで回復している。この実績は，震災前の2010年と比較すると数量ベース（128,951トン）で75.4％，金額ベース（18,211,757千円）で93.0％まで回復してきたことになる。しかし，石巻漁港における水揚げ実績を1980年代から見てみると，水産資源の減少や国際的な漁業規制の影響を受け，震災以前より水揚げ高が長期にわたって凋落する傾向があった。石巻漁港における2010年の水揚げ高は，1982年と比較して数量ベースで34.3％，金額ベースで54.7％

である。水揚げ高が減少する傾向は，全国の産地に共通する普遍的な問題であり，震災で被災した石巻漁港に限った話では無い。今後の水産業は，量的な優位性の創出のみに傾注するのではなく，質的な優位性も高めていかなければ持続性を確保することはできない。このような考え方は，国際的な水産業の動向を見ても判断することができるだろう。

前述したように，新設された石巻魚市場は震災以前の1.4倍の規模を有し，「高度衛生管理型施設」として国内屈指の先端型の産地市場に生まれ変わった。震災によって壊滅的な被害を受けたことが，量的優位性から質的優位性への転換を図る上で絶好の機会となった。国内の市場動向を見ると，少子高齢化や魚離れ，貿易自由化に向けた動向等により市場規模が縮小し，産地間競争が激化する様相が垣間見える（水産庁（2008））。このような状況において，海外諸国への輸出を視野にいれた産地戦略は，水産業の収益性を高めていく上で有効な策になると期待できるが，国際的な水産業の動向に目を転じてみると，北欧などの海外の産地においてもHACCPや高度衛生管理の導入は進展しており，その対応は日本以上に進展していると認めざるを得ない（小松（2011）；FAO（2014））。ノルウェーでは，水産物の鮮度を高めるために，船上で電子入札（オークション）を行い，水揚げは落札者の荷捌き施設に漁船をつけてフィッシュポンプなどを用いて水産物を外気に触れさせないような対応を講じている。この対応は，漁獲から水揚げ，荷捌きといった作業を一貫した衛生管理の下で行っていることになり，単純かつシンプルな手法であるものの，複雑多岐にわたる従来までの日本の水産物流通では容易に実現できない方式である。

持続的な漁業の展開に向けて水産資源の管理や担い手の育成も進んでおり，高齢化が進む日本の漁業に反して，ノルウェーでは人気が高い職業になっている。石巻の水産業を量から質的優位性に転換し，持続性の創出を考慮するのであれば，ハード事業に見合ったソフト事業を一体的に検討していくことが求められ，このような発想を尊重していくことが効果的な復興事業につながるものと考えられる。

第2章　東日本大震災による産業の被災

図表2-4　震災後の気仙沼魚市場の様子

出所：筆者撮影

(2) 気仙沼漁港の被災と復興に向けた取り組み

　気仙沼漁港は，周辺の水産加工会社や仲卸会社の建物が基礎部分を残すだけの全壊状態になったものの，魚市場の建物自体は残存した。しかし，魚市場内の地盤は大幅に沈下し，満潮や高潮の時期は海水が浸水した。気仙沼市によると，魚市場に近いJR気仙沼線南気仙沼駅周辺は，約75cm沈下したと報告されている（気仙沼市（2011））。震災後，気仙沼魚市場の開設者である気仙沼市は，残存した施設の災害復旧工事を行い，2011年6月23日に魚市場の再開を宣言した。図表2-4は，震災によって被災した気仙沼魚市場の南端部（右奥が気仙沼湾，左側が陸地側）と同魚市場内のかさ上げ工事時の様子である。画像のとおり，地盤沈下による被害は著しく，かさ上げ工事を行わなければ水揚げができない状況であった。

　気仙沼魚市場の水揚げが急ピッチで再開された背景には，本節の冒頭部で述べたように生鮮カツオの日本一の水揚げ地としてのステータスを堅持したいという水産関係者のプライドが関係している。生鮮カツオを漁獲するカツオ一本釣り船は，漁で使用する生き餌（イワシ）を寄港地で調達するが，当時，気仙沼の廻船問屋は漁業者に生き餌を供給できる状態では無かった。しかし，全国各地から漁業者に提供するための生き餌をかき集め，漁業者に提供する努力を怠らなかった。そのような対応の結果，被災した年（2011年）であっても生鮮カツオの水揚げ日本一を堅持することができた（図表2-5）。カツオ一本釣

図表2-5　生鮮カツオの水揚げ時の様子（左）とカツオ一本釣り船の寄港を歓迎するPOP（右）

出所：筆者撮影

り船は，カツオの群れを追って南西諸島から三陸沖までの海域を移動するが，震災の年は気仙沼のほかにも水揚げできる漁港はいくらでもあったはずである。非常時であっても，日本一を堅持することができた背景には，産地の強い想いと，産地と漁業者の信頼関係が醸成されているからであろう。

　だが，2011年の気仙沼漁港は，周囲の水産会社の建物が流出したため，鮮魚を水揚げしても荷捌きできる施設は無かった。そのため，鮮魚を取り扱う事業者は，魚市場内の狭小なスペースで荷捌き作業を行い，消費地に向けて出荷していた。このような対応が強いられた背景には，漁港周辺の水産加工団地一帯に建築制限がかかり，自力であっても荷捌き設備を再建できなかったことが関係している。

　図表2-1で示したとおり，気仙沼漁港における震災後の水揚げ高は，石巻漁港と同様に順調に回復してきている。2014年の水揚げ高は，数量ベースで2010年の79,011トン（76.3％），金額ベースで2010年の17,050,229千円（75.8％）となった。しかし，国内市場の動向を考慮すると，産地を維持していくためには震災前の状況に復旧させるだけではなく，抜本的なイノベーションを視野に入れながら新しいビジネスモデルを開発していく必要がある。気仙沼市の水産関係者は，震災以前よりHACCPの考えにトレーサビリティを加え

た「気仙沼地域HACCP工場認定基準制度」を策定し，基準に合格した認定工場で製造された製品を「気仙沼ブランド認定商品」として認証してきた。また，生鮮カツオに加え，メカジキやサメなど，気仙沼漁港で水揚げされる水産物を対象としたブランディング事業や地産地消推進事業を積極的に展開してきた。気仙沼魚市場では，石巻魚市場と同様に高度衛生管理型施設の設置が行われることになっているが，水揚げされる水産物の価値形成を図るためには，震災以前までに取り組んできたソフト事業を展開していくことが求められる。

3. 石巻市と気仙沼市における水産業の特徴

　東日本大震災では，石巻市および気仙沼市ともに，漁港周辺地域に集積していた水産加工業が壊滅的な被害を受けた。水産業という語句は，一見，漁業を中心とした産業のように思えるが，産業コンプレックス（複合体）としての要素が強く，その構造や形態は実に多様である。サプライチェーンについても，産地の規模や取り扱う魚種，地域で生産される水産加工品によって異なると同時に，産業の裾野もかなり広い。つまり，水産業を対象とした復興ソリューションを開発する際には，中央集権的な発想で画一的に捉えるのではなく，地域の産業構造を適切に把握しつつ，その地域に適したソリューションを開発していかなければならないのである。

　図表2-6は，宮城県の主要漁港で水揚げされる水産物の用途別出荷比率を表したものである。図表が示すとおり，鮮魚出荷・加工・フィッシュミール（FM）に使用される比率は漁港によって異なる。石巻漁港と女川漁港は，震災後，水揚げできない状況が続いたが，仲買権を持つ水産加工会社が魚市場の再開後に加工用原料を買い続けた様子が窺える。一方，生鮮マグロの産地として知られる塩釜漁港は鮮魚の出荷比率が高く，2014年に鮮魚の比率が下がるものの，震災前後を通して鮮魚の出荷比率が加工原料に用いられる比率よりも多い。しかし，気仙沼漁港については，震災前までに加工原料に用いられる比率が高かったが，震災後は鮮魚出荷の比率が高くなっている。前節2項でも述

図表 2-6　宮城県主要漁港で水揚げされる水産物の用途別出荷比率

漁港名	年	鮮魚	加工	FMなど	漁港名	年	鮮魚	加工	FMなど
石巻 (特定三種)	2009	20.1%	62.5%	17.4%	気仙沼 (特定三種)	2009	34.5%	55.8%	9.6%
	2010	20.6%	60.0%	19.4%		2010	36.0%	63.0%	0.9%
	2011	17.7%	65.0%	17.3%		2011	95.5%	4.5%	0.0%
	2012	17.6%	61.4%	20.8%		2012	51.7%	35.3%	13.0%
	2013	29.0%	46.0%	25.0%		2013	93.3%	6.7%	0.0%
	2014	21.8%	55.8%	22.4%		2014	84.1%	14.3%	1.6%
塩釜 (特定三種)	2009	86.5%	5.5%	8.0%	女川 (三種)	2009	―	―	―
	2010	90.4%	9.6%	0.0%		2010	12.4%	67.1%	20.5%
	2011	81.4%	18.6%	0.0%		2011	10.2%	66.3%	23.5%
	2012	91.3%	8.7%	0.0%		2012	26.4%	49.6%	24.0%
	2013	83.8%	16.2%	0.0%		2013	24.7%	52.4%	22.8%
	2014	66.7%	33.3%	0.0%		2014	28.5%	51.6%	19.8%

※19品目別上場水揚量の最終段階の用途別出荷量を調査した結果
※FMは「フィッシュミール」を表す

出所：漁業情報サービスセンター（2016）をもとに筆者作成

べたが，気仙沼市は魚市場の再開が早かったものの，魚市場の背後に広がる水産加工団地一帯が建築制限の対象地域となった。このため，被災した水産加工会社の多くは，自社設備における水産加工品の生産業務を諦め，買い付けた鮮魚を消費地に向けて出荷する業務に傾注するしか無かったものと考えられる。

　石巻市や気仙沼市のように，水産加工の用途別出荷比率が高く，水産加工会社が集積している地域は，水産加工業が労働集約型の産業であることを考慮すると地域経済に与える影響も大きい。図表2-7は，2010年時点（震災前）における石巻市と気仙沼市の製造業全体に占める事業所数，従業者数，製品出荷額，付加価値額を表したグラフである。水産加工業は，産業中分類では食料品製造業に含まれるが，両市とも製造業全体に占める食料品の比率は高く，雇用機会を創出する上で重要な産業に位置づけられていることがわかる。

　今回の震災では，図表2-6が示すとおり，気仙沼市の水産加工業の復旧が石巻市よりも遅れていることが推察されるが，水産加工業の復旧の遅れは地域全体の産業復興の遅れにつながることが懸念される。また，震災以前までに水産業の収益性が低下していた状況や水産加工業の労働生産性が他業種よりも低い状況を考慮すると，他業種への人材流出や地域外への人口流出につながることも危惧される（図表2-8）。

第2章　東日本大震災による産業の被災

図表2-7　石巻市と気仙沼市における製造業の業種別構成比率（2010年）

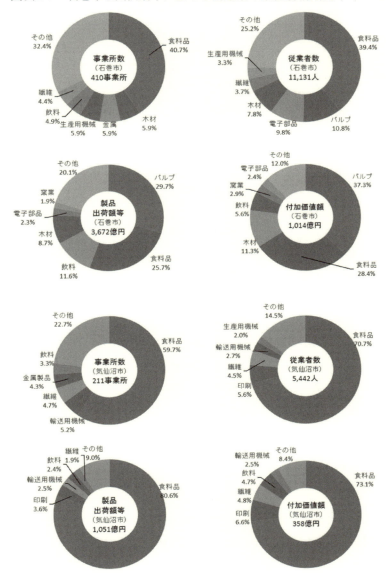

出所：宮城県（2013）をもとに筆者作成

図表2-8　石巻市・気仙沼市における2010年と2013年の食料品製造業の状況

	単位	石巻市			気仙沼市		
		2010年	2013年	増減	2010年	2013年	増減
事業所数	事業所	167	94	56.3%	126	65	51.6%
従業者数総数	人	4,381	2,163	49.4%	3,849	1,565	40.7%
常用労働者	人	4,321	2,139	49.5%	3,812	1,556	40.8%
現金給与総額	万円	984,081	518,277	52.7%	902,489	349,023	38.7%
原材料使用額等	万円	6,306,231	2,564,806	40.7%	5,604,611	2,223,552	39.7%
製造品出荷額総額	万円	9,449,885	4,276,606	45.3%	8,475,109	3,247,320	38.3%
製造品出荷額	万円	8,553,674	3,709,250	43.4%	7,889,356	2,742,171	34.8%
付加価値額	万円	2,879,583	1,560,758	54.2%	2,613,512	859,749	32.9%
一人あたりの賃金	万円	225	242	107.6%	237	224	94.5%
労働生産性	万円	657	722	109.9%	679	549	80.9%

出所：宮城県（2013）・宮城県（2015）をもとに筆者作成

　石巻市内の水産加工会社では，笹かまぼこやおでんの具材，ちくわといった練り物製品を製造する事業者が存在しているが，原料となるスケトウダラや白身魚のすり身を海外諸国から調達する事業者が増えてきている。しめ鯖や煮魚製品などについても，海外産原料を用いる事業者が増えてきており，人件費が安価な第三国で一次加工された原料を使用するケースも見られるようになった。政府関係機関のテリトリーを考慮すると，漁業と水産加工業では管轄が異なるが，石巻市や気仙沼市のように震災前から水産加工への出荷比率が高く，水産加工会社が集積している水産都市の産業復興に際しては，漁業や水産加工業といった単一の業種のみに着目するのではなく，産業コンプレックスとしての水産業を考慮しながら復興ソリューションを検討していくべきであろう。

4. 代替生産

　東日本大震災では，津波によって自社の生産設備を喪失した水産加工会社が多い。被災した水産加工会社は，政府が創設した「中小企業等グループ施設等復旧整備補助事業」の交付金（グループ補助金）などを受給して生産設備を復旧させることになった。しかし，補助金を受給して生産設備を復旧させるとし

ても，今回の震災では石巻市・気仙沼市ともに水産加工団地一帯が地盤沈下したため，盛り土によるかさ上げ工事を行ってから再建することになる。そのため，自社設備による生産再開は，年単位の歳月が掛かることが補助金の受給が決定した段階から想定されていた。国内市場が縮小する状況において，自社生産の再開までに年単位の歳月を要すると，震災前の取引機会や販路は同業他社に奪われてしまうことは被災企業の経営者たちも覚悟していたようであった。

　敢えて述べるまでも無いが，製造業はモノを生産できなければ事業を継続することができない。筆者（石原）は，震災から2ヶ月が経過した2011年5月，東北地方に所在する他産地の同業他社において自社製品を代替生産し，生産設備が復旧するまでの間に販売業務に注力する取り組みを検討した。そして，石巻市内の水産加工会社の経営者に対してこの取り組みを提案することにした。このような取り組みを検討した背景には，従業員が他業種へ流出することを防ぐことや従前の販路を確保しておきたいという考えがあったからである。

　代替生産の取り組みの検討に際して，まず受け入れ先となる地域と企業を調査した。その結果，水揚げされる魚種が石巻漁港と共通し，被災企業と同様の加工設備を持つ青森県八戸市の水産加工会社に対して代替生産の受け入れを依頼することにした。青森県八戸市は，筆者が前職（八戸大学勤務）時に2010年3月まで居住していた地であり，在職中に「八戸前沖さば」ブランド推進事業に携わった経緯から同市の水産業界とは交流があった。このため，同市の水産加工会社に設置されている加工機器や加工技術についてもイメージすることができていた。2011年5月，八戸市の水産加工会社を訪問し，代替生産の受け入れの可否に関するヒアリング調査を行った。その結果，水産加工会社3社の経営者から受け入れ可能との回答を得た。代替生産を受け入れていただける八戸市の水産加工会社は，一次加工，冷凍品の加工，レトルト加工，缶詰製造を得意とする企業である。しかし，東日本大震災の際には八戸市の水産加工会社も津波の被害を受けており，石巻市のように大規模な地盤沈下や建物の流出といった被害は無かったものの加工機器の損壊といった被害を受けた。このため，各企業は生産業務の規模を縮小して操業している状況であったが，受け入

れ企業には生産業務の合間を見て代替生産を行っていただくことになった。

　次に，石巻市の水産加工会社の経営者と面会し，代替生産の希望の有無について確認する作業に入った。筆者は，震災後に石巻市の水産関係者によって設立された「石巻水産復興会議」の会場に足を運び，水産加工会社の経営者と面会し，自社スペックに基づく代替生産の取り組みを奨めた。経営者の中には，「自社の技術やノウハウが他社に漏洩するから現実的な対応では無い」，「自社設備の復旧が先だ」と述べる方もいたが，「顧客が心配しているので可能であれば取り組みたい」，「生産設備を失った段階から取り組んでみたいと考えていた」と話す経営者も存在していた。そして，山徳平塚水産株式会社（平塚隆一郎代表取締役社長）と株式会社木の屋石巻水産（木村長努代表取締役社長＝当時）の要請を受け，八戸市の水産加工会社とのマッチング作業に入った。山徳平塚水産は，サバのレトルト加工製品とおでんのレトルト加工製品の代替生産を希望した。一方，木の屋石巻水産は，クジラとサバの缶詰製品の代替生産を希望した。両社の要望に基づき，八戸市の企業と受け入れの可否について検討したところ，山徳平塚水産が希望するサバのレトルト製品の製造を受け入れていただくことが決まった。そして，八戸市の武輪水産株式会社（武輪俊彦代表取締役社長）との間で，代替生産に関する取引交渉が成立した。山徳平塚水産が希望したおでんのレトルト加工製品と木の屋石巻水産が希望した缶詰製品については，原料調達や製造方法の相違といった関係により八戸市での生産は断念したが，両社とも岩手県内の食品加工会社で代替生産することになった。

　八戸市および岩手県内の食品加工会社で代替生産した製品は，製品仕様に関する協議，試作等の作業を経た2011年9月より販売活動を開始した（図表2-9）。他社での代替生産は，自社設備で生産するよりも4割程度のコスト増となったが，代替生産に着手した山徳平塚水産の平塚社長は，代替生産に取り組んだ効果について「震災以前の顧客との取引は継続できなかったが，新規の取引先を開拓することができた」と述べている。また，木の屋石巻水産の木村社長（当時）は「自社製品の再出荷を待っていてくださった取引先や消費者の皆さんに喜んでいただくことができた」，「従業員の仕事をつくることができ，雇

図表 2-9 八戸市と岩手県内の他社で代替生産した被災企業の製品

出所:筆者撮影

用を維持することができた」と述べている。

　代替生産に向けた取り組みは,建築制限により復旧が遅れていた気仙沼市の水産加工会社にも提案した。しかし,営業を担当する人材が退職し,自社製品を代替生産しても販売活動ができないといった理由から断念せざるを得なかった。

　被災時における代替生産の取り組みは,企業間のマッチングやコーディネートが難しく,かつ製造コストも嵩むが,事業継続を図るための一策になると考えられる。代替生産に向けた取り組みは,今後の震災や非常時に備えて事業継続計画(BCP)の一策として検討しておく必要があるだろう。産業支援機関においても,代替生産のマッチングを図るための情報を平時の段階から収集しておくべきであろう。

5. 風評被害払拭に向けた取り組み

　東日本大震災後に発生した東京電力福島第一原子力発電所の事故を受けて,関東地方や東北地方で生産された一次産品の風評被害が広がった。原発事故の発生に伴い,政府関係機関や各自治体は,各地で生産された一次産品等の放射性物質検査を行い,Webサイトや新聞等で検査結果を発表した。厚生労働省も食品中の放射性物質の暫定規制値を設定し,原子力災害対策本部の決定に基

づき，暫定規制値を超える食品が市場に流通しないようにするなどの措置をとった（厚生労働省（2012））。

　被災地で生産された一次産品や食品に対する風評は，生産基盤を失った第一次産業の従事者や生産設備の復旧を目指す被災企業にとって脅威であり，収益性の低下を引き起こす危険性が否めない問題である。風評は，産品から放射性物質が検出されるか否かに関係するものではなく，消費者の心理に生じるものである。

　筆者の研究室では，2011年10月から11月にかけて埼玉県と群馬県内で店舗を展開する食品小売会社の協力を得て「食」に関する意識調査を実施した。図表2-10は，調査結果（単純集計）である。調査に際しては，産品に関する情報を詳細に公開することが消費者の不安払拭に有効であるか否かについて確認するために，筆者が開発したトレーサビリティシステム（プロトタイプ）のデモンストレーション画面を閲覧した後に，各設問について回答していただいた。

　質問1では，原発事故後，食品に対する消費者の不安の程度について伺った。その結果，不安を抱いている消費者は，全体の半数を超えており，不安を抱いていない消費者の割合を上回った。質問2では，農水産物の購入時に産地を気にしているか否かについて伺った。その結果，質問1と同様に半数を上回る消費者が産地を気にしていることが判った。質問3では，国や自治体が公表している放射線量の検査結果を確認しているか否かについて伺った。その結果，全体の8割を超える消費者が検査結果を確認している実態が明らかになった。質問4では，公的機関だけではなく民間事業者も放射性物質検査を実施するべきか否かについて伺った。その結果，7割強の消費者から民間事業者も検査を自主的に実施した方が良いとの回答を得ることができた。次に，質問5では農水産物の販売時に生産履歴を公開する取り組みの必要性について，質問6ではトレーサビリティによる情報公開の必要性について伺った。その結果，いずれの質問も生産履歴や情報公開を実施する必要性を感じている消費者が大多数を占める結果となった。

第2章 東日本大震災による産業の被災

図表2-10 「食」に関する消費者意識調査の結果（単純集計）

質問1 原発の事故後、食に対して不安を感じていますか？

	埼玉県	群馬県	計	比率
感じている	41	46	87	33.5%
少し感じている	35	29	64	24.6%
どちらとも言えない	9	2	11	4.2%
あまり感じていない	27	20	47	18.1%
感じていない	30	21	51	19.6%
未回答	0	1	1	
計	142	119	261	

質問4 行政だけでなく、民間でも放射線の検査を行ったほうがいいと思いますか？

	埼玉県	群馬県	計	比率
そう思う	78	71	149	57.3%
少し思う	22	18	40	15.4%
どちらとも言えない	19	13	32	12.3%
あまり思わない	15	9	24	9.2%
思わない	8	7	15	5.8%
未回答	0	1	1	
計	142	119	261	

質問2 農水産物を購入する時、産地を気にしていますか？

	埼玉県	群馬県	計	比率
気にしている	48	40	88	33.8%
少し気にしている	34	34	68	26.2%
どちらとも言えない	4	5	9	3.5%
あまり気にしていない	22	23	45	17.3%
気にしていない	34	16	50	19.2%
未回答	0	1	1	
計	142	119	261	

質問5 農水産物の生産履歴を詳細に公開する取り組みは必要だと思いますか？

	埼玉県	群馬県	計	比率
そう思う	88	67	155	59.6%
少し思う	21	22	43	16.5%
どちらとも言えない	10	11	21	8.1%
あまり思わない	12	8	20	7.7%
思わない	11	10	21	8.1%
未回答	0	1	1	
計	142	119	261	

質問3 国や自治体が公表している放射線量の検査結果を見ていますか？

	埼玉県	群馬県	計	比率
見ている	68	74	142	54.8%
たまに見ている	37	32	69	26.6%
関心はあるが見ていない	14	6	20	7.7%
見ていない	23	5	28	10.8%
未回答	0	2	2	
計	142	119	261	

質問6 トレーサビリティーシステムによる情報公開は消費者の不安を払拭するために有効な手段であると思いますか？

	埼玉県	群馬県	計	比率
そう思う	93	68	93	66.0%
少し思う	10	20	10	7.1%
どちらとも言えない	17	12	17	12.1%
あまり思わない	11	9	11	7.8%
思わない	10	9	10	7.1%
未回答	1	1	1	
計	142	119	142	

調査場所/調査日：埼玉県＝食の駅パサール三芳店（2011年10月22日），地産マルシェララガーデン川口店（2011年11月26日）・群馬県＝食の駅ぐんま吉岡店・前橋店（2011年10月15日）調査実施：石巻専修大学経営学部石原研究室

　調査結果を踏まえ，筆者は産学連携による研究プロジェクトを立ち上げ，株式会社インテック（情報システム企業）とともに放射性物質検査の結果をWeb上に公開する情報システム（三陸地域水産物情報公開システム）を開発した。そして，水産関係者や被災企業に対して産品情報や放射性物質検査の結果を公開するように働きかけることにした。

　その一方で，石巻漁港で水揚げされる水産物の産地卸会社（荷受け事業者）である株式会社石巻魚市場は，漁港で水揚げされる水産物を市場内に設置された放射性物質検査器で競り・入札前に測定する取り組みに着手した。2015年9月1日に開設した石巻魚市場（図表2-3）には，放射性物質検査の検査室が設置され，水産物を迅速かつ数多くに検査することができる連続個別非破壊放射

図表2-11　石巻魚市場内の放射性物質検査検査室に設置された連続個別
　　　　　非破壊放射能測定システム（左）と検査結果を表示するモニタ（右）

出所：筆者撮影

能測定システムが2台導入された（図表2-11）。

　このような動向に鑑み，筆者は2012年7月に石巻市と気仙沼市の商工会議所と信用金庫とともに設立した産学金連携組織「三陸産業再生ネットワーク」（第7章参照）とともに，株式会社石巻魚市場の須能邦雄代表取締役社長に対して情報公開事業への参加を働きかけた。そして，石巻漁港で水揚げされ，魚市場内で実施された放射性物質検査の結果をWebシステム上に公開する事業を2016年1月より開始することになった。事業開始から2017年4月末までの間に，三陸地域水産物情報公開システム上には水産物を対象とした2,944件の産品情報（放射性物質検査の結果）が公開されている（図表2-12）。

6. おわりに

　本章では，東日本大震災によって被災を受けた石巻市と気仙沼市の水産業に焦点を当てて，復興に向けた取り組みや動向について述べた。

　震災以前，宮城県産養殖ホヤは，全生産量の7割以上を韓国へ輸出していた。しかし，同国が震災後に輸入規制を敷いたことにより出荷できない状態が現在も続いている。2016年産については，出荷できないホヤの余剰過多により，14,000トンが廃棄処分されることになった（河北新報（2016））。ホヤの生産

第2章　東日本大震災による産業の被災

図表2-12　三陸地域水産物情報公開システム

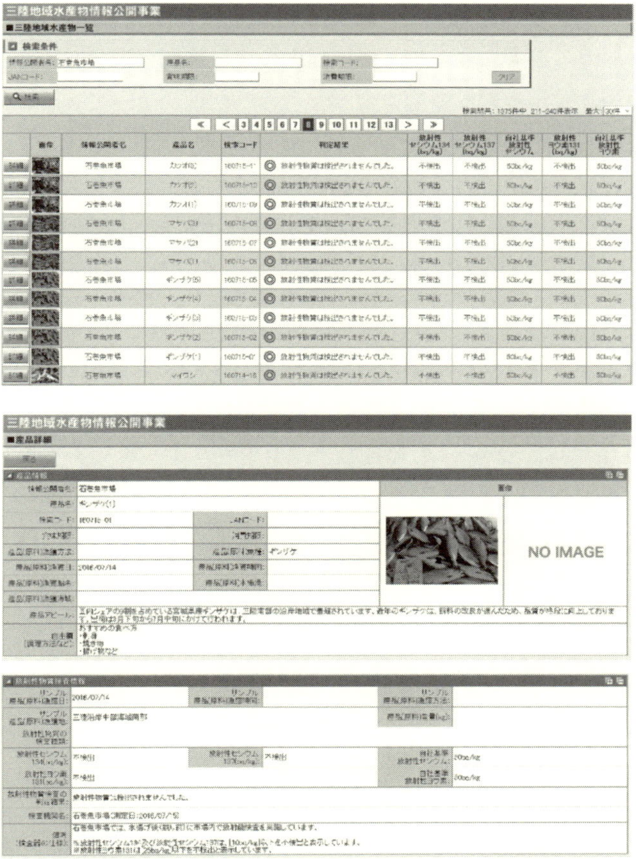

出所：http://sanriku-info.com/
　　　操作や閲覧方法の説明はhttp://ishihara-lab.org/home/trace/に掲載

者は，震災後，安定的に出荷できない状況が続いたが，今回の廃棄は安定的に出荷できるようになった矢先に生じた惨事であった。筆者は，2013年3月8日に韓国ソウル特別市のカラク市場（可楽農水産物都売市場）を訪問し，同市場の水産物卸売業者（荷受業者）にヒアリング調査をしたことがある。そのと

39

き，卸売業者の役員は「消費者が不安を感じている状況では，放射性物質検出の有無に関わらず輸入が再開されることはないだろう」と述べていた。また，韓国国内における影響について「韓国国内の水産物関係者は日本からの輸入再開を望んでおり，ホヤが安定的に入手できない状況によって苦境に立たされている業者も多い」と話していた。

　輸入規制は，台湾でも行なわれており，日本から出荷される全ての食品に対して都道府県別の産地証明や放射線検査証明の提出を2015年5月15日より義務づけるようになった（農林水産省（2015））。

　東日本大震災によって被災した宮城県の水産業の復興を実現するためには，その時々に生じる問題や課題を実践的に解決していくことが求められるが，震災から6年が経過した状況において，「あるべき復興の形が見えない」と嘆いている人も存在している。「震災からもう6年」と感じている人もいるかもしれないが，被災地の当事者にとっては「まだ6年」という感覚なのである。まもなく5年というグループ補助金の返済猶予期間が切れるため，受給した企業は自己負担分となる復旧費の25％分を返済しなければならない。震災後，被災地では，「復旧」と「復興」という言葉が日常的に使われているが，宮城県の水産業は，「復旧」は進んだとしても「復興」は緒についたばかりの状況である。

【参考文献】

FAO（2014）『The State of World Fisheries and Aquaculture』（「世界漁業・養殖業白書2014年）
　　http://www.fao.org/3/a-i3720e.pdf
石巻市（2015）『石巻市地域防災計画』
　　http://www.city.ishinomaki.lg.jp/cont/10106000/tiikibousaikeikaku/20150107091124.html
石巻市（2016a）『石巻市統計書』
　　http://www.city.ishinomaki.lg.jp/d0030/d0120/d0030/
石巻市（2016b）『東日本大震災からの復興―最大の被災都市から世界の復興モデル

都市石巻を目指して』
河北新報（2016）『＜養殖ホヤ＞1万4000t処分へ。原発事故影響』2016年06月24日朝刊
漁業情報サービスセンター（2016）『産地水産物流通調査』
　　http://www.market.jafic.or.jp/suisan/
気仙沼市（2011）『主な地区の津波被害の状況について』
　　http://www.city.kesennuma.lg.jp/www/contents/1308917412557/files/hukko1shiryo6.pdf
気仙沼市（2016）『気仙沼市統計書—平成26年版』
　　http://www.city.kesennuma.lg.jp/www/contents/1457745404320/index.html
気仙沼・本吉地域広域行政事務組合消防本部（2012）『東日本大震災消防活動の記録』
　　http://www.km-fire.jp/images_higashi/higashikatudou.pdf
厚生労働省（2012）『食品中の放射性物質の新たな基準値について』
　　http://www.mhlw.go.jp/shinsai_jouhou/dl/leaflet_120329.pdf
小松正之（2011）『海は誰のものか—東日本大震災と水産業の新生プラン』マガジンランド，pp.145-148
水産庁（2008）『平成20年版水産白書』
農林水産省（2015）『台湾による日本産食品の輸入規制について』
　　http://www.maff.go.jp/j/export/e_shoumei/other/pdf/270515_tw_kisei.pdf
宮城県（2013）『平成22年宮城県の工業』
　　http://www.pref.miyagi.jp/soshiki/toukei/kougyou-22k.html
宮城県（2015）『平成25年宮城県の工業』
　　http://www.pref.miyagi.jp/soshiki/toukei/kougyou-25k.html

（石原　慎士）

第3章 阪神淡路大震災と産業復興

1. はじめに

　1995年1月17日午前5時46分に「兵庫県南部地震」が発生した。震源は神戸市と淡路市の間の海域で，深さ16kmを震央とする活断層であった。マグニチュードは7.3であり，最大震度7（家屋の倒壊が30％以上）の揺れが，六甲連山の南側を東西線状（神戸市内激震6区と芦屋市・西宮市）に広がった。この地震動の揺れは，日本の大都市が戦後初めて体験する大都市直下型地震であった。

　兵庫県南部地震による被害「阪神・淡路大震災」は，兵庫県全体で，死者・行方不明者が6,437人，被害総額10兆円であった。神戸市の被害状況は以下の通りである。

（1）人的被害

　死者数は4,571人で，その年齢構成は高齢者（60歳以上）が59％となっている。死因は家屋倒壊による圧死・窒息が多く，その割合は73％である。

（2）建物被害

　建築物は8万個以上の住宅が喪失し，全壊67,421棟，半壊55,145棟となった。火災焼損は全焼6,965棟，半焼80棟であり，消損延べ面積は819,108m^{2}である。

(3) インフラ被害（生活・都市・産業）

　ライフラインでは電気が全域停止し、7日後に全域復旧した。水道はほぼ全域で停止し、91日後に全域復旧した。ガスは約80％停止し、85日後に全域復旧している。電話は約25％が停止し、15日後に全域復旧した。

　道路交通では、阪神高速道路の倒壊などで道路が寸断された。1年後の1996年9月にようやく全線開通している。鉄道はJR・阪急・阪神などの鉄道が寸断され、1996年1月に全線で開通した。

　港湾施設では、コンテナバース、岸壁などがほぼ全て使用不能となり、港湾幹線道路も寸断した。このほか、埋め立てた人口島などで液状化現象が発生した。

(4) 産業被害

　臨港部で発展してきた鉄鋼・造船企業は、本社等中枢建築物が倒壊し、生産ラインが停止した。企業別の被害総額と被害内容は、図表3-1の通りで一部企業は機能を縮小したり、他の地域へ機能分散を余儀なくされた。

　地場産業では、長田区を中心としたケミカルシューズ製造業で約80％が全半壊または全半焼した。灘の清酒業では50％以上が全半壊した。

2. 震災と産業

(1) 産業復興の現状

　地震や津波という自然災害は人々の生活を一変させる。それは住居やインフラが破壊されるだけでなく、被災地の産業が打撃を受けることによって企業活動が停止し、そこで働く人々に直接影響を与え、さらには被災地での生産活動や商品流通が滞ることによって日本の経済にも重大な影響を与えた。とりわけ、地域の暮らしを支えてきた地場産業の場合はその影響は甚大であった。被災した産業の復旧・復興は、地域の課題であるとともに、日本全体の課題にもなった。

図表3-1　阪神大震災による主な企業の被害総額（億円）

企業名	被害総額（億円）	被害内容
関西電力	2,300	・100万世帯で停電。仮復旧済み
大坂ガス	1,900	・一時85万戸で供給停止。4月末の復旧目指す
JR西日本	1,200	・山陽新幹線は4月中旬、東海道本線が同時期に運転再開
NTT	300	・19万3,000回線不通。1月末でほぼ仮復旧
阪急電鉄	800	・完全復旧は8月末ごろ
神戸製鋼	1,310	・神戸、加古川製鉄所が被害
ダイエー	500	・兵庫県内の11店舗が損傷
ジャスコ	30	・店舗損壊
新明和工業	60	・甲南、宝塚工場が被害
ニチイ	47	・店舗損壊
吉原製油	15	・神戸工場の構内陥没

出所：日本経済新聞社編（1995）p.54

　神戸市が平成25年に発行した『阪神・淡路大震災被災状況及び復興への取り組み状況』では，被災した産業の復旧・復興状況が図表3-2のように記されている。

(2) 産業復興の道のり

　復興のあり方は，その企業の特徴によって異なる。

　工場などの製造ラインを被災地に持たない場合は，事業所や営業所の移転だけで済むため再建・復旧は比較的容易である。製造ラインがあっても，工場の移転が可能であれば，被災地での雇用は減少するが，個別の企業経営から観ると時間とカネさえ確保できば復旧は可能である。ただし，資本力の乏しい中小零細企業は存続させることが難しい。そのため，神戸市都市整備公社は神戸市の市内6か所に仮設賃貸工場を建設した。

　製造ラインが被災地にあり，そこでの熟練労働が被災地の雇用につながっている地場産業の場合は，工場の移転が難しく，中小零細企業も多いので再建への道のりは険しい。神戸市長田区を中心としたケミカルシューズ産業がその一

図表 3-2　神戸市の産業復興について

(1)計画目標	①震災からの早期復旧による雇用確保
	②復興のまちづくりと一体となった地場産業等の振興
	③21世紀に向けた新産業・成長産業の集積、産業構造の高度化の推進
	④集客都市づくりの推進
(2)復興状況	①製造業－県鉱工業生産指数（原指数）は対平成6年比99.3%（平成25年） 　　　　　（基準年 H22＝100）H26.8＝89.0、H26.9＝103.7（兵庫県県民政策部調べ） ②ケミカルシューズ－生産額は対平成6年比60.5%（平成25年） 　　　　　日本ケミカルシューズ工業組合調べ ③清酒－市内出荷量は対平成6年比38.8%（平成25年） 　　　　　灘五郷酒造組合調べ ④百貨店－都心百貨店の販売金額は対平成6年比66.7%（平成25年） ⑤市場・商店街－平成19年6月現在 　　　　　商店数78.7%、従業者数89.0%、年間販売額69.1%（いずれも対平成6年7月比） ⑥観光関連－主要宿泊施設、観光施設は、ほぼ営業を再開 　・観光入込客数：平成25年 観光地点：2,287万人　行祭事・イベント：1,286万人 　・「神戸ルミナリエ」（H26.12.4～12.15）総来場者数 約344万人 　・「神戸まつり」（H26.5.11～5.18）観客数 約150万人 　・「神戸ビエンナーレ2013」入場者数 36万9,455人
(3)緊急対策	神戸市震災復旧特別融資制度の実績（平成7年7月21日最終） 　・震災復旧緊急特別資金融資－5,979件、949億円

出所：神戸市（2014）p.7

例だが，この状況については節を改めて考察する。

　ライフラインや鉄道といった事業の移転が不可能な業種は，復旧に向けた個別の経営努力が被災地の復旧・復興へダイレクトに影響する（図表3-1を参照）。

　被災地をマーケットとしている小売業の場合は，店舗の再建だけでなく被災した住民＝消費者の状況が直接的に関係する。商店街の個人商店はチェーン店や大型商業施設と比較して再建が難しいが，このことについては章で改めて考察する。

3. 地場産業と震災—ケミカルシューズ産業の場合—

(1) ケミカルシューズ産業の歴史

　神戸市長田区を中心とするケミカルシューズ産業の歴史は古い。日本ケミカルシューズ工業組合の資料では，震災前までの業界の歴史を次のように紹介されている。

　1909年，神戸ダンロップ護謨株式会社が設立されたのを契機に，神戸においてゴム産業が発達し，大正中期頃にはゴム履物工業が興る。当初はゴム長，地下足袋など総ゴム靴が主力であったが，後に運動靴も生産される。

　戦後のゴム履物は羽が生えて飛ぶ勢いであったが，昭和25年頃からは業界環境の変化に合わせて色々な材料で様々な靴を生産するようになり，昭和27年頃には，それまでとは全く異なる塩化ビニールが素材の靴として，ケミカルシューズが神戸で誕生する。

　ケミカルシューズが神戸で誕生してから，各企業は，素材の開発，改良，製造技術の改善を行うとともに，ファッション商品としてのデザイン開発能力の育成をはかった。そして，靴業界において一つの分野を確立させた。昭和38年には，全国の業界団体としてケミカルシューズ工業組合が設立された。

　また，当業界は輸出産業としても発展し，昭和46年までの輸出実績は，数量で生産数の約40％（約4,000万足），金額にして生産金額の46％（246億円）であった。

　しかし，その後のドルショックやオイルショックで輸出は壊滅的打撃を受け，100社にあまる輸出専業メーカーの大部分は内需向けに業務を転換したのである。その後，昭和40年代後半以降は，カジュアル化の波にのり国内市場で躍進をし続け，高付加価値化で生産額を伸ばした。

(2) ケミカルシューズ産業の特徴

　こうして長い歴史を持ち，地域の産業として発達してきたケミカルシューズ産業は，靴ができるまでの工程に応じた分業化・下請化が業界内に形成された

ために、中小零細の家内工業が圧倒的多数を占めるようになった。

加えて、この業界は問屋主導型あるいは問屋依存型の生産・流通構造で、職住接近型雇用という特徴を有しており、熟練労働も地域の雇用に依存しているので、いわば「技術が地域に埋め込まれた」地場産業の典型となっていた。

問屋主導あるいは問屋依存型の生産・流通構造とは、問屋の注文を受けて生産し、その問屋を通じて全国の市場へ出荷される事業形態である。このため、小売機能はこの地域には存在しない。ここで作られた靴は、ここでは買えないのである。

また、メーカーは問屋の注文を捌けばいいので、靴のデザイン等を担当する部門は要らない。その分コストを抑えられるというメリットはあるものの、大都市圏の消費地に隣接していながら、消費者のニーズを分析する力を培うといったことは求められてこなかった。震災後、このことが大きな課題となってくる。

(3) 震災からの復興とその課題

1995年1月に発生した阪神・淡路大震災は、ケミカルシューズ産業の約8割の企業に壊滅的な打撃を与えた。特に、神戸市長田区では火事により工場・事業所が焼失し、多くの企業が操業不能に陥った。

図表3-3は、1980年から2015年までのケミカルシューズ産業の生産数量、生産金額、会社数、従業員数を表したグラフである。このグラフから、生産数量、金額とも1980年代半ばをピークに業績が下落していることが読み解ける。このことは、ケミカルシューズ業界がバブル景気とは縁がなかったことを意味している。

生産数量は震災後の4年間で、震災前年のほぼ7割まで回復し、生産金額も同じく震災前年のほぼ8割まで回復した。しかし、2000年以降は数量・金額とも徐々に落ちてきて、2015年の数量は1995年の水準まで落ち込んでいる。

一方、1足あたりの単価は、長引くデフレ経済の中でも上昇する傾向にあり、ここ10年は2,500円前後で推移している。この単価の上昇が生産数量の減少

図表3-3　1980年から2015年までのケミカルシューズ生産数量と生産金額およひ組合員数と従業者数

出所：ケミカルシューズ工業組合のデータをもとに筆者作成

をある程度補ってきたが，それも2009年あたりから難しくなってきている。

　組合加盟社数は1980年の272社をピークに減少しており，震災時の214社から85社まで減っている。また，従業員数は震災後に著しく減少しているが，加盟社数の減り方と比較すると，従業員を解雇した休眠状態の企業が増えてい

ると考えられる。そのような企業が，その後，徐々に閉業に追い込まれている状況も見られる。

　このような状況から，ケミカルシューズ産業は震災前から斜陽産業だったことが分かる。その原因は，高度経済成長後の大量生産から多品種少量生産体制への移行が求められる時代に，問屋依存体制から脱却できずに，注文を受けるだけの生産・流通構造から転換できないまま，マーケットの変化に追いついていけなかったからである。

　さらに，ケミカルシューズは震災前から国際競争にさらされており，より安価なアジア諸国製品（特に中国製品）の輸入増加に加え，デフレ経済の進展が衰退に拍車をかけていた。この状況において，業界は，高付加価値化を目指して，ケミカル製品から皮革製品への転換を図っており，この対応が，単価の上昇につながっている。現在では，革靴の生産が約6割を占めており，もはや主要な製品ケミカルシューズではなくなっている。

　ケミカルシューズ産業は，震災によって斜陽化したわけではなく，震災前から抱えていた課題が被災によって露呈したと言える。

　こうした事態はケミカルシューズ産業に限ったことではない。つまり，いつ起こるか分からない自然災害に備えて，常日頃の課題抽出と将来ビジョンの策定が産業持続の鍵を握っているのである。このような対応がなされていれば，単なる復旧（元に戻す）ではなく，ツーステップ先の改革や復興が可能となるであろう。

　問題解決を先送りしていた産業・企業は，震災後に生産設備を復旧させることができても，事業を持続させることができない。確かに，震災がなければ，衰退はもっと緩やかで，その間に対抗策を練ることもできたであろう。施設・設備の倒壊・消失は，「想定外」な出来事であり，いきなり厳しい現実を突きつけられた経営者の苦労は計り知れない。

　では，再建を果たした企業はどのような取り組みをしてきたのであろうか。

　1976年に創業した婦人靴メーカーE社は，震災で事務所が全壊した。しかし，隣の工場は半壊だったため，生産設備を2階から1階に移して，1ヶ月後

に操業を再開させた。工場が残ったことがE社にとっては大きな僥倖(ぎょうこう)であった。

　同社は，震災前から問屋依存からの脱却を図る構想を持っており，2001年にPB（プライベートブランド）を商標登録し，ネット通販のベルーナで消費者向けの販売を始めた。その後も，複数のPBを立ち上げ，2010年には自らカタログ販売を開始した。同社はこの時期に問屋からの受注生産を止めている。

　カタログ販売の靴はセミオーダーで，足のサイズの測定から試し履き，2度にわたるカウンセリング（相談）を経て注文が確定するシステムで，商品が届くまで1ヶ月を要する。現在は小売店舗を持っていないので，その後の直しなどは工場併設の展示場で対応している。「足を靴に合わせる」のではなく，「足に合った靴」を作るという，靴メーカーの原点に戻った事業展開である。同社は今のところ順調に売り上げを伸ばしており，近い将来に小売店舗を出店する予定である[1]。

　この企業は，問屋依存からPBによる自社ブランドの開発，そしてネットやカタログ通販による小売への進出という，メーカーが製販一体の製造小売企業へと転換した事例であるが，震災を契機として震災前の課題を解決したモデルケースである。業界の課題の把握と自社の将来ビジョンが描けていたからこそこのように対応することができたと言えよう。

　さらに，同社は2009年から始まった「神戸シューズ」ブランド化事業にも参画している。この取り組みは，『神戸市の長田地区を中心とした靴メーカーが集まり，『Made in Japan』の国産シューズを作ろう』というコンセプトをもとに，現在E社を含めて32社が参画している。この「神戸シューズ」は2014年に特許庁より地域団体商標として査定・登録されている[2]。

4. おわりに

　被災した企業は，すでに述べたように，震災前からいくつもの課題を背負っていた。震災がそれらの課題を深刻化させることはあっても，解消することは

絶対にない。このため，経営陣が常日頃から経営課題を把握し，解決するための準備を行っておくことが求められる。このような対応によって，震災後の再建の度合いは異なってくると思われる。

　もちろん，「想定外」の施設や設備などのハードの被災は，再建への時間を長期化させ，その間に競争から脱落してしまうこともあり得る。たとえば，神戸港はアジアのハブ港としてのステータスを維持してきたが，復興に要した2年の間にその地位を海外諸国に奪い取られてしまい，震災前の状態に回復することは難しくなった。

　阪神・淡路大震災の後，2004年の中越地震，2011年の東日本大震災，そして2016年の熊本地震と続き，また，近年のゲリラ豪雨や台風による洪水・土砂災害が発生している。このような中，自然災害大国である日本では，防災・減災を企業のリスクマネジメントに位置づけることが強く求められている。

　しかし，大企業ならまだしも，中小企業の場合はそう簡単に対応することができない。とりわけ，雇用や技術が地域と密接に繋がっている地場産業は，その地域ともども被災してしまうので，大きな困難が伴う。個別の経営再建だけではなく，産業復興と復興まちづくりとの連携も必要不可欠となる。

　神戸市長田区でも震災後の早い段階から，「靴のまち長田」という地場産業と連携したまちづくりを立ちあげる構想があったが，地域住民の思いや業界の思惑，行政の対応等の離齬から，部分的な実現で終わっている[3]。また，復興事業では住民の帰還が優先されたため，産業基盤の整備は，復興計画に盛られてはいても実施の過程で後回しにされがちであった。

　災害に備えるための企業経営とはどのようなものであろうか。近年，「事業継続のための計画」（BCP）の策定に注目が集まっているが，計画を策定する前に日頃から地域と良好な関係を作っておくことが求められる。とくに，中小企業が多い地場産業の場合は，地域ぐるみでの防災対策に参加することや個々の企業だけでなく，業界での集団的な防災計画を策定しておくことも求められるであろう。

(注)
(1) E社の時見弘社長への2016年7月26日に行ったヒアリングによる。時見社長には記して，感謝いたします。
(2) 「神戸シューズ」は，原産地が神戸で，縫製や裁断なども「神戸シューズブランド化運営委員会」による規定をクリアした靴のみが登録される。詳しくは神戸シューズのホームページを参照。http://www.shoesplaza.co.jp/kobeshoes/
(3) 2000年9月に，神戸市と旧地域振興整備公団の出資によりオープンした『シューズプラザ』はそのひとつである。当初の構想からすれば，かなり規模が縮小された。何度かのリニューアルを経て，現在は1階がレンタルスペースを含む「シューズビジネスフロア」で2階がオーダーメイド靴の2店舗が入る「スペシャルシューズフロア」となっている。運営は第3セクターの「くつのまちながた神戸株式会社」である。施設の位置も規模も店舗構成も中途半端な印象がぬぐえない，というのが筆者の感想である。

【参考文献】
ケミカルシューズ工業組合『業界の概況』
　　http://www.csia.or.jp/toukei/data/gaikyou.pdf
神戸市（2013）『阪神・淡路大震災被災状況及び復興への取り組み状況』
日本経済新聞社編（1995）『阪神大震災　その時企業は　徹底検証・危機管理』日本経済新聞社。

（三谷　真）

第4章 中越地震（新潟県中越地域）

1. はじめに

　本章では2004年秋に新潟県中越地方で発生した震災について，産業復興の観点から概観する。災害前から衰退トレンドにあった農業，復興期にリーマンショックに端を発する世界的不況に飲み込まれた一部企業，災害を契機に大きく飛躍した観光産業など，背景にあるトレンドに言及しながら産業復興の過程を見ていく。

2. 被害の概要と産業への影響

（1）被害の概要

　2004年10月23日17時56分，新潟県中越地方を震源とする直下型の地震（マグニチュードM6.8）が発生した。震源は北魚沼郡川口町（現長岡市，以下旧町名表記）の北部（北緯37度17.5分，東経138度52.0分，深さ13km）であり，川口町で震度7，隣接する小千谷市および山古志村，小国町（現長岡市，以下旧町村名表記）で震度6強，その周囲の12市町村（合併前）で震度6弱を記録した。広範囲で大きな揺れを観測し，甚大な被害が発生したことから，気象庁は「平成16年（2004年）新潟県中越地震」と命名し，地震発生当日に新潟県内54市町村に災害救助法が適用された。本震直後の18時11分にM6.0，同34分にM6.5の地震が発生するなど，余震活動が極めて活発で，避難者は

figure 4-1 中越地震の震源と震度分布

出所:気象庁推計震度分布図に著者加筆

ピーク時で10万人を超えた。人的被害は死者68名，負傷者は4,895名であり，住宅被害は約12万2千棟を数え，うち全壊約3千棟，半壊が約1万3千棟であった。

　被害の中心が比較的地盤が軟弱な中山間地であったため，各地で斜面崩壊や道路寸断が多発し，「地盤災害」という側面がクローズアップされた。川口町，山古志村の全域が孤立するなど，7市町村61集落の1,938世帯が孤立し，陸路での避難が難しいと判断された山古志村の全14集落と小千谷市の1集落の2千数百人が自衛隊のヘリコプターで救助された（自衛隊による空中避難作戦としては過去に例のない規模）。物理的な交通網の破壊だけでなく，一部携帯電話の中継局が倒壊するなど，情報伝達網にも深刻な被害が生じた。

　産業被害を概観するのに先立ち，震度6強以上を記録した長岡市，小千谷市，川口町，小国町，山古志村の特徴を述べておく。長岡市は人口28万人で新潟県第2の中核都市であり，機械工業等製造業の集積が進んでいるほか，越後平

野の南端にあって農業も盛んである。また，温泉を中心とする観光産業もある。小千谷市は信濃川の河岸段丘に沿って人口4万人を擁する都市であり，電機産業を中心とする産業と農業が主要産業である。川口町と小国町はそれぞれ5千人，7千人（共に合併前）の人口を有し，農業が主体であるが長岡市，小千谷市のベッドタウンという位置づけにもある。山古志村は震災当時で人口2千人が居住し，山間地にあって「日本の原風景」と呼ばれる棚田が有名であり錦鯉や闘牛といった独自の文化をはぐくんでいた。主要産業は養鯉業であり，それ以外の農業出荷額はごくわずかである。闘牛に代表される観光業もあったが，数件の民宿がある程度で主要産業とまでは言えない。豪雪の山間部にはあるが，整備された道路と行き届いた除雪のおかげで冬季でも長岡市中心部まで自動車で30分程度で行けることから，長岡市街地に勤務する兼業農家が多い。周辺からの人口流入によって人口微減にとどめている長岡市に対して，その他の市町村は人口減少と高齢化の進展が著しく，産業誘致や新規産業の創出などとは無縁な状況にある。

（2）商工業への被害・影響

産業被害総額は780億円に上った（新潟県産業労働部調べ）。市町村別では長岡市が350億円，これに小千谷市の207億円が次いだ。ただし，震災当時小千谷市で操業していた半導体製造の株式会社新潟三洋電子では直接被害と復旧費で約500億円の損失が生じたとされており，直接・間接被害の総額は公式発表の数倍になると見られる。

間接被害の主たる原因は物流・人流の停滞である。震源となった川口町は越後平野南端から魚沼平野の間にあり，山間地に挟みこまれた地形に主要交通網が集中する場所である。まさにそこに起きた直下型地震であったため，概ね2か月間，交通網への深刻な影響が残った。

上越新幹線はちょうど震源真上を通過中に本震が発生し，開業以来初の脱線事故となった。また主要幹線（関越自動車道，国道17号線，JR上越線）の全てが通過するボトルネック部（川口町和南津と隣接する堀之内町（現魚沼市）

新道島)は,「激震ゾーン」と名付けられた被害集中地域にあたった。このことは川口町全域を孤立させただけの問題ではなく,首都圏と新潟市・長岡市といった新潟県の中核都市を結ぶ要所であったために,交通網は完全に麻痺した。関越自動車道は19時間後に緊急車両のみ通行可能になり,3日後に片側一車線の応急復旧が完了し,13日後に一般車両の通行も可能になった。国道17号線は,和南津トンネル内壁崩落のため通行不能となったが,2日後に緊急通路1車線を確保,7日後には迂回路を設置,10日後にトンネル内構造物の設置により片側交互通行が可能となった。JR東日本は,震災から2ヶ月後の12月27日に上越線,飯山線の運行を再開した。先にも紹介した,新潟三洋電子の被害が,産業被害としては最大のものであろう。本格稼動に5ヵ月を要し,地震前5つあったラインのうち復旧したのは3つのみであった。折からの半導体不況やリーマンショックも重なり,社員1,500人のうち100人が退職,100人が転籍し,500人いた請負・派遣社員は全員雇用契約が打ち切られた。折からの不況のために2009年にFAX機製造の株式会社パナソニックコミュニケーションズ小千谷工場が撤退したことも重なり,小千谷市の工業出荷額と雇用に著しい影響を与えた。

(3) 農業への被害・影響

　震災による農林水産業の被害総額は1,305億円とされ,その内訳は図表4-2の通りである。農業生産基盤とは用水路,溜池,ダム,農道等を指し,農地を含めた農業インフラ被害が金額ベースで半分を占めた。林業関係は林地,林道等の被害であり,生活関連施設とは農業集落排水処理施設の被害を指すため,これらを含めて見れば広義の農林業インフラ被害が85％と大半を占め,これだけで被災金額は1,100億円を超える。水産業は主に被災地で盛んな養鯉業に関わる被害である。上で述べた中越地震の主な特徴の一つとして認識されている「地盤災害」という側面が,農林業被害におけるインフラ被害の規模からも見えてくる。

第4章 中越地震（新潟県中越地域）

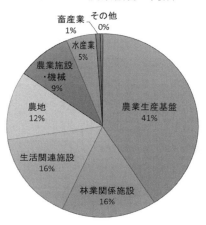

図表4-2 農業被害の内訳

出所：「新潟県中越大震災復興検証報告書」（H27.3発行）に記載されたデータを筆者がグラフ化

（4）観光業への被害・影響

新潟県の観光の場合，特に首都圏からの来訪者にとっては上越新幹線と関越自動車道が大動脈となる。季節的には紅葉シーズンにあたり，長岡市の蓬平温泉（山古志村に隣接）は再建が危ぶまれるほどの甚大な被害を受け，復旧に9～19ヶ月を要した（和泉屋が2005年8月，福引屋が同年11月，よもやま館が翌年の6月に営業再開）。一部経営者の交代もあったが，現在3軒ともに順調に経営するまでに復興している。地震被害が大きくなかった新潟県湯沢・南魚沼エリア，妙高エリアについても，いわゆる風評被害によって地震後の冬には明らかなスキー客の減少が見られた（冬は大雪であり雪が足りなかったわけではない）。被災していない温泉地を中心に2004年10月～12月の3ヶ月間で417,435人の宿泊キャンセルがあるなど，新潟県内の観光客数は，震災の年と翌年は，明らかな落ち込みが見られた。しかし年単位で見れば「震災がとどめをさした」といった劇的なトレンドの変化はなく，むしろ被災したことを契機に積極的に打ち出されたディスティネーションキャンペーン（2009年）や

57

NHK大河ドラマ『天地人』の影響などによって誘客の効果が見られた。被災をネガティブな側面だけで捉えるのは片手落ちであろう。

観光施設の復旧には積極的に「新潟県観光基盤整備事業補助金（県単）」等の補助金も投入されたし，環境協会等が風評の払拭やイメージアップのための広報活動も行った。一方で，「震災の経験を踏まえた新たな観光展開」も積極的に推進された。たとえば，太平洋戦争における長岡空襲からの復興祈願として始まったとされる長岡祭の大花火大会は，震災前から日本一の花火大会として知られていたが，震災翌年から市民の寄付を集めての「フェニックス花火」が始まり，さらなる観光誘客に繋がっている。曜日の影響が大きいため，土日開催の年だけで比較すると，2003年（震災前）に81万人だった入り込み客が，2008年に85万人，2014年に103万人と，着実に観客数を増やしている。なお震災の経験を踏まえた取り組みについては後段で詳しく述べる。

3. 各産業の復興過程と新たな展開―事例から読み解く―

（1）法人化・組合化が加速した農業

図表4-4は小千谷市の農家戸数の推移である。図から明らかなように，2004年の震災にかかわりなく，農家戸数，特に兼業は長期にわたって減少し続けていた。激甚災害指定を受けて農地復旧費の国庫補助率が84％から92％に引き上げられるなど，農家負担の大幅な軽減がはかられたものの，それでも農地被害の大きさとその復旧費の自己負担，さらに高齢化による先行き不安を考えて，震災を機に離農したり，農地の譲渡・放棄が進んだ。図表4-4からも兼業農家戸数は，震災をはさんで，2000年から2005年の4年間に350戸減と，急減したことがわかる。しかし，「震災が（いくらか）トレンドを加速した」とは言えたとしても，長期的傾向には変わりはなかっただろう。一方，もともと小規模零細の個別営農が大半を占めており，それらが押し並べて高齢化していたことから，行政としても農家としても，将来への農業の持続を考えると営農効率を改善し集落営農へと切り替える好機と捉える声も大きくなった。図表

第4章　中越地震（新潟県中越地域）

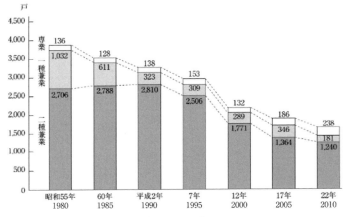

図表4-4　専兼業別農家戸数の推移（農林業センサス）

出所：小千谷市統計書平成27年版より転載

4-4を見てもわかるように，それまで130戸前後で推移していた専業農家数は震災以降に着実に増加しており，農地面積は農家戸数の減少ほど減少していないことから，集約と大規模化が進んだと読み取ることができる。県としても，単独事業として営農体質強化に向け新たな生産組織の設立支援に6件で5,600万円を，復興期金事業として122件に18.6億円を支出した。

「棚田の風景」で知られる山古志村であったが，現実には大半は養鯉池であり，水田はそれほど多くない。収穫された水稲はほぼ縁故米（家族による消費と親族・親類への贈答）に限られていた。しかし震災で「やまこし」が有名になったこと，そして長岡市に合併されたことに相まって，古くから伝統野菜として作られていた「かぐら南蛮（ピーマン形のとうがらし）」が，「長岡野菜」の一つとして注目されるようになり，加工品も含めて流通量が拡大した。その結果，水田をするよりも「かぐら南蛮」を栽培するほうが，反収が一桁以上増えるということで，新たな農業収入源として成長した。現在では30戸あまりの農家が「かぐら南蛮生産組合」を組織して安定した収量と品質の確保に向けて取り組んでいる。

59

(2) メモリアルを活用した交流人口拡大策

　災害の被災地は，程度の差はあれ，被災から時間がたつとある種の観光地となる。被災を報じるメディアの影響は大きく，たとえばわずか人口2千人ほどだった山古志村は，壊滅的ともいえる斜面や道路の被害による全村孤立，空中救出作成と全村避難，土砂崩れダムの形成とその決壊懸念による緊急対策など，いわゆるメディア受けする「画になる」話題が次々と報道された。その結果，かつてない全国区の知名度を得ることとなった。しかし3年余りの全村避難生活中は災害復旧と生活再建に精一杯であり，その後の復興をイメージして高まった知名度を生かして観光戦略を練る，というところまでは行かなかった。新聞記者から聞いた「1か月，半年，1年，3年，10年ですよ」との言葉のとおり，メディアの関心は長続きせず，節目でしか報道されなくなるため，観光戦略と知名度をリンクさせることは往々にして難しい。

　震災から2年3年と経過し，追悼ムードが薄れるとともに震災の経験そのものを観光資源（というよりは交流資源という表現が多用された。観光バスが慌ただしく通過するような観光地ではなく，地域資源を生かして外部者との顔の見える関係づくりを構築しようとする地域が多かった）として活用しようという具体的な取り組みが始まり，たとえば震災から4年後の2008年には，震央周辺のトレッキングマップの作成や，案内看板を駅や道の駅へ設置する取り組みなどが始まった。

　図表4-1に示したように，中越地震被災地域は複数自治体（合併前）にまたがり，それぞれの市町村の規模感，主要産業，地形等特徴があるうえ，被災の様相も異なっていた。さらに復興の方針も考え方も自治体によって異なる。メモリアル施設誘致に向けた綱引きの結果として，それぞれの市町村にメモリアル施設が作られることとなり，「中越メモリアル回廊」として4拠点施設，3メモリアルパークが整備された（図表4-5）。4拠点とは，①震災アーカイブセンター「きおくみらい」（長岡市），②おぢや震災ミュージアム「そなえ館」（小千谷市），③「川口きずな館」（旧川口町），④山古志復興交流館「おらたる」（旧山古志村）であり，3メモリアルパークとは，祈りの公園「妙見メモリア

第4章　中越地震（新潟県中越地域）

図表4-5　中越メモリアル回廊

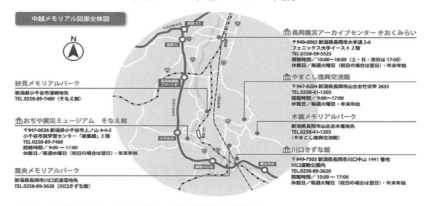

出所：公益社団法人　中越防災安全推進機構　提供資料

図表4-6　中越メモリアル回廊4拠点施設の累計来館者数

	長岡きおくみらい	小千谷そなえ館	川口きずな館	山古志おらたる	合計
一般	59,508	29,445	55,265	45,549	189,767
団体(10名以上)	27,177	55,723	7,216	31,356	121,472
累計来館者数	86,685	85,168	62,481	76,905	311,239

※長岡・小千谷・川口：2011.10.23〜H28.3.31　山古志：2013.10.23〜2016.3.31

出所：公益社団法人　中越防災安全推進機構　提供資料

ルパーク」，はじまりの公園「震央メモリアルパーク」，記憶の公園「木籠メモリアルパーク」である。図表4-6は，開館から2016年3月末までの各拠点施設の来訪者数である。合計で31万人の来訪者を迎えており，このような施設の来館者数としては概ね順調に推移しているといえるだろう。

これらのメモリアル施設群を整備する上でのポイントは次の3つである。

① それぞれがそれぞれの個性を活かしたコンセプトを有すること。
② それぞれが独立しつつも回廊としてネットワークを形成していること
③ 運営を地域NPOが担い，地域の交流拠点としての機能を有すること。

順に説明を加えると，①でいえば「きおくみらい」は記録・情報のアーカイブとワンストップアクセス拠点，「そなえ館」は防災学習・啓発拠点，「きずな館」は地域内交流の拠点，「おらたる」は山の暮らしの発信拠点ということである。たとえば，「そなえ館」と「きずな館」の来館者内訳をみると，明確に，前者は防災研修や視察を目的とする団体（多くは地域外）が来訪している様子が読み取れ，後者については団体客はごくわずかで一般の来訪者（地域内が6～7割）が大半であることがわかる。すなわちコンセプト通りの来訪者を迎えている。「おらたる」の場合，他の施設の約半分の期間に同程度の来訪者を迎えており，来館者数がずば抜けて多い。これは必ずしも「おらたる」が目的地となっているわけではなく，「山古志」を目的地として来訪する方にとってのゲートウェイとなり，一つの観光オプションとなっているということであろう。

　このように「似たような施設群」ではなく「個性的な施設群」が形成されたことにより②が具体化され，来訪者の目的に応じてモデルコースを設定することができ，目的に沿って，ガイド付きで周遊することができる。施設だけでなく被災経験を有する集落等をルートに組み込み，語り部を依頼する場合もある。東日本大震災の被災地等から，復興の段階に応じて何度も来訪し，復興の経過とともに変化する関心に合わせてルートを変えて案内することも少なくない。なお，これらの施設はすべて入館無料である。したがって産業を創出していないし，直接的な雇用も産んでいない。しかし，たとえばそなえ館には観光バスの立ち寄り場所の一つとして団体客が来館しているし，かつては「見るべきものがほとんどない」と言われた中越エリアを周遊させる効果をもたらしている。

　3番目の観点は「運営主体が総合型NPOである」という点である。「きおくみらい」は公益社団法人中越防災安全推進機構が運営している。この組織はこれらの施設群の運営を担う「震災アーカイブセンター」，地域防災を推進する地域防災力センター，過疎地の振興や移住定住促進を担う「ムラビトデザインセンター」（2014年度までは復興デザインセンター）で構成されており，単に

第4章　中越地震（新潟県中越地域）

メモリアル施設群の運営母体というだけでなく，地域課題解決の推進役として，今では中越地域に無くてはならない存在にまでなっている。

「きずな館」と「おらたる」は，それぞれ「NPO法人　くらしサポート越後川口」と「NPO法人　中越防災フロンティア」が運営委託を受けている。これらのNPOは，施設の運営委託を受けながら，コミュニティバスの運営を中心に，地域の実情に応じた様々な業務を遂行している。中越地震と市町村合併を経て誕生したこれらのNPOは，特定分野の特定ミッションを掲げたNPOと対比させて「総合型NPO」と呼ばれる。会員は住民である。合併後に「役場が遠くなった」と住民たちは声を揃えていた。その合併による埋没の危機感がこれらのNPO設立の主たる原動力となったのである。失った自治を取り戻すという意味で「NPO法人　町（村）役場」と表現される場合もある。震災を経験して取り戻した故郷にたいする誇り，そして地域課題に主体的に向き合うようになって芽生えた自治意識も後押しをした。同様のNPOは小国町でも生まれ（MTNサポート，MTNは"MoTtaiNai"の略），このNPOは地産野菜等の販売を行う「株式会社もったいない村」も設立し，公益と収益の2面をもって運営している。このことは，被災地の復興が単なる住宅再建や暮らし再生だけではなく，経済再生も伴うものでなければならないとの考えに立脚している。そのときに「企業誘致しよう」ではなく，「仕事をつくろう」という発想だったことが大きな特徴である。つまり他力本願ではなく自力本願だった。「営利私益」か「非営利公益」か，の2極ではなく「営利公益」を目指したと言っても良い。中越大震災復興基金でも，震災から8年後の2010年から「地域資源活用・連携支援」，「地域経営実践支援」といった事業によって，これらのコミュニティビジネスを後押ししている。

(3) 山古志観光の目玉に成長したアルパカ牧場

繰り返しになるが，「山古志」は，震災で有名になり野菜の直売所が各集落（すべての集落と言っても良い）に設置された。震災前から，景観スポットには早朝にアマチュアカメラマンがずらりと並ぶ「日本の原風景」といわれる風

光明媚な場所である。とはいえ，いわゆる観光地と呼べる規模の人流はなかった。

震災直後に米国コロラド州在住の牧場主から，山古志にアルパカを寄贈したいとの申し出があった。南米原産のアルパカは豪雪という気候にも適応でき，歴史的に闘牛文化のあった山古志では大型動物の飼育には慣れていた。受け入れるうえで，大きな障害はないと判断した。その後，飼育を担う「種苧原（たねすはら）飼育組合」と運営をになう「株式会社山古志アルパカ村」を両輪として，新たな地域の観光資源とするべく飼育と繁殖を進めることになる。震災から5年後（山古志の本格帰村は3年後）の2009年11月に雄1頭，雌2頭がやってきてすぐに公開をはじめた。現在では，週末になると一日1,000人，多い時には2,000人の観光客が訪れるという山古志観光の代名詞にまで成長した。アルパカを活かすビジネスモデルとしては，(1) 観光牧場，(2) 良質な毛をとる畜産業，(3) キャラクタービジネスが考えられる。しかし (1) を指向し入場料をとると，駐車場整備に始まり，休憩施設，食堂などの施設群が必要となるし，有料区画を区切る柵や料金徴収システムなど，いわばインフラ整備が必須となる。(2) をビジネスとして成立させるためには1,000頭以上の飼育が必須とされる。そこで，山古志アルパカ牧場は (3) を選んだ。山古志アルパカ牧場は最低限の施設整備のみで入場料を無料とし，そのかわりにイベント等へのアルパカのリースを事業の柱に据えた。そして，山古志の様々な観光資源に呼びこむための集客装置としても位置づけた。副産物としてアルパカの毛を使ったグッズも，地元の女性グループが作っている。50頭のアルパカから取れる毛では足りずアメリカから取り寄せているとのことである。

4. おわりに

「災害は社会のトレンドを加速する」と災害被災地ではよく語られる。中越地震被災地においては，商工業は短期的には大きな被害を受けたものの，決定的に特定産業を衰退に追い込んだということはない。小千谷市で相次いだ企業

撤退・縮小は，震災はきっかけであって，電機・半導体産業の世界的勢力図の書き換え，リーマンショックによる世界的不況というトレンドに飲み込まれたというのが正しい。観光業は震災で高まった知名度に加え，この地域にフォーカスを当てたドラマや映画などが相次いで制作された影響もあり活発化した。むしろこのトレンドを今後いかに維持・拡大するかが課題であるといえるだろう。

　零細兼業農家が大半を占める農業は，廃業，耕作放棄，農地譲渡が一気に進んだが，限界を感じつつあった空気感が震災を契機として加速し，組合化・組織化が着実に推し進められた。「かぐら南蛮」といった新たな農業商材も生まれ，その他にも豪雪地であることを活かした「雪室食品」の開発の動きも進んでいる。大挙して訪れたボランティア達に触発されて，「顔の見える交流」を拡大しようとする集落も多く，廃校を改修した宿泊施設，新しい農家民宿，農家レストランなどもいくつか開業した。被災自治体に設置されたメモリアル施設群が，有効に交流人口の拡大を後押ししているという効果も顕れつつある。

　コミュニティビジネスの萌芽は，阪神・淡路大震災以降，被災各地に見られた。それは生活維持のための収入確保というよりは，得意を活かした「生きがい創出」の側面が強い。「元気より現金」と言われるように，目に見える報酬が生きがいになるのも事実である（山間地に住む自給自足に近い暮らしの人々にとっては，都市部のサラリーマンとは違い，畑などの生きる基盤がある）。そのことは山古志に，帰還直後から各集落に直売所ができ，その後に農家レストランの開業，農家民宿の開業などが続いたという具体的な事例からも裏付けられる。

　山古志では人口減少が加速し，震災から10年目の2014年時点で震災前の人口の半分にまで減った。それでも，多くの住民は「復興した」と胸を張って答えてくれる。もはや震災復興ではなく，新たな日常の獲得に向けた闘いのステージに入っているのである。

【参考文献】

稲垣文彦（2014）『震災復興が語る農山村再生：地域づくりの本質』コモンズ。

多々納裕一・梶谷義雄・土屋哲（2005）「新潟中越地震の社会経済的影響」『京都大学防災研究所年報』第48号A。

中越防災安全推進機構・復興プロセス研究会（2015）『中越地震から3800日：復興しない被災地はない』ぎょうせい。

新潟県中越大震災記録誌編集委員会（2007）『中越大震災 前編 雪が降る前に』ぎょうせい。

新潟県中越大震災記録誌編集委員会（2007）『中越大震災 後編 復旧・復興への道』ぎょうせい。

新潟県中越大震災復興検証調査会（2015）『新潟県中越大震災復興検証報告書』

新潟日報事業社（2006）『復興へ「中越地震」―再起へ被災地は歩みだす』新潟日報社。

（上村 靖司）

第5章 カンタベリー地震（ニュージーランド・クライストチャーチ市）

1. はじめに

本章では，2010年9月と2011年2月の2度にわたり，ニュージーランド（NZ）第2の都市であるクライストチャーチ（CHC）市を襲った地震とその後の復興に向けた取り組みを，まちづくりや観光の視点から考察する。

2. ニュージーランドと震災の概要

(1) ニュージーランド，クライストチャーチ市，そして，2度の大地震
① ニュージーランドについて

2016年8月時点の人口は4,708,460人で，純移民流入数は69,090人である（Population clock (2016)）。失業率は，2016年の第一四半期で5.7%である。GDPの成長率は，季節調整済みで2016年の第一四半期で0.7%で，名目GDPは248,647百万NZドルである。このうち，観光収入は8.0%（Tourism Satellite Account (2015)）を占めており，観光依存度の高さを窺うことができる国である。

② クライストチャーチ市について

CHCは，南島最大の都市で中央部のカンタベリー地方に位置する。同市は，

図表5-1　震災前のクライストチャーチ市（2010年）

出所：筆者撮影

"ガーデン・シティ"と呼ばれ，町中の公園としては世界3位の規模を誇るHagley Parkを擁し，震災前には，大聖堂を中心に市電と徒歩で散策を楽しめる街並みであった。NZを訪れる観光客の多くが必ずといってもよいほど立ち寄る町でもあった。150年前の英国人による開拓時代，その指揮を執っていたGodley John Robertらの出身校が「オックスフォード大学クライストチャーチ・カレッジ」であったことからこの町の名が付いたといわれている（ニュージーランド学会（2007））。

地震は，ニュージーランドが盛夏を迎えた，花のシーズンにこの街を襲った。

③ 観光都市に2度の震災

CHCは半年の間に2度の大きな地震に見舞われた。2度目の震災時，筆者は，同国の北島に滞在しており，車載用ラジオで地震の発生と，それに続く惨事を知ることとなった。2度の地震についての日本での報道は次のようであった。

「米地質調査所（USGS）によると，NZで9月4日午前4時35分ごろ，マグニチュード（M）7.0の地震が発生。震源は同国南島の東部CHC西北西約45kmで震源の深さは約5km。建物損壊などで負傷者が出たが，現時点で死者の情報はない。津波警報は発令されていない」（日本経済新聞夕刊（2010））。

第5章　カンタベリー地震（ニュージーランド・クライストチャーチ市）

図表 5-2　震災後のシティーセンターの様子（2011年）

出所：晝間撮影（2011）

「USGSによると，NZ南島で2月22日午後0時51分ごろ，M6.3の地震が発生。豪スカイテレビが放映したNZの地元テレビの映像では市中心部の大聖堂など多くの建物が損壊。CHC空港は滑走路の点検のため閉鎖。道路や電力，水道などのインフラにも影響が出ているもよう。豪州政府は救助隊を派遣した」（日本経済新聞夕刊，2011）。

その後，人的被害は，死者185人，重軽傷者8,700人に上ることが判明した。カンタベリーテレビ局の建物が崩壊し，同所に入居していた語学学校で学んでいた日本人28名を含む留学生が犠牲になった（武田（2014））。

また，本章の共同執筆者である晝間尚子（CHC在住）は，自身のブログを通じて当時の様子を以下のように伝えていた（2011）。

「今日2月22日午後12時51分に，NZ南島CHCでM6.3の地震が発生しました。M6.3なんて数字，信じられないくらい大変な被害状況です。私たちは大丈夫ですが，9月4日のCHC大地震より遥かに大きい地震です。これを書いている現在もずっと余震で揺れています。大きな余震も多くあります。本当に怖かった。職場でお昼ご飯を食べていました。ゴゴゴゴ‥‥という音がしたかと思ったら，視界がぶれてはっきりと見えないほど激しく揺れ出したので，これはまずいと思って動くのも難しいけど机の下に隠れました。机の下にあったデスクトップパソコンの本体がバターン！って倒れてきて，グワングワン揺

れている中，部屋にあるもの全部がふってきました。揺れが収まってきたところで建物の外に飛び出すと，みんな真っ青な顔したり，泣いたりしながら避難してきた。同僚のリジーはハイストリートを歩いていた時に地震がおこって，周りのレンガのたてものが右から左から一斉に崩れてきて，逃げないと死ぬと思って道の真ん中に向かって走ったものの，揺れのためころんで，道を這って道の真ん中まで避難したんだとか。町は大変なことに‥‥。大きな余震が立て続けに今も起こっていて，さらに崩れていく，CHCの象徴である大聖堂まで‥‥。今回は，震源も近く地震が起きたのが昼ということもあり，被害も前回に比べかなり大きそうです。」

(2) ニュージーランドの経済状態の変化

CHC市は，2度の震災を経て，どのような経済状態に陥っていたのだろうか。

① 震災時の経済的変化

CCDU（Central Christchurch Development Unit；CHC中心部の再生とビジョンを提供する目的で市議会が立ち上げた組織で，CERA[1]内に設置された）は，CHCの震災復興について，次のように説明している（CCDU（2012））。

CHC広域圏の主要成長産業は，専門職とエンジニアリングの業務，金融サービス，建設，医療分野が強い成長力を持つ。2000～2010年にかけてこれらの産業は，雇用の42％を占めるまでに成長した。IT部門も強力な分野である。2010年9月の地震では，2.5～3％程度の生産減少を招いた。2011年2月の震災後は，経済規模が6～8％縮小した。2度の地震を総合すると，生産減少は8～11％に上った。2011年の財務省の試算によると，地震による国のGDPへの影響は1.5％程度であった。2度にわたる地震のダメージからの経済復興は，2月の地震の9か月後に始まった。その後3か月ごとの成長を見ると，1～3％の間で急速に成長している。今日では，2010年9月以前と比べて，4％を下回る

第5章　カンタベリー地震（ニュージーランド・クライストチャーチ市）

ところまで回復している。CERAなどの復興機関によるCHC中心部の復興計画では，5千人の新たな長期雇用者増を見込んで，地域経済の生産性増加を狙っている。中期的には，この復興計画は，CHC広域圏のGDPレベルを3～6億ドルまで引き上げることになり，結果として，2～4％経済規模を拡大させることにつながる。

CCDUの復興計画では，経済的成果を達成するための4つの目標を掲げている。
・よりコンパクトで，より生産性の高い中心部を創造する
・市民にインフラを提供することによって，雇用を安定化させる
・クラスターが形成される明確な地域を提供する
・CHC市など関係自治体と緊密な連携をはかる

計画のフレームの中でもCHC南側の構成要素は，既存の労働者と新規就労者双方に魅力的な環境を創出し，コンベンション・センターの小売業とサービス業は，アイディアの交換に適した空間を創出し，技術分野やリサーチ・パークなどの先端産業のオフィス立地を支えることになる。

② 震災から2年後の変化

CDC（Canterbury Development Corporation；CHC市議会の機関）の地震後の経済レポート（2013）は，以下のような経済変化を伝えている。CHC市とカンタベリー地方の経済は，現在，急速に業績を改善している。図表5-3に示されているカンタベリーの2012年9月の期末の年間GDP見積りは，2011年9月期と比べて，5.6％と大幅に上昇した。主として，農林水産業と建設部門がその大部分を牽引した。その他，事務サービス，科学技術サービス，小売業も成長した。これらの部門は，地域の復興に関わる部門である。小売取引額は，小売支出が順調に増え続けていることを示している。カンタベリーの季節調整後売り上げは，2012年12月の最終四半期から，2.0％上昇した。

図表5-3　国内総生産（年間平均率）

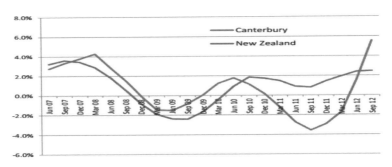

出所：Statistics NZ, Infometrics, CDC (2013)

図表5-4　カンタベリーの宿泊者数（国内の宿泊者数と海外からの宿泊者数）

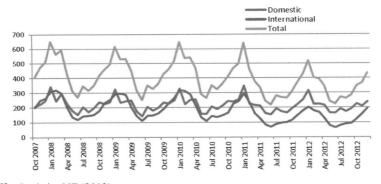

出所：Statistics NZ (2013)

③ 観光の状況

　ツーリズム部門全体では，現在も震災の影響が続いている。たとえば，アートとリクリエーション・サービスは震災前から9％の減少，宿泊，カフェ，レストランは7％の減少である。しかしながら，図表5-4からも明らかなように，CHCを含むカンタベリー地方の宿泊客は，徐々に増えている。街への移住も増加を続けている。図表5-5から，震災の年から3年間の人口減少を経て，増

第5章　カンタベリー地震（ニュージーランド・クライストチャーチ市）

図表5-5　クライストチャーチ市人口要約1981～2015年（※は過少計上人口含む）

年度	居住人口	経年数的変化	経年変化率
1961	281,721		
1991	296,061	4,667	1.6
2001	323,956	1,850	0.6
2006	348,435	5,700	1.6
2010	376,700※	4,100	1.1
2011	367,700※	−9,000	−2.4
2012	363,100※	−4,600	−1.3
2013	356,700	−6,700	−1.9
2014	361,900	5,200	1.5
2015	367,800	5,900	1.6

出所：Historic Growth-Population Summary-docs (Christchurch City Population Summary for 1981 to 2013), Estimated resident population (1) Territorial authority and Auckland local board areas At 30 June 2013, 2014 and 2015

加に転じていることが判る。カンタベリー地域の人口の3分の2近くがCHCに居住しているという。

　より多くの人々が，CHCをより魅力的な選択肢とみなすようになりつつある。建設許可，企業の最適化と，再建に向けた継続的な投資を軸に，CHCとカンタベリーの経済が明るさを増している。

　また，「NZ，日本からの観光客復調，20年までに倍増目標」（日経MJ流通新聞2014）の記事では，2011年のCHC地震で落ち込んだ日本からNZへの観光客数は回復し，14年10月末までの1年間にNZを訪れた人は7万8,248人で，12年の6万9,776人を底に反発し，10年の8万7,976人に近づきつつある」としている。

　CNNによると（2016），「NZ地震から5年，CHCの目覚ましい復興と題し，NZ史上最大といわれる265億米ドル（約3兆円）の復興プロジェクトに後押しされて，同地は震災からの5年で目覚ましい復興を遂げ，外国からの観光客も増加している」と報告されている。

　被災地ではがれきが除去され，そこに新しい建物が建設される前から至る所に彫刻や壁画などの芸術作品も出現し，新たに公園もできた。中心街もかつてのように美しさを取り戻しつつある。

　地元自治体によれば，同地の経済は過去5年で31％成長。2015年夏にCHC

空港に到着した乗客は16％増え，2016年2月は20％を超す増加が見込まれる。海外からの訪問者も2015年は6％増加し，同空港の利用者は2014年の590万人から，15年は640万人に増えた。市内にあるカフェやレストランなどの飲食店は800店を超え，地震前の店舗数に近付いている。今も毎月のように新しい店が開店しているという。

3. 復興に向けたユニークな取り組み

震災の影響は続いているが，復興に向けて，市民も企業も行政も協力しながら，人々を前向きにさせる取り組みが行われている。

(1) 主要産業の復興

カンタベリー地方の主な産業は農業，酪農と観光業で，この方の経済のGDPの約15％を占める。財務省は建物，インフラの修復にかかる費用を150億NZドルと試算した。これはGDPの8％に相当する。被害地域が市中心部に限られていたため，郊外にある日系企業を含む木材加工，酪農，畜産業の工場稼働にはあまり影響は出なかった。しかし，CHCはNZ第2の都市で，観光客や留学生にも人気が高かったことから観光や教育産業に与えたダメージは大きい（JETRO（2011））。

① 観光について

前述したように，日本からNZへの観光客数は回復しているものの，残念ながら，2016年6月に日本でNZ行きの旅行会社各社の観光パンフレットに掲載されたパッケージツアーを比較したところ，これまでは定番でツアーに組み込まれていたCHC市内観光が，どれも見事に素通りされていた。ほとんどのツアーのプログラムは，CHC空港到着後（2016年から直行便は削減）すぐにバスで，テカポ，クイーンズタウンへ移動してしまうもので，CHCの観光，滞在などが含まれているものは少ない。前述したように，世界的にはCHCへの

第5章　カンタベリー地震（ニュージーランド・クライストチャーチ市）

図表5-6　カンタベリーの留学生数の変化

学校種別	2008	2009	2010	2011	2012	2013	2014
政府から補助金を受けていない語学学校	4,572	4,207	6,766	3,086	1,696	2,344	3,222
専門学校	1,020	1,195	1,301	1,035	1,041	1,046	1,162
初等教育(6〜11歳まで)	778	698	473	296	142	140	118
政府から補助金を受けている語学学校	648	767	1,196	1,051	485	493	731
中等教育(9〜13,14〜8歳まで)	2,020	2,028	2,371	1,936	1,433	1,485	1,646
大学	3,210	3,241	3,173	2,615	2,445	2,541	2,581
総計	12,248	12,136	15,280	10,019	7,242	8,049	9,460

出所：Education New Zealand (2015)

観光客は増加しているが，日本からの客数は震災前の状態に戻っていないといえる。

② 留学生について

留学生の受け入れは，観光業と同様に，NZでは大きな産業の一つとなっている。Christchurch Educated (CE)[2]によれば，CHC市内の語学学校は，ほとんどが被害の大きかった中心部に集中していたため，学校数は27校から5校へ減少した。一方，学生数は，図表5-6の状況から徐々に回復していることが分かる。CHCの中でも被害の少なかったエリアの高校留学には人気が戻ってきている。震災後，CEでは政府からの資金援助で担当者を雇用し，世界各地で留学セミナーを旅行業者向けに開催し，留学フェアを行い，CHCへの留学費用の一部を負担する奨学金制度を作っている。

下記のように，CEが強調するCHCに留学する理由を見ると，同地の教育環境とレベルの高さを知ることができる。

① 世界一流の教育機関で，CHCの中等教育学校は，NZで最高の成績を収めており，大学のコースは世界ランキングトップ100に入っている。
② 留学生の割合の低い都市。
③ 旅行先として薦める世界都市トップ10のCHC（「ロンリープラネット」[3] 2013年度）
④ NZで最速の経済成長率を誇り，400億NZドルもの都市投資により，多国籍企業が卓越した施設を建設し，留学生のための様々な雇用機会を提供

している。
⑤ 高等教育機関への進学保証として，入学条件を満たしている留学生は，CHCの高等教育機関への入学が保証されている。
⑥ 自然環境とライフスタイルという点では，毎年250以上ものイベント，コンサート，フェスティバルが開催され，CHCから1時間以内に，スキー場，サーフィンスポット，海水浴場，川，サイクリング専用道，ウォーキングコースがある。

(2) 市民によるクリエイティブな取り組み

ルーカスと杉尾によると，震災復興に向けたCHCのニュータウンプランは，1850年に最初の植民地建設会社が設定したオリジナル・プランに基づきながら，新たに市民の創意を盛り込み，市民との合意形成を重んじ，都市景観，美観，アメニティ，環境に配慮した上で，環境規制を施しているという（Di Lucas, Kunie Sugio（2011））。

市民の創意のいくつかを紹介する。こうした発想が自由に考えられる環境こそが，地域イノベーションの下地になるものと期待される。ここでは，市民がイニシアティブをとって，地震で出来た空き地を活性化させていったクリエイティブな取り組みについてみておこう。

クリエイティブとは，フロリダが指摘するように，特徴を2つに大別して考えることができる（2008）。1つは，スーパー・クリエイティブ・コアとして，研究者，詩人，芸術家，エンターテイナー，俳優，デザイナー，建築家，作家，編集者，文化人，ソフトウエア系のエンジニア，映画制作者などをあげている。特に，クリエイティブな仕事として，社会や実用に直結した新しいライフスタイルやデザインの創出に着眼している。もう1つの特徴として，クリエイティブ・プロフェッショナルをあげ，ハイテク，金融，法律，医療，企業経営など知識集約型産業で働く人の存在を強調する。

CHCの復興では，どのようなクリエイティビティが発揮されているのだろうか。

第5章　カンタベリー地震（ニュージーランド・クライストチャーチ市）

図表5-7　カラフルで行きかう人々の気持ちも晴れやかになるコンテナ・モール（2012年）

出所：筆者撮影

① コンテナをカラフルに塗装してショッピング・モールに再利用

　震災後，キャシェル・モールに造られたRe：Startは，コンテナを積み上げた店舗の並ぶショッピングエリアで，ポップアップ・モールとも呼ばれている。このクリエイティブな発想から生まれた空間には，おしゃれなブティック，ギフトショップやカフェなどが軒を連ねている。

② ボランティアの内容の変化

　震災当初から多くのボランティアが活躍しているが，その内容は時間の経過とともに変化している。当初は，液状化した泥を処理することから始まったが，2年経つと，街を盛り上げるためのボランティアも登場するようになった。これらのボランティアが活躍し，様々なイベントが展開されるようになり，活性化のエネルギーとなっている。図表5-8を参照されたい。

　その他にも，「ロードコーンに花を飾ろう」といったイベントのように，CHCを盛り上げる100のプロジェクトが紹介されている書物も公刊されている（Christchurch（2012））。このイベントは，CHC・ポリテクニック工科大学でアート＆デザインを教えるHenry Sunderland氏の取り組みで，図表5-9のように工事などで使われる無味乾燥なロードコーンに花を飾り付けた。「過去を振り返るだけでなく前を向いて歩こう」という視点で，ユニークな取り組

図表5-8　Gap Cache map

出所：http://www.gapfiller.org.nz/wp-content/uploads/2015/07/GFP-0027_Kids-Fest-Gap-Map_FINAL.pdf

第5章　カンタベリー地震（ニュージーランド・クライストチャーチ市）

図表5-9　ロードコーンに花を飾ろう

出所：https://www.facebook.com/photo.php?fbid=346467548707137&set=a.102519849768576.5357.100000316849888&type=3&theater（2016.07.01）

みである。この絵をフェイスブックに掲載したところ，数日で4,000人に広まり，仙台にも同じ取り組みの導入を呼び掛けた（晝間（2013））。

③ 起業支援の組織 "Ministry of Awesome"（MOA）の取り組み（2016）

MOAは，震災後，自由で活発な起業を支援するためにスタートした取り組みである。MOAは，プロジェクト，イベント，起業，社会的企業などのアイディアを持った初期段階にいる起業家を支援する。イベント，コワーキング・スペース，研修会，起業家のエコシステムを強化するコンサルティングを通じて，彼らのアイディアを現実のものに転換していく。

CHCにおいて開発の初期段階の事業を支援するために，コーチと戦略家をスタートアップ・アクティベーターとして提供する。スタートアップ・アクティベーターは，MOAにおける専門のチーム・メンバーである起業家のプロジェクトやアイディアを次のステップへと展開できるように支援する。MOAのチームと諮問機関の利用は無料で，他の企業や支援機関との繋がりを作ったり，適切なチーム・メンバーやメンターを探し，アイディアを現実のものにするための戦略構築もサポートする。

CHCのクリエイティブには，社会や実用に直結した新しいライフスタイルやデザインの創出に特徴があることが分かる。

79

（3）観光局による復興キャンペーンと成果

① 2015年の成果（&Christchurch and Canterbury Tourism (CCT), June 2015）

　CHCとカンタベリー地方では，2014～2015年の夏季にインバウンド客が急増した。NZ全体へのインバウンド増加と，この年が好天に恵まれたことでアウトドアの活動に参加する人が増えたことによるものである。2015年度は特に，ICCのクリケットのワールド・カップがCHCで開催されたことやCHCで2～3月に開催された各種イベントのおかげで訪問客が大幅に増加した。

　カンタベリー地方全体では，予想以上にアジアからのインバウンド市場が活況を呈したことや北米経済の好転から需要が大きく伸びた。欧州市場は，経済的困難にもかかわらず順調に推移した。豪州からのレンタカー利用客も増加している。インバウンド客の内，宿泊者はカンタベリー全体で13％増，CHCは16％増であった。

　2015年には，CHCにおいて民間の建設が活発になってきており，中でも，宿泊施設の改善が進み，町全体で70の新しいバーとレストランがオープンした。宿泊需要がピークを迎える夏のNZ全体の宿泊施設不足にも関わらず，CHCと周辺の地域は，宿泊需要の増加に比較的順調に対処している。

　ターゲット別にみていくと，豪州市場に対しては，休暇訪問客を改善しようとする5つのキャンペーンによる継続的な取り組みを通じて，夏季の数か月間の訪問客数を劇的に増やした。11～3月の間に，豪州からの休暇訪問客は，前年比で9％増加した。推定6万人が豪州からクルーズ船で上陸し，この数は空路でCHCに到着する休暇訪問客の55％に匹敵した。同年の重要なプロジェクトの一つは，豪州のトップ・インスタグラマーのLauren Bath氏をホストし，地域を廻ってもらうことだった。これによって，豪州から42万人の観光客を迎えることができた。

　国内旅行市場については，新たに北島のレジャー市場に関する調査も行った。その結果，多数のソーシャル・メディアを導入し，「素敵な玉手箱」（Pockets of Awesome）をテーマに，CHCへのNZ国内からの旅行拡大を振興している。&Christchurch and Canterbury Tourismが，CHC市内のインフラ

第5章　カンタベリー地震（ニュージーランド・クライストチャーチ市）

修復や設備の更新に緊急性をもって取り組んだことで，スポーツやエンターティンメントのイベントに国内観光客が参加できるようになり，週末の経済の活性化につながった。

　インバウンド誘客では，展示会マーケティング・チームがこの1年で，14を超える国際研修行事に参加し，まちの復興に取り組む旅行業者を見直し，地域全体に及ぶ観光地の圧倒的な魅力をプロモートすることに取り組んだ。この取り組みは，CHCへの旅程の中で，カンタベリーへの宿泊客の予約を獲得してくれる旅行業者の拡大につながった。

　一方で，旅行業者側は，依然として市内の教会付近の復興が遅れていることに危機感を抱いており，政府と議会が緊急性をもって市内の修復にあたり，アンカー・プロジェクト（詳しくは，http://www.buildmagazine.org.nz/assets/PDF/Build-146-42-Feature-Wall-Of-Work-Renewal-For-Christchurch.pdfを参照）に沿って，建設にも取り組むよう要請を続けている。

　CHC・ビジター・センターは，本年度，訪問客が全体で15%成長し，総売上高3,628,424NZドル，15%の増加を見た。これは，CHC市内への宿泊者数の伸びによるところが大きい。旅行手配のシステムや販売訓練の質の向上といったマネジメントの改善を通じて，センターの赤字を26,334NZドルまで削減した。センターをアート・センターへ移転させることにより販売能力を改善し，490社のビジネス・パートナーによる製品やサービスの品揃えに効果的な環境を提供できるようになる。

　コンベンション・ビューローは，国内企業の会議と産業系の国際大会や学術系の大会を中心に，MICE[4]の誘致に取り組んだ結果，震災当時は国内2%のシェアだったが，その後9%に伸ばした。

② CHCがロンリープラネットのトップ10に（Siobhan Leathley, 2012）

　地震で大きなダメージを受けたCHCは，ロンリープラネットが旅行先として薦める世界トップ10都市のリストに登場した。同誌は，精神，決意，直感力を感じさせる瓦礫からの復興に挑戦する町としてCHCを描き，2013年の6

位に位置づけた。同市は，NZで唯一ランクインした。

同社のアジア太平洋の販売・マーケティング部長Chris Zeiherによれば，各都市を訪問し，その経験に基づいてトップ10都市が選定される。2013年はCHCを訪問し，再建の局面にある都市の驚異的なエネルギーを体験できる1年になると述べている。

CHC元市長のBob Parker（震災時の市長で，その後選挙により現在はLianne Dalziel市長）は，「CHCの再生に向けたエネルギーと口コミは，この町をわくわくするようなところにしてくれており，震災以来CHCの人々は，創造力と決意を発揮し続けており，今や，世界に比類のない町になった」と述べている。

CHCとカンタベリー観光局最高責任者のTim Hunterは，CHCが依然として被災地のままだという誤解があるが，まちは今や沢山の観光事業者が活躍し，どんどん動き始めており，住んで良しの美しいガーデン・シティであると述べている。

4. おわりに

CERAなどの政府系機関と市民活動の関係性を見ていくと，時間はかかってはいるが，既存の施設を最大限活用した復興に取り組んでいる姿が明らかとなった。特に，市民が様々な形で，まちの再生を盛り上げようとする取り組みは，災害から立ち直ろうとする地域にとって大いに参考になる。一方で，観光によって復興に取り組もうとするからには，宿泊施設の拡大が不可欠である。

さらに，これまでは，国内，近隣の豪州，そして旺盛な需要を世界の観光先進地域に対して見せる中国市場に焦点を当てて復興のエンジンとなる観光政策を推進してきたが，これからは，よりきめ細かい国や地域へのセグメンテーションが必要になる。

筆者（佐々木茂）は，震災から1年後のCHC商店街を訪問して，真っ先にカラフルなコンテナを使った洗練された店舗群を見た時に，クリエイティブな

第5章　カンタベリー地震（ニュージーランド・クライストチャーチ市）

国民性を反映した実にユニークな復興であると感じたが，その後も，随所にこうした工夫がみられる。こうした取り組みの姿勢は，商業ばかりでなく，観光や中小企業や農業の振興にも影響を与えている。地域の再生には，決して一つの産業だけでなく，総合的な視点が不可欠であることをCHCの復興の取り組みから学ぶことができるのではないだろうか。

【注】
(1) カンタベリー震災復興局（Canterbury Earthquake Recovery Authority：CERA）は，2010年と2011年にカンタベリーを襲った震災への対応と復興に向けた政府の取り組みをリードし調整する目的で2011年3月29日に政府部門として設立された。
(2) 同記述は，Christchurch Educatedへの2016年8月のヒアリング内容に基づいている。
(3) ロンリープラネット（http://www.lonelyplanet.com/）とは，オーストラリア・メルボルンに本社を置く，最も人気がある旅行ガイドブックの一つ。ライターのREBECCA MILNERは，"Northeast Japan: is Tōhoku ready for travellers again?"と題して，東北の復興の概要，仙台や松島の観光の再開，平泉の世界遺産などの新しい観光スポットや石巻などのボランティアの様子や観光に利用できる交通機関の紹介もしている。（https://www.lonelyplanet.com/japan/northern-honshu/travel-tips-and-articles/77551）
(4) MICEとは，Meeting（企業等の会議），Incentive（企業の奨励旅行），Convention（学・協会が開催する会議），Exhibition（展示会）の頭文字をとった造語。

【参考文献】
Christchurch and Canterbury Tourism, Kaikoura, Hurunui, Waimakariri, Christchurch, Banks Peninsula, Selwyn, Mid Canterbury, Mackenzie, South Canterbury, Annual Report For the year ending, June 2015
CCDU（2012）
　　http://www.rebuildchristchurch.co.nz/networks/ccdu
CDCの経済レポート（2013.3）

http://www.cdc.org.nz/documents/2013/03/march-2013-quarterly-report.pdf
CHC市の人口（2016）
   http://www.ccc.govt.nz/assets/Documents/Culture-Community/Stats-and-facts-on-Christchurch/fact-packs/HistoricGrowth-PopulationSummary-docs.pdf
CNN（2016.2.22）
   http://www.cnn.co.jp/fringe/35026651.html?tag=mcol;relStories
Christchurch Educated (2016)
   http://www.christchurcheducated.co.nz/
Di Lucas, Kunie Sugio, New Zealand Christchurch's New Town Plan for Recovery from Earthquake Disaster.（ニュージーランドにおけるCHC地震災害復興ニュータウンプラン，Prec Study Report, 2011, Nov.）
JETRO
   https://www.jetro.go.jp/world/gtir/2011/pdf/2011-nz.pdf
Ministry of Awesome (2016)
   http://www.ministryofawesome.com/
Population clock (2016)
   http://www.stats.govt.nz/
Richard Florida (2002) The Rise of the Creative Class, Basic Books.（井口典夫訳『クリエイティブ資本論―新たな経済階級の台頭』ダイヤモンド社，2008年）
Siobhan Leathley, Oct. 22, 2012
   http://www.nzherald.co.nz/nz/news/article.cfm?c_id=1&objectid=10841997
Tourism Satellite Account 2015
   file:///C:/Users/Shigeru%20SASAKI/Downloads/tourism-satellite-account-2015.pdf
NHKニュース（2010年9月8日）「NZ・M7地震 復興費倍増の2400億円余 政府見通し」
武田真理子（2014）「ニュージーランド・カンタベリー地震」『海外社会保障研究』No.187，pp.31-44
日経MJ（流通新聞）（2014年12月8日）p.10
日本経済新聞夕刊（2010年9月4日）p.9
日本経済新聞夕刊（2011年2月22日）「NZでM6.3，ビル倒壊，死者複数，邦人安否確認急ぐ」p.16
ニュージーランド学会（2007）『ニュージーランド百科事典』春風社

第5章　カンタベリー地震（ニュージーランド・クライストチャーチ市）

晝間尚子（2016）『クライストチャーチ中心部にANZセンターがついにオープン！』
　　http://jdunz.com/newzealand/category/christchurch/earthquake/page/2
晝間尚子（2013）『仮設大聖堂がついにオープン！』
　　http://jdunz.com/newzealand/category/christchurch/earthquake/page/16
晝間尚子（2011）『クライストチャーチで大地震発生　速報：ニュージーランド』
　　http://jdunz.com/newzealand/christchurch/christchurchearthquakefeb2011.html

（佐々木　茂・晝間　尚子）

第II部

震災に備えるための産業ソリューション

第6章 水産業における復興ソリューション

1. はじめに

　宮城県石巻市から南三陸町に至る沿岸部では，1970年代より銀鮭の海面養殖が行われており，その生産量は国内生産量の9割以上を占めていた。しかし，東日本大震災では，津波によって養殖の生け簀が損壊し，出荷時期が近づいていた銀鮭が太平洋に流出した。流出した銀鮭は，当初「自然界で生き延びることができないだろう」と予想されていたが，太平洋の三陸沿岸を北上し，2011年6月下旬頃にかけて岩手県や青森県の沿岸などで漁獲された。青森県八戸市では，宮城県の生け簀から流出したと思われる約3トンの銀鮭が定置網に入り，同市の卸売市場で10kgあたり2,200円〜4,500円の価格で取引された（デーリー東北（2011））。

　自然現象によってもたらされる被害は，事前に予測や想定がなされていたとしても防ぐことができない部分もあるが，地域社会を維持していくためには，生活の糧となる産業の持続性を高めていかなければならない。また，産業の持続性を高めていくためのソリューションは平時の段階から検討しつつ，地域が主体的かつ意欲的に開発していかなければならない。しかし，宮城県の銀鮭養殖業界は，震災以前より取引価格が安定せず，生産者の収益性が低下するといった問題が生じていた。東日本大震災後，壊滅的な被害を受けた銀鮭の生産量は徐々に伸張しているが，輸入サーモン類の影響を受け，安値で取引される傾向が散見されている。本章では，宮城県で生産されている養殖銀鮭の問題や

第6章　水産業における復興ソリューション

課題について考察するとともに，価値形成に向けた対応策について述べていく。

2. 宮城県における銀鮭養殖の課題

（1） 輸入サケ・マス類の増加による影響

　宮城県の銀鮭は，1972〜73年に日魯漁業株式会社が三陸沿岸地域で養殖事業を開発したとされている（大西（1984））。その後，複数の大手飼料メーカーや漁業会社が事業参入し，系列的な指導体制の下で漁業者（養殖事業者）が生産している。養殖銀鮭は，天然物のサケ・マス類と比較して安全性が高く，寄生虫等が混入する危険性が低いため生食による摂食が可能である。また，高温の海水域では生息できないものの，他のサケ・マス類よりも生育が早い。このため，淡水の内水面で稚魚を育て，秋期に海面養殖に切り替えると半年程度で出荷することができる。

　このように，天然物のサケ・マス類よりも安全性に優れ，かつ生産性が高い銀鮭は，1980年代までは1kgあたり1,500円程度で取引されていた。国際的な漁業規制の強化を受け，北洋サケ・マス漁が衰退していた当時の状況に鑑みると，銀鮭の養殖は宮城県の水産業を持続させるための画期的なソリューションであったと言える。

　しかし，1990年に入ると，海外で養殖されたアトランティックサーモンやトラウト，銀鮭といったサケ・マス類の輸入が増加した影響を受け，価格が大幅に下落するようになった。とくに，チリで生産された養殖銀鮭の輸入は，宮城県産銀鮭の生産を縮小させる最大の要因となった。図表6-1は，1976年から2015年に至るまでの宮城県産とチリ産銀鮭の生産量・輸入量・1kgあたりの単価の推移を表したグラフである（みなと新聞（2016）・財務省（1994〜2016））。グラフが示すように，チリ産銀鮭は1993年以降から輸入量が急増する傾向が見られ，その一方で宮城県産銀鮭は増加傾向にあった生産量が低下している。1kgあたりの単価についても，チリ産が輸入されるようになると，宮城県産銀鮭の単価はチリ産と同等か安値で推移しており，東日本大震災後はチ

図表6-1　宮城県産銀鮭の生産量と輸入銀鮭（主としてチリ産）の輸入量およびkgあたりの単価の推移

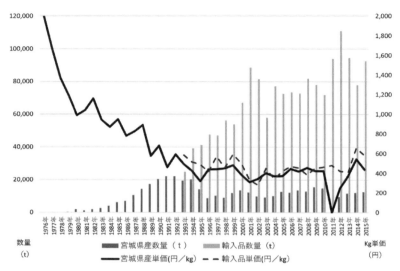

出所：みなと新聞社（2016）および貿易統計（1994～2016）をもとに筆者作成

リ産よりも安値で取引されていることがわかる。

（2）東日本大震災による被害と震災後の生産状況

　東日本大震災前年の2010年，宮城県内では81事業者（南三陸町15名，石巻市17名，女川町49名）が銀鮭の養殖を行っており，生産量は約14,750トン，生産金額は約62億6,900万円であった。この実績は，宮城県内における水産養殖生産額の約3割を占めていたが，2011年の東日本大震災では，宮城県沿岸地域の銀鮭養殖事業者が壊滅的な被害を受け，全事業者が被災した。震災で被災した事業者は，水産庁が創設し，水産業・漁村活性化推進機構が実施主体となる「漁業・養殖業復興支援事業（がんばる養殖復興支援事業）」等の補助金を受給して養殖施設や作業船などの復旧や再調達にあたった（水産業・漁村活性化推進機構（2011））。このような対応の結果，震災翌年の2012年に

は，被災した81事業者のうち60事業者が生産活動を再開することができた。この年の生産量は，震災前の64.1％にあたる約9,448トンであり，生産金額は震災前の37.4％にあたる約23億4,300万円であった（みなと新聞（2016））。震災から4年目となる2015年は，生産量で約12,500トン（2010年実績の84.8％），生産金額で約54億8,800万円（同87.5％）となり，近年は震災前の水準に戻りつつある。しかし，前節で述べたように震災以前の段階から輸入銀鮭の影響を受けて生産量や価格が下落する状況を勘案すると，産地の持続性を高めていくためには従前の手法とは異なる価値形成に向けた新たな取り組みを展開していく必要がある。

　震災後，宮城県の銀鮭業界は「みやぎ銀ざけ振興協議会」を設立し，産品に「みやぎサーモン」というブランド名を付して売り出している。従来まで，餌料メーカーの系列によって多様なブランド名が付けられていたが，系列の枠組みを超え，産地が一体となって宮城県産銀鮭の産品価値を高めようとする動きは水産業の復興に寄与するものと期待される。だが，現代的なブランド論やマーケティング論の概念に加え，一次産品を対象とした価値形成に関する先行研究を踏まえると，産品に標識性機能（ブランド名）を付与し，売り出すだけでは消費者に支持されるブランドは形成することができないと思われる。水産物のブランディングを図る際には，市場動向を見極めるとともに，客観的な視点に基づきながら産品価値を明確にすることが求められる。婁・波積・日高（2010）では，水産物の製品概念と差別化の要素を図表6-2のように位置づけている。同書では，水産物に付与すべき製品機能について，ヘルシー感や安全性，美味しさといった「基本的機能」，肉質や鮮度といった品質面，健康増進・老化防止といった性能面，サイズ・規格，箱立て，漁場・漁法・季節感からなる「副次的機能」，商品知識や料理知識といったサービスを含む「付帯的機能」といった3つの機能を提示している。

　従来までの水産物の場合，大分県大分市佐賀関漁港で水揚げされる「関さば」や「関あじ」等といった市場からの評価が高いブランド産品を除くと，「（都道府県）産（魚種名）」という表記で販売されていることが多く，水産加

図6-2 水産物における製品の概念と差別化要素

製品機能分類	一般工業製品	水産物	
		製品の諸要素	差別化の諸要素例
基本的機能	物理的機能	食料品	ヘルシー
	使用価値	タンパク質供給 味	安全・安心 美味しさ
副次的機能	品質	品質（肉質） （鮮度）	漁場・操業・養殖方法 色・艶・弾力性 時間・獲れたて 取扱方法
	性能	性能	健康 頭の働きを良くする 老化防止
	サイズ	サイズ・規格	選別・検査
	パッケージ	箱立て	荷姿・着荷状態・目方
	素材・材料	漁場 漁法 季節	漁場特性 漁法特性 旬の味
	デザイン・スタイル		
	色・柄		
付帯的機能	サービス 組み合わせ	サービス	サービス・商品知識・料理知識等

出所：妻・波積・日高（2010）p.27

工品についても，「国産（魚種名＋加工品名）」といった表記で販売されている。日本の水産物を対象とした流通は，伝統的に経路が複雑多岐であり，トレーサビリティの必要性が叫ばれていても消費者が入手できる情報は，都道府県レベルの産地名と魚種名のみであった。消費者との接点を持つ小売業者や小売業者に水産物を納める仲買業者についても詳細な産品情報を把握することができなかった。都道府県レベルの産地表記＋魚種名からなる一般的な食品表示では，妻らが提示する製品の概念や差別化の要素を伝達することは不可能である。

地域は，多様である。北海道産といっても，太平洋，オホーツク海，日本海といった海域に囲まれており，潮流や水温，水質はそれぞれ異なるはずである。宮城県についても北部の三陸沿岸地域と南部の仙台湾沿岸地域では，南北長が140km程度あり，気候や風土は異なる。

第6章　水産業における復興ソリューション

コモディティ（一般大衆品）としての位置づけであるならば，従来までのような産地表記で良いと思われるが，産品の価値を高め，コモディティとの差別化・差異化を図っていくのであれば，地域ブランド戦略の中で地域性や独自性といった産品の特長を消費者に伝達していくべきである。また，婁らが提示している差別化の要素を踏まえながらブランディングを図っていくためには，抜本的な改革構想の下，ブランド戦略を策定していくことも求められる。さらに，ブランドが消費者の認知・評価によって形成されるものであると捉えるのであれば，サプライチェーンを貫く価値伝達の仕組みを構築するとともに，産品を取り扱う事業者の営業力を強化しつつ，産品が持つ機能や機能からもたらされる価値を積極的に発信していかなければならない。

（3）産品価値の形成に向けた活締め処理の取り組み

宮城県産銀鮭の生産再開に際し，「活締め」による出荷が復興庁と農林水産省の助成を受けて取り組まれることになった（水産業・漁村活性化推進機構（2014））。「活締め」は，生け簀から水揚げした直後に魚体にキズをつけ，魚の心臓が動いているうちに血液を魚体外に脱血させる処理方法である。「活締め」は，「関さば」「関あじ」といった地域ブランドとして著名な産品やブリ，タイ，ヒラメといった養殖魚等でも行われており，この処理を講じると水揚げ後の鮮度を維持することができるとされている（北海道水産林務部（2007））。水産業・漁村活性化推進機構（2014）によると，宮城県産銀鮭の活締めは2015年の水揚げから着手し，活締め処理による出荷を全生産量の30％，野締め（活締めを行わない出荷）を70％という割合で行う計画であった。活締め処理された銀鮭の1kgあたりの単価は480円と見込まれており，野締めによる出荷よりも1kgあたり30円高く設定されていた。また，2期目（2016年）以降は，活締めによる出荷を45％まで拡げていく計画であることが計画書に記されている。震災以前まで取り組んでいなかった活締め魚が市場や消費者から評価され，高価格で取引されるようになると生産者の収益性が高まることが期待される。婁・波積・日高（2010）らが提示した差別化の要素においても，

図表6-3　石巻魚市場における銀鮭の取扱量と平均中値の年度別推移

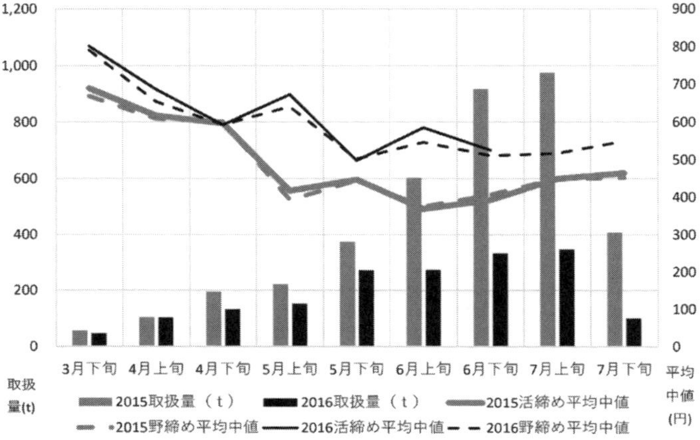

出所：石巻魚市場（2015〜2016）をもとに筆者作成

副次的機能を構成する肉質・鮮度といった品質を向上させることが期待できる。このような動向を受け，筆者は活締め出荷の効果を確認するために，宮城県産銀鮭を取り扱う石巻魚市場（産地卸売市場）の取引状況について分析することにした。

　図表6-3は，石巻魚市場（産地市場）における2015年・2016年の銀鮭の取扱量と野締め・活締め別の1kgあたりの取引価格（中値：高値と安値の中間の価格）を示したグラフである。2016年は，2015年と比較して取扱量が減少したため，全期間にわたって高値で取引される傾向が見られた。2015年の1kgあたり単価の平均価格（中値）は，活締めが468.6円だったのに対し，野締めは467.7円であった。しかし，価格差はわずか0.9円であり，想定していた30円の価格差は生じなかった（図表6-4）。時期によっては活締めの価格が野締めの価格を下回るという現象も散見された。一方，2016年の平均価格（中値）については，野締めが542.8円であったのに対して活締めが592.3円の値を付け，その差は49.5円となった。2015年と2016年の取引価格（中値）について，活締めと野締めの価格間でt検定（平均値の差の検定）を試みたところ，

第6章 水産業における復興ソリューション

図表6-4 石巻魚市場における活締め銀鮭を対象とした価格分析

	全期間		出荷開始～5月末	
	2015年	2016年	2015年	2016年
	活締め（中値）	活締め（中値）	活締め（中値）	活締め（中値）
データ数	243	362	95	316
平均価格（円）	468.6	592.3	534.5	596.1
野締めの平均価格（円）	467.7	542.8	520.8	583.1
野締めとの価格差（円）	0.9	49.5	13.7	13.0
最高値（円）	802	955	802	955
最安値（円）	318	430	366	450
中央値（円）	448	578	529	580
標準偏差	95.13	103.47	112.93	109.11
p値	2.40×10^{-43} ***		2.54×10^{-6} ***	

* ($p \leq 0.05$) ** ($p \leq 0.01$) *** ($p \leq 0.001$)

出所：石巻魚市場（2015～2016）をもとに筆者作成

2015年については有意差が認められなかったものの（$p(0.91)>0.05$），2016年についてはそれぞれの間で有意差が認められた（$p(7.66\times10^{-18}) \leq 0.001$）。ただし，この2016年に活締めされた銀鮭は，取引価格が下落する5月末までに全数量の87.3％が出荷されており，最終盤時期となる7月下旬まで出荷された2015年の実績や2016年の野締めの実績とは単純に比較することができない。そのため，2016年の出荷開始日（3月25日）から5月末（5月31日）までの出荷分に限定し，活締めと野締めの価格間でt検定を試みてみると，それぞれの間で有意差が認められた（$p(3.47\times10^{-16}) \leq 0.001$）。

このような分析結果から，活締めによる銀鮭の出荷は給餌回数などのコストの増加を考慮すると，取引価格が低下する5月末までに行った方が良いと考えられる。野締めによる出荷についても，出荷が集中する6月以降になると価格が下落する傾向が見られるため，時期を分散させて出荷するなどの対応が求められる。

前述したように活締めによる出荷は，野締めと比較して漁業者の手間がかかる。活締めの対応によって差別化の要素を創出していくためには，活締め銀鮭の特長や処理によって得られるメリットを市場や消費者に伝達していくことが求められるとともに，漁業者の収益性が高まるような価格の形成を目指してい

かなければならない。

(4) 宮城県産銀鮭と輸入養殖サケ・マス類の小売価格

　本章第1節で述べたように，宮城県産銀鮭は90年代から輸入量が増加したチリ産銀鮭の影響によって生産額が低下した。銀鮭以外にも，海外諸国で生産されたアトランティックサーモン（大西洋サケ）やトラウト（マスの海面養殖）の輸入量も増え，生食需要の増加を背景にノルウェーからアトランティックサーモンがチルドタイプ（ノンフローズン）で空輸されるようになった。図表6-5は，アトランティックサーモンのチルドタイプの価格を基準（100％）にしたときの宮城県産銀鮭と輸入養殖サケ・マス類の価格水準を表したグラフである。日本政策金融公庫が実施した「消費者動向調査」によると，水産物に対する消費志向は輸入品よりも国産品が高く，「国産品へのこだわりはない」と回答した消費者は14.2％にすぎないことが報告されている（日本政策金融公庫（2015））。しかし，宮城県産銀鮭の価格は，輸入養殖サケ・マスと比較して安値で推移しており，チルドで出荷されているにもかかわらず，輸入の冷凍魚よりも安い価格が形成されている。

　この状況を受け，筆者の研究室では宮城県内の食品スーパーでサケ・マス類の販売価格を調査することにした。図表6-6は，生食用と加熱用として販売されている養殖サケ・マス類の販売価格（100gあたりの平均価格）を示したものである。調査店舗数は，宮城県仙台市（12店舗），石巻市（6店舗），塩釜市（5店舗），利府町（3店舗），富谷町（現：富谷市，3店舗），大郷町（1店舗）の30店舗である。調査期間は，2016年7月24日から26日である。図表6-6のとおり，宮城県産銀鮭の販売価格は，生食用・加熱用ともに輸入養殖サケ・マス類よりも安価で販売されており，生食用については，ノルウェー産アトランティックサーモンとの間で165.5円/100gの差が生じていることが判った。また，宮城県産銀鮭は産地が至近であるにも関わらず生食用として販売している店舗はわずか1店のみであり，チルド流通でありながらもほとんどが加熱用として販売されているといった実態も把握することができた。宮城県産銀鮭は，

図表6-5 アトランティックサーモン（チルドタイプ）の価格を基準（100%）にしたときの宮城県産銀鮭と輸入養殖サケ・マス類の価格水準

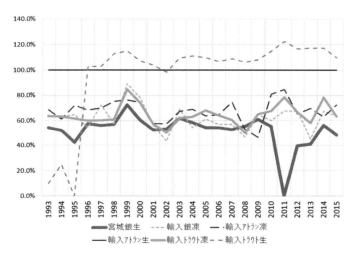

＊凡例の「銀」は銀鮭，「アトラン」はアトランティックサーモン，「生」はチルド，「凍」は冷凍を表す
出所：みなと新聞（2016）・財務省（1994〜2016）をもとに筆者作成

1970年代の生産着手の段階から生食を奨めており，「みやぎ銀ざけ振興協議会」も鮮度の良さを全面的にPRしつつ，刺身などの生食調理を推奨している。鮮度の保持や弾力を強化するために講じている活締めも，生食の普及をはかるための対応であるはずである。

筆者の研究室で実施した調査では，輸入養殖サケ・マス類が宮城県産銀鮭よりも市場における評価が高いという実態が明らかになった。輸入養殖サケ・マス類は，原産国や第三国においてフィレ等に加工されており，生食用については加工段階で骨が除去されているものが存在している。このような対応は，小売店や飲食店における調理のオペレーションに配慮したものである。一方，宮城県産銀鮭は，生鮮品として出荷される比率が高く，生食向けに加工されているものは少ない（片山（2013））。水産白書（平成25年度版）では，魚介類の消費に際して「うろこや内臓が処理されている」，「骨が抜かれている」といっ

図表6-6　宮城県内の食品スーパーにおける養殖サケ・マス類の小売価格
　　　　（100gあたりの平均価格）

生食用（養殖）－原産国・魚種別平均価格　　　　　　　（100gあたりの平均価格：円）

原産国／魚種	アトラン	データ数	トラウト	データ数	銀鮭	データ数	総計
オーストラリア	520.0	1					520.0
チルド	520.0	1					520.0
チリ	289.4	7	290.5	27			290.3
チルド	331.7	3					331.7
解凍	257.8	4	290.5	27			286.3
ノルウェー	362.5	16					362.5
チルド	362.5	16					362.5
宮城					197.0	1	197.0
チルド					197.0	1	197.0
総計	347.8	24	290.5	27	197.0	1	315.1

加熱用（養殖）－原産国・魚種別平均価格

原産国／魚種	アトラン	データ数	トラウト	データ数	銀鮭	データ数	総計
チリ			247.9	20	200.0	6	236.8
チルド			252.0	3	220.7	3	236.3
解凍			247.1	17	179.3	3	237.0
ノルウェー	254.8	4					235.4
チルド	297.0	2					297.0
解凍	212.5	2					194.3
宮城					213.8	36	213.4
チルド					209.0	26	209.0
解凍					226.3	10	223.7
総計	254.8	8	247.9	40	211.9	84	247.8

出所：石巻専修大学大学院経営学研究科石原研究室の研究プロジェクトによる調査データ
　　　（松川・佐々木・石原（2016））をもとに筆者作成

た商品を望む消費者のニーズが存在していることが報告されている（水産庁（2013））。宮城県産銀鮭の市場評価を高めていくためには，生食向けの加工対応など，消費者や小売店のニーズを踏まえたきめ細やかな対応を講じていくことが求められる。

3. おわりに

　本章では，東日本大震災で被災した宮城県における銀鮭業界の問題や課題について考察するとともに価値形成に向けた対応策について述べてきた。生食が可能な養殖サケ・マス類の需要は伸張する傾向にあり，日本人が最も好む魚種である。総務省の家計調査によると，1世帯あたりのサケ・マス類の年間購入世帯比率，魚類の購入頻度（100世帯あたりの回数），年間消費支出額と購入数量（g），魚類の平均購入価格（円/100g）は，いずれもマグロを抜いて1位

である（総務省（2000～2015））。このような市場動向は，宮城県産銀鮭の生産拡大や価値形成を図る上で好機となる。

　しかし，宮城県産銀鮭は，国内一の生産量を誇っているにも関わらず，そのことが消費者に認知されていない。筆者の研究室が2016年3月に石巻市内と東京都内の小売店で実施した調査では，74.6％の消費者が宮城県で銀鮭が生産されていることについて認知していない実態が判った。養殖銀鮭が生食に適していることについても84.9％の消費者が認識していないことが判明した。産品ブランドの形成に際しては，最終受益者となる消費者の存在を無視することはできず，消費者の認知・評価によってブランド力が決定されることはブランド論の先行研究でも記されている。宮城県産銀鮭のブランディングにおいては，マーケットインの発想に基づく事業展開を積極的に展開していくべきである。近年，注目を集めている産業観光やフードツーリズムといった取り組みも，ブランド力を強化していくための一策になるであろう。ただし，このような対応を展開していく場合は，多様な業種とともに地域内でアライアンス体制を構築していくことが求められる。水産業界にとどまらず，地域の多様な事業者が相互に連携する仕組みを構築していくべきである。

　P.F.ドラッカーは，著作「ネクスト・ソサエティ」においてサケの養殖を例示しつつ，水産養殖業の重要性について示唆している（P.F.ドラッカー（2002））。輸入養殖サケ・マス類の市場の評価が高い状況において，貿易自由化に向けた動向は宮城県の銀鮭業界にとって脅威となるが，天然の水産資源が減少する様相を考慮すると水産養殖業は成長産業につながることも期待できる。従前の事業を全面的に批判するつもりは無いが，「攻め」の姿勢を持って産地のイノベーションを図っていくべきである。

【参考文献】

P.F.ドラッカー（2002）上田惇生訳『ネクスト・ソサエティ―歴史が見たことのない未来が始まる』ダイヤモンド社，pp.84-86

石巻魚市場（2015～2016）『市況情報』

大西俊章（1984）『ギンザケ養殖の現状と問題点』1984年版農林金融の実情，農林中央金庫調査部，pp.72-78

片山知史（2013）『宮城県における養殖の再開過程と今後の展望』漁業・水産業における東日本大震災被害と復興に関する調査研究平成24年度事業報告書，東京水産振興会，pp.5-12

財務省（1994～2016）『貿易統計』
http://www.customs.go.jp/toukei/info/tsdl.htm

水産業・漁村活性化推進機構（2011）『漁業・養殖業復興支援事業実施要項』
http://www.fpo.jf-net.ne.jp/gyoumu/hojyojigyo/08hukkou/kyotu_file/20160329fukkou_yokou.pdf

水産業・漁村活性化推進機構（2014）『宮城県ギンザケ地域養殖復興プロジェクト計画書』
http://www.fpo.jf-net.ne.jp/gyoumu/hojyojigyo/08hukkou/hukkou_yoshoku/fukkou_keikaku/miyagi_ginzakeproject.pdf

水産庁（2013）『平成25年版水産白書』
http://www.jfa.maff.go.jp/j/kikaku/wpaper/h25_h/trend/1/t1_2_4_3.html

総務省（2000～2015）『家計調査』（＜品目分類＞1世帯当たり年間の支出金額，購入数量及び平均価格・全国二人以上の世帯）
http://www.stat.go.jp/data/kakei/

デーリー東北（2011）『ギンザケが大量水揚げ/宮城から流出か』デーリー東北，2011年6月28日記事

日本政策金融公庫（2015）『消費者動向調査』
https://www.jfc.go.jp/n/findings/investigate.html#sec04

北海道水産林務部（2007）『生鮮水産物鮮度保持マニュアル』

松川美希・佐々木愛・石原慎士（2016）『宮城県産ギンザケの価値形成に向けた方策に関する一考察』第18回実践経営学会東北支部会発表資料（2016.08.6：ハーネル仙台），実践経営学会

みなと新聞（2016）『宮城県産銀鮭出荷データ』

婁・波積・日高（2010）『水産物ブランド化戦略の理論と実践』北斗書房

（石原　慎士）

第7章 食品製造業における復興ソリューション

1. はじめに

　古くから水産業の町として栄えてきた宮城県石巻市と気仙沼市は，東日本大震災によって漁港をはじめ魚市場や水産加工業の生産施設が流出・倒壊し，壊滅的な被害を受けたため，その復旧には長い歳月を要した。しかし，多くの水産業関係者（特に被災企業の経営者および従業員）はこの絶望的な状況に屈することなく，震災直後から事業の再開を目指して最善を尽くした。このような状況において，被災地の大学に勤務する筆者ら（李・石原）は地域の産業復興に向けて実践的に行動する必要性を感じ，気仙沼商工会議所，石巻商工会議所，気仙沼信用金庫，石巻信用金庫とともに，2012年7月13日に「三陸産業再生ネットワーク」を設立した。本ネットワークは産学金連携体制のもと，被災地の実情に即した具体的な復興ソリューションの開発を目指し，地域経済の再生に向けた方策などについて検討しながら活動している（三陸産業再生ネットワーク（2016））。

　本章では，本ネットワークが定期的に実施してきた被災企業調査を用いて被災企業の現状を明らかにするとともに，被災企業の販路開拓に関するニーズについてまとめる。さらに，震災で失われた被災企業の販路を回復させるために着手した石巻市の産学・異業種連携体制による商品開発事業について述べていく。

2. 被災企業の調査

「三陸産業再生ネットワーク」では，石巻市と気仙沼市（以下：両市）の地盤産業である水産業の復旧・復興状況をタイムリーで把握することを目的に，被災企業に対する調査事業を実施している。本事業では，水産業および関連企業を営む約530社（石巻と気仙沼商工会議所の会員ならびに石巻・気仙沼信用金庫の取引企業）を対象に，2013年から年2回（1月と7月），留め置き法による調査を実施してきた。ここでは7回にわたって実施してきた調査結果について記す。

（1）被災企業の現状

両市における被災企業は，大震災の翌年から中小企業庁のグループ補助金（正式名称：中小企業等グループ施設等復旧整備補助事業）または復興庁の東日本大震災復興交付金を受給し，生産設備の復旧に取り組んだ。その結果，図表7-1のように第7回の調査（2016年1月）では未回答を除いて「休業中」1社（1.2％），「一部復旧」14社（17.3％），「仮復旧」11社（13.6％）と回答する企業が存在するものの，「全復旧」55社（67.9％）と回答する企業は全体の半数を超えている状況が判明した。

また，事業再開後の生産設備の稼働率を問う設問では，82社のうち39社（47.6％）が「50％以上～100％未満」と回答しており，38社（46.3％）が「100％以上」と答えた（図表7-1を参照）。生産設備の稼働率は震災前の水準に満たないものの，被災企業の復旧状況と比例する形で徐々に高まってきていることがうかがえる。

ところが，図表7-2が示すとおり，被災企業の売上は震災前に比べて「減少した」と回答した企業の割合が高く，依然として売上が回復していない状況が明らかとなった。

そこで，売上状況が回復しない要因について質問したところ，図表7-3のように「製造要員の不足」と「風評被害」，「販路喪失」，「競合他社の増加」と回

第7章 食品製造業における復興ソリューション

図表7-1 石巻市と気仙沼市における被災企業の復旧状況と事業再開後の生産設備の稼働率

	被災企業の復旧状況				事業再開後の生産設備の稼働率		
	休業中	一部復旧	仮復旧	全復旧	50%未満	50%以上～100%未満	100%以上
第1回	45 23.7%	66 34.7%	28 14.7%	51 26.8%	51 29.3%	96 55.2%	27 15.5%
第2回	49 50.0%	39 39.8%	6 6.1%	4 4.1%	34 34.7%	48 49.0%	16 16.3%
第3回	2 1.5%	27 20.3%	20 15.0%	84 63.2%	23 17.7%	81 62.3%	26 20.0%
第4回	3 2.3%	15 11.5%	18 13.7%	95 72.5%	19 15.2%	77 61.6%	29 23.2%
第5回	1 0.8%	16 12.7%	22 17.5%	87 69.0%	16 12.8%	80 64.0%	29 23.2%
第6回	1 1.1%	14 16.1%	14 16.1%	58 66.7%	5 6.5%	40 51.9%	32 41.6%
第7回	1 1.2%	14 17.3%	11 13.6%	55 67.9%	5 6.1%	39 47.6%	38 46.3%

出所：三陸産業再生ネットワーク（2016）の調査結果をもとに筆者作成

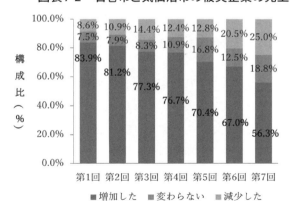

図表7-2 石巻市と気仙沼市の被災企業の売上状況

出所：三陸産業再生ネットワーク（2016）の調査結果をもとに筆者作成

図表7-3 売上状況が回復しない原因（複数回答，第6回と第7回のみ）

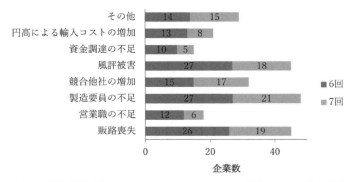

出所：三陸産業再生ネットワーク（2016）の調査結果をもとに筆者作成

答する企業が多いことが判った。なかでも，震災前から発生していた問題でもあるが「製造要員の不足」は，震災をきっかけにさらに深刻化している。震災前に水産加工業に従事していた従業員は，被災企業の事業再開の遅延または内陸部の仮設住宅への移転による生活環境の変化などを理由に退職している人が多い。石巻市の場合，水産加工団地に隣接する松並，緑町，鹿妻地区の人口は震災前と比較し大幅に減少しており，未だに震災前の水準に戻っていない。さらに，堤防建設などの復旧工事が本格的に進行するにつれ，時給が高い建設会社に転職する人も多く，水産加工会社では若者を中心とした人材を確保することが困難な状況に陥っている。

いずれにせよ，被災企業の売上を伸ばすためには自社の営業力を強化し，新たな販路開拓をはからなければならない。そのためにも，多種多様な消費者のニーズに対して迅速に対応していくとともに，競合他社との違いを明確にしつつ競争優位性を確立していくことが求められる。

（2）被災企業の販路開拓に関するニーズ

多くの被災企業は，前述したように東日本大震災によって生産設備が全壊したため，企業によっては従前の取引先に1年以上商品供給ができなかった。そ

第7章　食品製造業における復興ソリューション

図表7-4　大手の下請け業務を行いたいと考えていますか

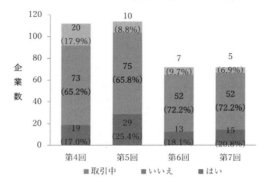

出所：三陸産業再生ネットワーク（2016）の調査結果をもとに筆者作成

のため，事業を再開しても従来のような取引ができない状況が続いている。特に，スーパーマーケットを対象に業務用の商品を製造・販売していた企業は福島第一原子力発電所の事故による風評被害を理由に取引先を失ったケースも見られる。しかし，本調査で「今後も大手企業のPB商品の下請け製造をしたいか」について尋ねたところ，第6回と第7回の調査では「いいえ」と答えた企業が7割を超え，自社製品の魅力を向上させてその価値を評価してくれる業者との取引を望んでいることが明らかになった（図表7-4）。今回の震災では，殆どの被災企業が生産設備を復旧する際に75％を上限に補助するグループ補助金を活用したため，残りの25％の資金は金融機関から借り入れている。新たな負債を抱えて事業資金に余裕がない状況において，被災企業は熾烈な価格競争を回避しながら収益性の確保に努めていきたいと考えている。

　また，「量より質的優位性を求めていきたいか」という設問については，8割以上の企業が「はい」と回答しており，同じく7割強の企業が「流通構造を革新する必要性」を感じていることが判った。

　被災企業が成熟化しつつある国内市場において自社製品の質的優位性を高めていくためには，発想を転換しつつ競合他社とは異なる特徴づけや消費者ニーズに基づいた新製品の開発などを行っていく必要がある。しかし，経営資源に

図表7-5　質的優位性の追求と流通構造革新の必要性

	質的優位性の追求		流通構造革新の必要性	
	はい	いいえ	はい	いいえ
第4回	107 92.2%	9 7.8%	85 77.3%	25 22.7%
第5回	99 88.4%	13 11.6%	90 79.6%	23 20.4%
第6回	67 85.9%	11 14.1%	61 78.2%	17 21.8%
第7回	57 80.3%	14 19.7%	53 73.6%	19 26.4%

出所：三陸産業再生ネットワーク（2016）の調査結果をもとに筆者作成

限りがある被災企業が単独で両方を達成することは容易ではない。

3．産学・異業種連携による商品開発

(1) 連携事業の必要性

　前節までに述べてきたように，東日本大震災で被災した企業は，震災から5年が経過した現在も販路の開拓に悩んでいる。被災企業にとって，失われた販路を回復させることは事業を持続していくために不可欠であるが，国内市場の成熟化や大手量販店が手がけるPB商品の台頭，輸入品の増加といった外部環境の変化に鑑みると，一度失われた販路を取り戻すことは容易なことではない。震災後に被災した食品製造業が事業の復興を試みるためには，製造要員の確保に加え，営業を担当する社員も確保しなければならない。また，新商品の開発に際しても，企画担当といった人材も確保しなければならない。ただし，石巻市や気仙沼市の水産会社の多くは，人材不足に悩んでおり，事業の拡大や商品開発を試みようとしても思うように事業化に踏み込めない状況が続いている。

　このほか，被災企業調査では，大手量販店の下請け業務では収益性が高まら

ないといった状況が明らかとなった。また，収益性の低下を背景に，マーケティングの強化や流通革新の必要性を感じている事業者も多いことが判った。東日本大震災で被災した石巻市の食品製造会社の多くは，中小零細規模の企業である。大手メーカーのように潤沢な経営資源を有していない。事業資金についても，震災で被災した生産設備を復旧させることを考慮すると，たとえ，補助率が高いグループ補助金を受給したとしても負債を抱えることになる。このような状況に鑑み，筆者（石原）は，被災企業の事業再開に際して，地域の異業種が相互に連携しつつ，地域の資源を最大限に活用した商品の開発を行う構想を立案した。この構想を立案した背景には，販路の開拓において大手メーカーの商品や大手流通事業者が手がけるPB商品，輸入品との競合を可能な限り避けたいと感じたからである。

(2)「石巻・飯野川発サバだしラーメン」の開発

筆者（石原）は，2010年4月に青森県内の大学から現在の勤務校（石巻専修大学）に着任した。現在の勤務校に着任した直後，合併編入地域（旧桃生郡）の商店街の活性化策について考察するため，石巻市河北地区（旧桃生郡河北町）の飯野川商店街の商店主らとともに研究会組織を設立した。研究会では商店街の食堂で提供されている料理や家庭料理の中から食文化を発掘し，商店街のオリジナリティを生かしたグルメ（商店街グルメ）を開発する方針が定められた。しかし，この取り組みは，東日本大震災が発生したことにより休止せざるを得なくなった。

震災から3ヶ月が経過した2011年6月，研究会のメンバーから商店街グルメの開発を再開したいという要請が寄せられ，飯野川地区の食文化に関する調査活動を筆者の研究室で実施することになった。そして，調査の過程で飯野川地区の食堂や家庭において伝統的にサバだしが用いられているということが判った。サバだしは，西日本では一般的に用いられることが多いが，カツオだしや煮干しだしを主として用いる東北地区では珍しい。筆者らは，サバだしを飯野川地区の食文化として位置づけ，ラーメン商品を開発することにした。商

図表7-6 水産加工会社でのスープ原料を開発する石巻専修大学経営学部石原ゼミの学生

出所：筆者撮影

品開発にラーメンを選択した背景には，他の麺類と比較して老若男女に受け入れられていることが関係しており，人口が減少する郡部地域に多様な年齢層の誘客を図りたいという狙いがあった。2011年6月下旬よりプロトタイプの開発と市場適応性を確認するための調査活動に着手することになった。プロトタイプの開発に際しては，付加価値を高めることや水産業の復興に貢献したいという想いから，水産加工時に排出される鮮度が高いサバの中骨を未利用資源と位置づけ，出汁を取ることにした。サバの中骨は，しめ鯖などの生食用加工品に使用されている原料の加工後に残るものであるが，中落ちの部分には魚の筋肉（中落ち）が付着している。水産加工残渣である魚の中骨は，従来までフィッシュミールの原料として用いられていたが，筆者の研究室では水産加工残渣をスープの原料として適用できれば，自ずと付加価値は高まるのではないかと考えていた。試作作業は，飯野川商店街の食堂や石巻市内の水産加工会社で行われ，プロトタイプの試食調査は石巻市内に開設された仮設住宅団地や飯野川商店街のイベント，石巻専修大学の大学祭などで実施した（図表7-6）。

各種作業を経た後，飯野川商店街の関係者に食堂メニューとしての商品化を提案し，2011年12月から飯野川地区の食堂4事業者5店舗でラーメンが提供

されるようになった。この商品は「石巻・飯野川発サバだしラーメン」と命名され，サバの中骨から出汁をとることと石巻産サバを主原料とするトッピングを載せることを共通の取り決めとしたが，味付けや提供スタイルは各店舗を周遊してもらいたいという狙いから各店の任意とした。ラーメンの提供が開始された後，郡部の商店街には食事を目的とした来客数が増加し，昼時には行列ができる店舗も見られるようになった。商店街の食堂は，昭和年間に建てられた店舗が多く，大手チェーン店のようにきれいな店構えではないが，チェーン店とは異なる個性的な味が評価された。60km程度離れた仙台都市圏や県外からの来客数も増加し，観光客や家族連れの客層も増えるといった現象も見られた。

　その後，震災で被災した企業を巻き込んで商品版「サバだしラーメン」（以下：商品版）を開発する構想が立案された。商品版の開発に際しては，大手メーカーの商品や大手量販店が手がけるPB商品との差別化・差異化をはかるために，地元の自給率が高い商品を開発する方針が定められた。そして，転作作物として小麦を生産している農事組合法人や製麺会社，水産加工会社にも参画を働きかけた。当時，製麺会社と水産加工会社は，東日本大震災で生産基盤を失ったため工場を再建している最中であったが，工場再開の見通しが立っていたため事業への参画について了承していただくことができた。

　濃縮スープの開発に際しては，食堂版のコンセプトを踏襲し，水産加工時に排出されるサバの中骨からエキスを開発することにした。麺の開発に際しては，農事組合法人が生産する宮城県産小麦（品種：ゆきちから）を使用するとともに，エキスの製造後に残る中骨を高温焼成したもの（微粒子）を配合した。このような対応を講じた背景には，ラーメンの製造時にかつて卵殻カルシウムが使用されていたことが関係している。この結果，ラーメンには不適とされていた地粉麺のコシを高めることに成功するとともに，化学的に生成されているかん水の量を半減させることができた。

　石巻地域の産学・異業種連携体制で開発した商品版は，2013年9月より宮城県内や東京都内の小売店において販売が開始された（図表7-7）。出荷に際しては，特定の店舗に対して商品を供給する選択型流通チャネルを適用した。

図表7-7　石巻・飯野川発サバだしラーメン商品版（手前：チルド版・奥：土産用常温タイプ）

出所：筆者撮影

　この対応の背景には，大手メーカーの商品やPB商品と比較して販売価格が2倍程度になったことに加え，国産志向の消費者に対して商品の価値を伝達したいという想いが関係している。東京都内への出荷については輸送コストを圧縮するため，水産事業者が使用する市場便を使用し，東京都内に出荷する場合は築地市場で荷物を中継するという対応を採るようにした。

　商品版は，発売から3年間（2013年9月～2016年8月）に約18万食を製麺会社が生産し，連携企業各社が出荷・販売した。この生産実績は，製麺会社の震災以前における実績の約4倍の数量である。このほか，2014年12月には，東洋水産株式会社よりサバだしラーメンのカップ版が発売された。カップ版の開発に際しては，水産加工会社が開発する濃縮スープを76％使用していただけることになった。

　食堂版および商品版の開発は，郡部商店街に所在する食堂の来客数の増加や収益性の向上に加え，被災企業の販路開拓につなげることができた。麺の原料として使用している地粉の使用実績も3年間で累計25tに達し，石巻市河北地区における小麦の生産面積は6.5ha（2012年播種）から20ha（2015年播種）まで拡張した。震災後から着手した産学・異業種連携による商品開発の試み

第7章　食品製造業における復興ソリューション

は，各団体からも評価していただき，「フードアクションアワードニッポン2014食べて応援しよう賞」（農水省）や「平成25年度食材王国みやぎ大賞ブランド化部門大賞」（宮城県），「第9回いしのまき大賞」（石巻商工会議所）などをご恵贈に与った。

4. おわりに

　「サバだしラーメン」を発売した後，石巻市では異業種連携による商品開発の取り組みが各所で行われるようになった。「サバだしラーメン」を開発した事業者からも継続的に商品開発に取り組みたいという要請が寄せられるようになった。紙幅の関係で詳述できないが，飯野川商店街では商店街グルメの開発が継続的に行われるようになり，郷土料理をアレンジした「ずるびきあんかけ」や石巻市郡部地域の家庭や食堂で伝統的に用いられている調理法を適用した「どぶ漬け唐揚げ」といった商品が産学連携体制で開発された。また，「サバだしラーメン」の開発手法を応用しつつ，鳥取県境港市で水揚げされるベニズワイガニのゆで汁を活用した地域間連携開発商品「鳥取・境港発カニだしラーメン」や宮城県産銀鮭の中骨を活用した「宮城・石巻発シャケだしラーメン」といった商品が多様な連携体制の下で開発された（図表7-8）。震災の影響に関係なく，地方都市の食品製造会社や商店街は収益性が低下している。地域の多様なアライアンス体制による商品開発は，様々な企業が持つ技術や知見などを組み合わせることによって，一社一組織では実現できなかった取り組みや商品価値を創出することが可能になる。ただし，このような事業を展開していくためには，企業どうしを結びつけるコーディネーターの役割が重要になってくる。地方創生に向けて地域産業の活性化の必要性が叫ばれているが，今後の地方都市に所在する大学や産業支援機関は，地域資源や企業が持つ技術などを俯瞰しつつ，多様な連携体制を構築していくべきであろう。

図表7-8　鳥取・境港発カニだしラーメンと宮城・石巻発シャケだしラーメンの商品パッケージ

出所：有限会社島金商店（掲載許諾済み）

【参考文献】

三陸産業再生ネットワーク（2016）『三陸産業再生ネットワークWebサイト』http://ishihara-lab.org/home/s3net/

（石原　慎士・李　東勲）

第8章 商店街再生の取り組みと諸問題

1. はじめに

　我々が豊かな生活を営むうえで小売商業，飲食業，サービス業は必要不可欠な産業である。東日本大震災から6年が経過した現在，全国で避難生活を強いられている約93,000人（平成29年6月）の生活を支える重要な役割をも担う（復興庁（2017））。しかし，その殆どは小零細事業者であり，東日本大震災による津波で多くの事業者が店舗を失った。

　震災直後，被災地の自治体が中心となって復旧作業を進めるにつれ，被災者の買い物支援と被災した事業者の早急な事業再開を目的として，独立行政法人中小企業基盤整備機構（以下，中小機構とする）の「仮設施設整備事業」を活用して仮設商店街が開設された。これに合わせて，行政は中心市街地の定住人口を増やすことで商店街を再生・活性化させようと計画した。

　本章では，宮城県石巻市における中心市街地の被災状況を踏まえながら，『石巻市中心市街地活性化基本計画（平成27年）』を用いて小売業事業所数や年間販売額の推移を考察し，中心市街地に拠点を持つ商店街の現状を明らかにする。そして，石巻市が進めている中心市街地の活性化計画に基づく事業と石巻商工会議所が中心となって取り組んだ仮設商店街の事業について考察する。

図表8-1　中心市街地内の商店街分布図

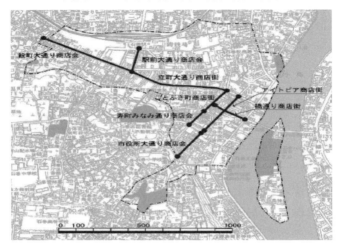

出所：石巻市（2015）p.14

2. 石巻市における中心市街地の被災状況

　石巻市の中心市街地は旧北上川河口付近に立地している。その歴史は古く，江戸時代には，舟運や交易の拠点として栄えた。その後，大正元（1912）年に仙北軽便鉄道（現在のJR石巻線），大正14（1925）年に宮城電鉄（現在のJR仙石線）が開通すると，中心市街地内には商店が増加し，県北までをエリアとする一大商圏を築いた（石巻市（2015a）p.9）。

　現在，中心市街地には図表8-1のように8ヶ所の商店街（駅前大通り商店街，穀町大通り商店街，立町大通り商店街，ことぶき町商店街，寿町みなみ通り商店街，アイトピア商店街，橋通り商店街，市役所大通り商店街）が形成されている。ここには，商店や専門店，銀行の支店，ホテル，旅館，個人病院，歓楽街が集積している。

第8章　商店街再生の取り組みと諸問題

図表8-2　市町村別津波浸水範囲の土地利用別面積

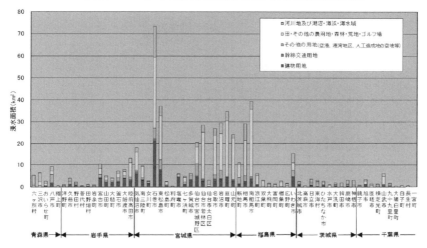

出所：小荒井（2011）p.98

(1) 中心市街地の被災状況

　千年に一度の確率で発生すると言われる未曾有の大震災後に生じた津波は，2章1節で述べたように，牡鹿地区の観測地点で最大8.6m以上を観測し，平野部の約30％にあたる中心市街地を含む沿岸域の約73km^{2}が浸水した。図表8-2のように，石巻市の浸水面積は青森県から千葉県にかけて最も広く，建物用地の浸水面積は20km^{2}を超える（小荒井（2011））。石巻市の被災状況は，2016年8月現在，死者3,551人（うち関連死272人），行方不明者425人となっており，被災した建物は全壊20,039棟，半壊13,048棟，一部損壊23,615棟と報告されている。また，被災住家数は震災前の全住家数の76.6％を占めている（石巻市（2016））。

　このように，石巻市は広域にわたって壊滅的な被害を受けたため，震災当初は市全域の被災状況を把握することができなかった。その代わりに，津波の被害状況などを勘案して地域ごとに被災区分判定を行った。この結果，中心市街地は大規模半壊または一部損壊地域として判定された。ところが，図表8-3の

115

図表 8-3　中心市街地の被災様子（左：立町大通り商店街，右：ごとぶき町商店街）

出所：石巻市市役所ホームページ（http://www.city.ishinomaki.lg.jp/cont/10151000/7218/7218.html）2016.8.15 アクセス

画像のように海岸に近い中心市街地にも 1m 以上の津波が襲来したため，大量の瓦礫や汚泥，津波の被害に遭った車両などが建物の 1 階に流れ込んだ。このような状況により，震災直後は被災した事業者の早期復旧が最優先の課題となったが，殆どの事業者は店舗の移転や廃業を余儀なくされた。

(2) 中心市街地の現状

　2011 年 5 月より株式会社街づくりまんぼう（まちづくり会社）と中心市街地の事業者らは，早期の復旧を目指して「街なか創生協議会」を立ち上げ，大学関係者や専門家を交えた勉強会を開催した。そして，同年 12 月には中心市街地の総合的な復興まちづくりを検討・推進していくために「コンパクトシティいしのまき・街なか創生協議会」を発足させた（茂木（2014））。現在も関係者一同は中心市街地の復興に向けて全力を尽くしているが，その成果は乏しく，中心市街地における小売業の復旧・復興は遅れている。石巻市の小売店舗数は 2002 年に 2,375 店，2004 年に 2,283 店，2007 年に 2,069 店であったが，2012 年の調査では東日本大震災による影響により 850 店まで激減した。また，年間販売額は 2007 年の時点で 184,845 百万円まで低下しており，好調期であった 1997 年と比べて 14.3％の減少となっている（図表 8-4）。また，宮城県と石

第8章　商店街再生の取り組みと諸問題

図表8-4　石巻市全体と中心市街地の小売店舗数および小売業年間販売額の推移

	小売店舗数の推移（店舗）		小売業年間販売額の推移（百万円）	
	石巻市全体	中心市街地	石巻市全体	中心市街地
1994	2,903	459	206,132	29,262
1997	2,767	414	215,707	31,013
2002	2,375	301	182,655	20,285
2004	2,283	303	174,169	20,192
2007	2,069	243	184,845	15,504
2012	850	123	—	—

出所：石巻市（2015a）をもとに筆者作成

巻商工会議所が調べた中心市街地における8商店街の空き店舗数（図表8-5）をみると，2001年以降，15％前後で推移していた空き店舗率は，東日本大震災後の2013年には21.6％まで増えている（石巻市（2015a））。このように，中心市街地の小売業は震災以前より衰退傾向にあった。

　現在，石巻市の中心市街地の商店は困窮状態に陥っており，震災前から生じていた人口減少に伴う高齢化の進展，小売事業者の高齢化や後継者難，モータリゼーションの進展に伴う消費者の購買行動の変化，郊外型大型店との競合などにより，商業機能が衰えている。なかでも，中心市街地における人口減少を伴う高齢化の進展は深刻な状況であり，実際に，中心市街地の65歳以上の高齢者数は2014年3月末の時点で723人（高齢化率は37.2％）となっている。これは，石巻市全体の高齢化率の28.5％（2014年3月）より高い水準である（石巻市（2016）p.13）。現在，郊外の蛇田地区に復興事業として宅地造成がなされているが，新たな居住地として新市街地が形成されれば，中心市街地の衰退にますます拍車がかかることが懸念される。

　石巻市と中心市街地の関係者らがこのような厳しい現状を打開していくためには，復旧活動にとどまらず，商店街の再生・活性化にもつながるような復興活動に発展させなければならない。

図表8-5　中心市街地内の8商店街の空き店舗数の推移

	店舗数	空き店舗数	空き店舗率
2001	362	62	17.1%
2002	380	61	16.1%
2003	400	56	14.0%
2004	383	58	15.1%
2005	385	52	13.5%
2006	349	62	17.8%
2007	342	54	15.8%
2008	348	51	14.7%
2009	348	57	16.4%
2013	139	30	21.6%

※2013年のデータは5ヶ所の商店街だけを調査した参考値である。
出所：石巻市（2015a）をもとに筆者作成

3. 商店街再生への取り組み

　石巻市は東日本大震災で被災する以前から，基幹産業である水産業の低迷や郊外の大型商業施設との競争の激化，少子高齢化に伴う人口減少によって中心市街地に立地する商店街が衰退する傾向が見られた。このような状況を打開するために，石巻市は2010年3月に「中心市街地活性化基本計画」の認定を受け，市街地のにぎわいを取り戻すための様々な事業に着手した。しかし，前述したように，中心市街地は東日本大震災によって甚大な被害を受けたため，既存の計画に防災機能を付け加えたまちづくり事業を展開しようとしている。このような状況に鑑みれば，仮設商店街は中心市街地の復旧・復興に向けて極めて重要な施設となる。

（1）中心市街地活性化に向けた行政の試み

　石巻市は，2011年12月に「災害に強いまちづくり」と「産業・経済の再生」，「絆と協働の共鳴社会づくり」を基本理念とした「石巻市震災復興基本計

画」を策定し，2020年を目標に定めて復旧・復興事業を進めている。また，「まちなか再生プロジェクト」では，賑わいのある中心市街地を再生させるために旧北上川河口部の堤防整備に合わせてプロムナード計画を策定した（石巻市（2011））。同事業は2020年の完成を目指しており，中瀬公園整備事業と一体となって市民の憩いの場の創出を図る。これを受け，「中心市街地活性化基本計画改定事業」では中心市街地活性化の基本方針のなかに，石巻の新鮮な食材を販売する観光交流施設の整備やその施設を核とした各種ソフト事業の展開を盛り込んだ（石巻市（2015a）p.55）。これらの事業では中心市街地が持つ自然環境や石巻の食という地域資源を活かし，地域住民のみならず観光客を惹きつける施設を建設する。このような計画は，中心市街地に立地する商店街と郊外の大型商業施設との間で差別化を図る手段になるものと期待される。

　また，石巻市は中心市街地の定住人口を増やすことが商店街の賑わいを創出する中心的要素になると位置づけ，3,812人が中心市街地に居住できる環境やインフラの整備を復興事業として行っている。石巻市は，この事業に際して中心市街地再開発事業と連携して中心市街地の活性化を推進するため，2013年8月に「石巻市災害復興住宅供給計画」を改訂した。同計画では，市内（牡鹿半島を除く）に建設する3,250戸の復興住宅のうち，石巻駅の北部を含む市街地エリアに610戸の復興住宅を建設することが盛り込まれている（石巻市（2013））。また，中心市街地には図表8-6のように335戸の復興住宅を建設し，これからの高齢者社会を見据えて高齢者が住みやすいまちづくりを計画している。これらの復興住宅の建設に際しては，津波などの自然災害に備えて1階を店舗または駐車場とし，2階以上を居住スペースとした。

　商店街の活性化に向けて中心市街地に定住人口を増やすことは重要である。しかし，問題は定住人口を増やすまでに時間がかかることである。東日本大震災から6年が経過したが，その間に生活を再建するため，他地域に移住した被災者も存在する。また，中心市街地以外の地域に生活拠点を移した被災者も多い。阪神・淡路大震災の最大被災地であった神戸市長田区は，2014年時点で人口が98,391人と震災前と比較して3割近く減っている（日本経済新聞

図表8-6　中心市街地における主な住宅整備予定地区

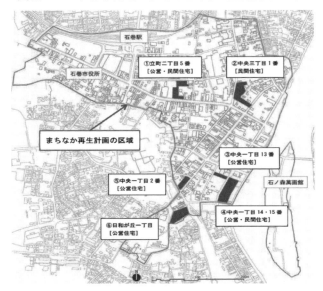

出所：石巻市（2015b）p.18

(2014））。神戸市は大震災直後に市街地の活性化を目指して，JR新長田駅前に再開発事業や土地区画整理事業などに膨大な資金を投じた。再開発事業は現在もなお進行中であるが，復興再開発ビルの専門店街には空き店舗が目立ち，賃貸による入居者募集も進めてみたが空き店舗の解消につながっていない[1]。

石巻市の中心市街地開発に携わる関係者は，このような事例を参考にするとともに商店街の事業者や地域住民との合意形成を踏まえながら，ハード事業に偏らないまちづくりを行っていくべきである。

(2) 商店街再生に向けた民間の試み

中心市街地に店舗を構えて被災した事業者らは震災直後，同業者らとともに仮設商店街の必要性を訴えた。そこで，石巻商工会議所は石巻市と連携して2011年4月頃から中小機構に働きかけ，仮設商店街の建設に向けて協議や検

討を始めた。そして、同年9月に立町大通り商店街の入口付近にある駐車場（立町ekパーキング）を借り上げて設置工事に着手した。その後、プレハブの店舗が同地に設置され、2011年12月10日に「石巻立町復興ふれあい商店街」（以下、仮設商店街とする）がオープンした。

　この仮設商店街は、被災を受けた事業者の自立・経営基盤の安定と商店街の復興に加え、被災者の買い物の利便性を向上させることを目的として、敷地面積1,510m^{2}という比較的に狭い敷地内に建てられた。21区画24店舗の入居の選定に際しては、公平性と透明性を担保するとともに、特定業種に偏らないように公募抽選という方法を採用した。開業当時は2年間を限度に仮設店舗を無償で貸与する予定であったが、中心市街地の再開発事業が遅れていたことから、図表8-7のように2度にわたる契約更新を行った。そして、2016年11月末に仮設商店街はその役割を終え、閉鎖された。この5年間、仮設商店街の運営・管理は石巻市、石巻商工会議所、立町大通り商店街組合、仮設商店街の店舗会で構成する「仮設店舗運営協議会」が行った。また、石巻商工会議所はイベントの計画・実施、マスコミ対応、視察受入などの業務も担当した。

　仮設商店街が運営された5年間を振り返ると、大きく2つの役割を果たしたと言える[2]。1つ目は、「ふれあい」という名の通り、事業者同士や事業者と地域住民、ボランティア同士が触れ合う場となったことで、コミュニティ形成の一翼を担ったことである。オープン当初から仮設商店街は、石巻市の復興シンボルとして多くの被災者に希望を与えた。なかでも、事業再開を諦めていた事業者に踏み出す勇気をもたらしたことは特筆に値する。そして、仮設商店街に隣接する商店や飲食店が五月雨的に開業するといった効果もあった。仮設商店街を担当した石巻商工会議所の佐藤氏は、「狭い敷地であるが故に事業者同士の相互扶助の精神が定着した。来訪客からは昔の懐かしい雰囲気を感じながら安心して買い物できると評価された」と述べている。2つ目は、集客向上を目的に多くのボランティアと協力して毎週のようにイベントが行われたことである。イベントは、マスコミなどで報じられたため、全国各地から視察者や研究者、インターンシップ生、修学旅行生などが立ち寄り、結果的に交流人口の

図表8-7 石巻立町復興ふれあい商店街の概要

・所在地	宮城県石巻市立町2-157-1
・敷地面積	1,510 ㎡
・店舗面積	59.4 ㎡（9区画：39.6 ㎡、12区画：19.8 ㎡）
・沿革	2011年5月　石巻市が中小機構に申請書を提出 　　　　9月　中小機構から認定を受け、工事に着手 　　　12月　石巻立町復興ふれあい商店街オープン（21区画24店舗） 2013年12月　1回目の契約更新 2015年12月　2回目の契約更新 2016年11月　退去期限 　　　12月　施設解体
・入退店状況	現入店数－17店（2016年1月現在） 延入店数－34店 本設復旧－12店 廃　業－3店

出所：石巻商工会議所，視察団向けの報告資料をもとに筆者作成

増加につながった。

　ところが，仮設商店街の閉鎖を目前に，復興事業の遅延により移転先が決まらない，資金調達の見通しが立たない，後継者がいないといった理由から移転を迷う入居者が増えた。今後，中心市街地活性化事業を推し進める際には，事業者の状況に応じたサポート策を官民が一体となって検討していかなければならない。

4. おわりに

　石巻市では，目に見える形で着実に復旧工事が進んでいるが，中心市街地の復興に関しては不透明な部分がある。2015年5月22日，中心市街地の再開発事業が地権者全員の合意に至らずに白紙となったことは，多くの地元住民に衝撃を与えた（石巻かほく（2015））。前述したように，石巻市は中心市街地に

定住人口を増加させるために，市街地の活性化と商店街の再生を目的とした複合ビルの建設を目指し，同地域の地権者と協議を進めてきた。

　確かに，中心市街地の活性化に向けて定住人口を増やすことは必要条件である。しかし，その計画のなかには災害に強いまちを形成するという行政の意図だけではなく，地域住民やこれから移り住む新規住民が暮らしやすいように，商業機能の再編を含めながら時代の変化に対応する計画へと舵を切るべきである。神戸市長田区における再開発の事例はその必然性を示唆している。

　また，中心市街地の商店街を再生するためには，震災前から抱えていた諸問題を解決しなければならない。たとえ，中心市街地の再生計画どおりに復興を成し遂げたとしても，商店街に人が集まらなければ活気は生まれない。したがって，仮設商店街で見られたように相互扶助に基づく連携体制を強化し，地域住民のニーズに即した魅力ある商業施設を形成していかなければならない。そのためには，様々な分野の人々や若者を巻き込んで議論していくべきであろう。こうした活動は人材育成の場となるとともに，中心市街地に多様な人々が集う機会につながるものと期待される。

　ともあれ，石巻市の中心市街地の復興に際しては震災前よりもよいまち（市民満足度が高いまち）を創ることを目指すべきである。それ故に，これらの活動は中長期的な視点に立って，意欲的に取り組んでいくことが重要である。

（注）
(1) 2012年3月21日から22日にかけて長田区まちづくり委員会および新長田まちづくり会社を訪問しヒアリング調査を行った。なお，2016年8月9日から10日にかけて共同執筆者である三谷真氏と大津俊雄氏に現在の長田区の状況について話をうかがった。
(2) 2016年9月7日，仮設商店街を担当する石巻商工会議所地域・人づくり支援課人材育成担当の佐藤洋一課長に取材した。

【参考文献】

石巻市（2011）『石巻市震災復興基本計画』
石巻市（2013）『石巻市災害復興住宅供給計画』
石巻市（2015a）『石巻市中心市街地活性化基本計画』
石巻市（2015b）『石巻市まちなか再生計画』
　　https://www.city.ishinomaki.lg.jp/cont/10452000a/3980/01_machinaka-plan-02_20150710.pdf（2016.8.27アクセス）
石巻市（2016）「石巻市の復興状況について」
　　http://www.city.ishinomaki.lg.jp/cont/10181000/8235/20140624130932.htm（2016.8.15アクセス）
石巻かほく（2015.5.22）「再開発事業計画，白紙に」
小荒井衛・岡谷隆基・中埜貴元・神谷泉著（2011）「東日本大震災における津波浸水域の地理的特徴」『国土地理院時報』No.122
日本経済新聞大阪朝刊社会面（2014.11.26）「見つめ直す阪神大震災20年」
復興庁（2017）「全国の避難者数」
茂木愛一郎（2014）「被災地における中心市街地の回復―石巻市におけるまちなか再生を中心に」『三田学会雑誌』107巻2号

（李　東勲）

第9章 東日本大震災後の東北の観光の取り組み

1. はじめに：東北観光の課題

　東北の観光について，関係各機関に行ったヒアリングや震災後の訪問機会から現状を鑑みるに，多くの観光地では，近隣から観光客が訪れていた歴史が長く，それは未だに多くの地域で続いている。それ故，外部から来た人に対するサービス水準に関しては課題を抱えている。一部の先進的な旅館などを除くと，隣県からの観光客すら想定していない観光地も多いのだから，そこに急にインバウンドだ，地域ブランドだ，マーケティングだと言われても，即座に意識を変えるのは難しい。

　一方で，人口減少の波は他の地域よりも早くから押し寄せていた地域であり，震災によってそのスピードが加速してしまっても，それを補えるだけの産業の育成はできていない。まして，震災で多くの産業がダメージを受け，未だに再建の道筋が定まらない中小零細企業も見受けられる。

　近年，わが国を訪れる外国人観光客の数は増加し，2015年度中には，2000万人に迫ったが，2016年度に入ってもその勢いは増すばかりである。しかし，この傾向は，残念ながら東北には及んできていない。一方，東北以外の地域に目を転じると，インバウンドの誘客に注力したことで，交流人口が増加し，経済活動が好循環している地域も見受けられる。図表9-1に見られるように，海外からのTripAdvisorのユーザーのアクセス状況で，外国人観光客の関心が最も高まった都道府県は石川県であった。これは，石川県が北陸新幹線開業前か

図表9-1　セッション数から見る，外国人からの関心が高まった都道府県トップ10

順位	都道府県	増加率
1位	石川県	59%
2位	茨城県	54%
3位	富山県	47%
4位	鳥取県	42%
5位	佐賀県	41%
6位	岐阜県	40%
7位	大分県	38%
8位	長崎県	29%
9位	兵庫県	29%
10位	宮崎県	26%

※ 2014年3月1日から2015年2月28日の1年間と，2015年3月1日から2016年2月29日の1年間のトリップアドバイザーのデータを比較し，日本の各都道府県のページを閲覧した海外ユーザーのセッション数の増加率を算出。小数点以下は四捨五入。
出所：https://tg.tripadvisor.jp/news/wp-content/uploads/2016/06/20160603_TripAdvisor
　　　PressRelease.pdf

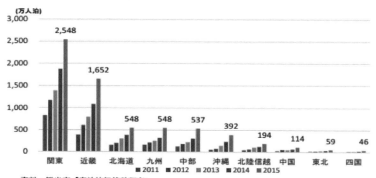

図表9-2　地域ブロック別外国人延べ宿泊者数

出所：http://www.mlit.go.jp/common/001131274.pdf, p.42

ら，国内外で積極的に行ったマーケティング活動が奏功した結果と言えよう。
　では，東北では，どのように観光による再生に取り組むべきであろうか。

2. 東北地方へのインバウンド観光の可能性

　東北地方へのインバウンド誘客は，他の地域に比べて成長しているとは言えない。しかし，東北地方への観光経験者の満足度が高いことは注視すべき点である。シャウエッカー氏によると，外国人観光客の中で東北に行ったことのある人が少ないのが問題ではあるが，行ったことのある人の満足度が高いのが東北の特徴であると言う[1]。図表9-3の外国人が選んだ日本百景にも東北地方の9か所（表中太字）がランクインしており，他の地域と比べても決して引けを取らない。特に，内陸部での評価が高い。

　一方，このランキングからうかがい知れるのは，惨い戦禍にまみえた地域の遺構をめぐる観光では，必ずしも悲惨な遺構だけではなく，地域ならではの体験のできる名勝・景勝地にも関心が寄せられている点であろう。たとえば，図表9-3の※1（広島原爆投下の惨劇を学ぶと共に安芸の宮島の美しさや厳島神社から日本史に触れる）と※2（沖縄戦の悲劇を学ぶと共に美ら海水族館で黒潮のエネルギーを体感）で示したような組み合わせにそのような要素が見て取れる。

　ところで，震災後，筆者（佐々木茂）は，観光庁からの依頼で香港のSARS後の地域ブランドの体系化とそれに基づいた国際観光戦略の構築と実践，そしてその継続についての長期的な取り組み成果と，インドネシア・バリ島におけるテロ後の観光地の再生についてケース・スタディを行った。危機的な状況が発生した際の，日本全体でのインバウンド観光の対応という点では大いに参考になった（佐々木茂（2014））。しかしながら，東北地方においては過去の観光政策の蓄積が異なり，また，政策がカバーしなければならない地域的広がりの大きさから考えると，東日本大震災後の取り組み方としては，それらとは異なるアプローチが求められていると思われる。

図表9-3 外国人が選んだ日本百景

順位	名称	順位	名称
1位	白川郷の合掌造り	34位	沖縄の戦争遺跡 ※2
2位	宮島 ※1	42位	黒川温泉
3位	**乳頭温泉郷**	43位	法隆寺
4位	清水寺	**44位**	**竿灯まつり**
5位	**出羽三山**	45位	奥飛騨温泉郷
6位	伏見稲荷大社	46位	渋谷
7位	屋久島	**47位**	**角館の桜**
8位	高野山の宿坊	48位	三十三間堂
9位	姫路城	50位	築地市場
10位	西表島	53位	木曽路
11位	さっぽろ雪まつり	**54位**	**山寺**
12位	**恐山**	55位	伊勢神宮
13位	東大寺	59位	浅草
14位	**青森ねぶた祭り**	61位	草津
15位	平和記念公園 ※1	63位	函館山
19位	富士登山	68位	由布院温泉
21位	日光東照宮	70位	首里城
22位	熊野那智大社	90位	道後温泉
27位	霧島	91位	ニセコ
28位	阿波おどり	**92位**	**平泉**
30位	沖縄美ら海水族館 ※2	93位	明治神宮
31位	**奥入瀬**	97位	瀬戸内しまなみ海道 ※1
32位	出雲大社	98位	尾瀬
33位	鎌倉大仏	100位	箱根温泉

出所:ステファン・シャウエッカー (2014)『外国人が選んだ日本百景』講談社

3. 東北の観光に求められるアプローチ

　東北というくくりの広域の観光の場合，市民参加という視点，つまり，地域に関わる全ての人が観光に対する意識を高めていくアプローチについて，これまでの流れも踏まえてみていくことにしたい。

　地域に関わる全ての人が観光を盛り上げていくためには，それらの人々が地域にどのような関わり方で，長期的に地域づくりに取り組めばよいのかという視点が必要になる。マーケティングでは，1回ごとの取引にマーケティング投資を行う従来の交換型のマーケティングから，顧客との長期的な関係の中で継続的に取引を進める形態へと変化している。こうしたマーケティングを「関係性マーケティング」と呼び，図表9-4に示されているような顧客並びに他の事業体との長期的な関係の中で取引が行われていることを示している。

　マーケティングは，自社と他の事業体の目的が満たされるように，顧客との

第9章　東日本大震災後の東北の観光の取り組み

図表9-4　関係性マーケティングの図解

出所：佐々木茂（2003）『流通システム論の新視点―トータル流通システムの構築に関する研究』ぎょうせい

関係を構築し，持続させ，強化し，商業化することである。これは，自社と他の事業体との相互の交換と約束の長期的な実行によってなされる（Christian Gronroos（1990））。

地域をあげて，観光による地域再生に取り組んでいく場合においては，企業の関係者よりもはるかに多様な関係性を構築する必要があろう。具体的には，次のような関係者や機関が想定される。

・市民：住民，NPO，PTA，他
・地元の企業：旅館など宿泊，レストラン・居酒屋・割烹など料飲サービス，土産物店も含めた小売業，その他のサービス業，加工食品メーカー，その他の製造業
・震災復興の過程で関係が形成された地域外の人々や企業・業界団体・自治体や学校，あるいは，神社仏閣などの宗教法人

（1）職人気質が生んだ交流と復興

宮城県気仙沼湾で牡蠣・ホタテの養殖業を営む畠山重篤氏が，1989年に「森は海の恋人」という植林活動を始めた。2012年には，国連より世界で5組の「フォレスト・ヒーローズ」に選出される。東日本大震災で養殖場の一切を失うが，かつて，フランスの牡蠣が全滅した折に，牡蠣のタネを送ったことが縁となり，今回の震災では，木を原材料とするトランク作りが創業の原点にある

ルイ・ヴィトンが支援の手を差し伸べてくれた。養殖場の再生から人件費の負担までをヴィトンの支援で手掛けることで，見事に再生を果たしていった。ルイ・ヴィトンは，「森は海の恋人」に共感し，畠山氏の取り組みの支援を申し出てくれたことにより両者の関係性が築かれたのである。

畠山氏の著書の一節を引用すると，「私は手技で仕事ができるということが，仕事の中でいちばん美しいと思っています。ルイ・ヴィトンにはそういった職人技に対する矜持を大切に扱うメンタリティがありますから，職人技である三陸のカキ養殖文化を支援することは，とても自然の流れだと思います。‥‥ルイ・ヴィトンの初代は森に住み，木工を極めました。そのルーツは森にあります。牡蠣屋さんと同じですね」とある（畠山（2015））。

ヴィトンと養殖業という職人の仕事に対する思想の奥深いところで通じ合える関係性は，一度だけの支援や交流にとどまらず，相互に関係性を多方面に広げていくことができるはずである。グローバルな交流はこうしたつながりの中で育まれていくのではないだろうか。彼らのような個別のつながりは，決して一朝一夕で大きな観光交流へと発展していくわけではないかもしれないが，長期的に関係が続いていく中で，人々の中に世界とのつながりが自覚されていき，外部の人を招き入れる土台が形成されていく一種のソーシャル・キャピタルが形成されているものと考えることができよう。

(2) 公共交通機関の取り組み

JRグループ6社と指定された自治体，地元の観光事業者等が共同で実施する大型観光キャンペーン（DC：Destination Campaign）について見てみよう。

後藤氏[2]によると，スタートした頃のDCは，ポスターやテーマソングによる広告が中心で，まさしく「目的地に行ってください」と主張するだけのキャンペーンであった。しかし，「仙台・宮城DC」が開催される前年の2007年から3年をかけて「プレDC」「本番DC」「ポストDC」で検証するという形で，観光の基礎を作りながら進めている。本番が始まる前に，「開催地に旅行会社やメディアを招聘し商品を作ってもらう」という取り組みが進行してい

る。プレDCをきっかけに地域づくり（組織）が各方面で行われた。それが，震災を経て復興に向けた取り組みと積み重なり，徐々に多方面にわたる人々が参加するようになっていった。中でも，過去のDCで形成された仲間からの支援のネットワークを活用して，南三陸町がいち早く復興市（さんさん商店街）に着手した。

地域の生活起点という点では，女川駅と商店街の再生の取り組みも注目できる。

4. 観光による地域再生は，地域全体として取り組めるかどうかが課題

前述の後藤氏によると，震災で一番苦労したのは，山形県ではないだろうかということである。「やまがた花回廊キャンペーン」等が開催された2011年以降は，原発の影響から福島越えを敬遠する人たちも多くいた。また，宮城県や福島県のように，復興に携わるビジネス客が増加したわけではなかった。

「山形DC」では，当初，自治体がリードしたが，場所によっては，地域の企業やお寺が積極的に関与することで，山形らしいDCへと展開していったという。内容としては，時間軸に着目し，「山形の一日（朝・昼・夕・夜）」の魅力として，朝は朝積みのサクランボの収穫体験，夜は国宝羽黒山五重塔のライトアップ，最上川のナイトクルーズが提供された。加茂水族館のリニューアルオープンも好評を博した。

山形県庁によれば，「山形DCは本県の観光力を高め，観光誘客の拡大につなげる起爆剤となることから，開催が決定した2年前から，「県民総参加 全産業参加」により官民一体となって準備を進めてきた。地域や旅行会社等と連携した地域資源の発掘・磨き上げ，旅行商品化に向けた旅行会社への働きかけ，市町村同士が連携した取組み方法など，多くのノウハウや人的ネットワークを得ることができた」という（山形県（2015））。

山形DCの取り組みで，天童木工とオリエンタルカーペットが協力し，両社とも工場見学を開催した。天童木工は，ポルシェやフェラーリのデザイナーを

図表9-5　寒河江市の慈恩寺

出所：http://www.honzan-jionji.jp/archives/242

務めた奥山清行氏のデザインによる椅子やコートハンガーで有名になり，2016年のリオ・オリンピックの卓球台の台座部分を製造した企業である。オリエンタルカーペットは，皇居新宮殿や迎賓館，バチカン宮殿を始め，新生歌舞伎座大間を飾る絨毯を手がけた企業である。

　後藤氏の話や山形DCの取り組みから，震災からの復興を観光からアプローチするためには，地域資源を総動員し，見せる観光ではなく，経験し，活用し，生活に取り入れるという視点で，産業や農業（食）と連携した，さらには，市民の一人ひとりが参加したくなるような地域全体の総合性が求められているものと考えられる。

　慈恩寺（2013）は，以下のような案内とともに山形DCに協力した。

　「平成25年度，山形県でプレDCが行われます。それに賛同いたしまして本山では「慈恩寺秘仏展」を開催することとなりました。開催にあたりましては，色々とお力添えを賜りまして厚くお礼申し上げます。この秘仏展が，東北地方復興の一助になれば幸いに存じます。」

　さらに，具体例を見ながら，こうした市民を中心とした地域づくりと，外部から訪れる人々に対するもてなし方を次節で考えてみることにしたい。

5. 震災復興観光という視点

　復興活動から生まれた新しいツーリズムとして，ボランティア・ツアーやスタディ・ツアーが頻繁に催行されるようになった。こうしたツアーの関係者は，被災の跡地だけ見てもらうというよりも，さらに，地域づくりや自分たちの地域に災害が起きた時にどう対応し備えるかという議論もしながら考えており，自立を目指す方向へと展開している。これらの観光のポータル・サイトになっている「助けあいジャパン」のホームページ（2016）の中からいくつかの取り組みを紹介する。

① 体験交流応援ツアー（モリウミアス（2016））：廃校を使った農業体験型のツアー

　宮城県石巻市雄勝地区（旧雄勝町）では，自然を舞台に，廃校を活用して，地元の漁師，町民，移住者，ALT（Assistant Language Teacher：外国語指導助手）など多様な人々と，子供たちが交流するスタディ・ツアーのプログラムを提供している。

② SET陸前高田（2016）

　東日本大震災を機に設立された団体で，関東圏の大学生を中心に組織された。2015年春，現地・岩手県陸前高田市広田町に定住したメンバーは4名となり，住民と外部の若者を繋ぎ合わせながら，地域の中に今までなかった仕事や暮らし方を創っている。

　具体的には，「手づくり浜野菜おすそわけ便」では野菜を通して女性の「可"農"性」を追求し，パソコン教室も開催している。広田町グッズ作成事業ではTシャツを販売し，事業化支援では新事業の創出希望者に対して設立から運営までの支援を行っている。

③ 三陸ひとつなぎ自然学校（2016）

　岩手県釜石市では，『地域のために立ち上がり，挑戦する人が多いまち，釜石』というビジョンの下で，ボランティアの力を借り，復興事業に取り組んでいる。豊富な自然資源と歴史と文化が刻まれた「人良し」・「うまいものあり」の地域資源体験やイベント，研修を実施する。地域と若者をつなぐインターンシップ（kamaPro）では，釜石リージョナル・コーディネーター（釜援隊）と釜石市との共同プロジェクトで，ノウハウや地域内や首都圏の若者とのつながりを活かし，コーディネートしている。

④ 一般社団法人　おらが大槌夢広場（2016）

[1] 研修・視察ツアー：岩手県大槌町は，東日本大震災により，就労場所を失った町民が1ヶ月に40人程流出したという。研修プログラムでは，「それでもここで生きていく」と覚悟を決めた住民や将来を決めかねている方たちとの交流を通して，町民の本当の思いや町民気質などを感じとってもらい，そこから「人間の可能性」に明るさを見いだし，元気をもらい，自分の生き方や大切な人との関わり方に思いを馳せ，「自分」を見つめ直すきっかけにしてもらう事を目的とした取り組みを行っている。

[2] 大槌町語り部ガイド：2015年度のツーリズム事業の実績としては，企業研修・教育旅行ともに，前年度より受入数がアップしている。リピーター率も8割である。

　ただ，残念ながら，今回のインターネット検索では，地元発の復興ツアーの中に英語など外国語での情報を提供しているプログラムを見つけることはできなかった。インバウンドの誘客をはかるためには多言語による情報発信が求められる。

6. プロモーション戦略

　国・地域別のプロモーションの取り組み方と，SNSの影響力について考え

第9章　東日本大震災後の東北の観光の取り組み

てみよう。

(1) 国別・地域別のプロモーション

　日本政策投資銀行東北支店（2016）は，「東北は，中国・台湾・香港・韓国からの認知度が高い。中でも，青森県は，台湾・香港・韓国からの認知度が高く，継続的なプロモーションの成果が表れている」と指摘している。また，国により観光ニーズや知名度が異なるため，国や地域によってターゲットを絞り込んだプロモーション戦略の構築が必要であるとしている。

　一方，東北という地域全体を総括するブランド認知度も低いことから，総合的な地域ブランド戦略の必要性も指摘している。地域ブランドの取り組み方については，拙著『新版 地域マーケティングの核心』（2016）を参照されたい。

(2) ソーシャル・メディア・マーケティング

　最近の商品や地域の情報発信は，マス・メディアだけでなく，SNSの比重が増しており，トリプル・メディアの取り組みが欠かせない。特に，地域マーケティングにおいては，社会的意義という視点からパブリシティが重視され，これまでは地域新聞や地方FMなどのローカル・メディアにいかに取り上げられるかに力点が置かれてきた。

　しかし，観光のターゲットは，より広域で，グローバルなものとなるため，情報の広がりが求められている。こうした期待に応えてくれるのが，Earned Mediaと呼ばれる消費者自身が発信する情報（CGM：Consumer Generated Media）である。

　SNSの発達により急激に注目を浴びる地域は多く聞かれる。たとえば，宮城県白石市のみやぎ蔵王キツネ村（2016）もその1つで，外国人観光客の人気を呼んでいる。自然溢れる環境に6種類，百頭を超えるキツネが放し飼いされていて，赤ちゃんキツネを抱っこして記念写真も撮れる。この感動体験を来園者の外国人が英語など母国語でSNSに発信することで，癒しの空間の価値が瞬く間に世界に拡がった。同園のウェブサイトや園内のサインの英語版が用意

されているだけでなく，無料のWi-Fiが設置されている。ただ，せっかくの集客のある施設であるにもかかわらず，周辺の観光資源との連携が取れておらず，2次交通の不便さからも，波及効果が期待できない点は今後の課題であろう（日本政策投資銀行東北支店2016）。

7. 東北全体のブランド化につながるみちのく潮風トレイル

乗田氏によれば[3]，「みちのく潮風トレイル」は，八戸（種差海岸）から宮城（牡鹿半島）までの三陸復興国立公園に，復興の願いを込めて牡鹿半島以南の沿岸部（福島県の相馬まで）を加えてルート設定した700キロの行程を言う。三陸復興国立公園の名前の通り，一番のハイライトは岩手県内の陸中海岸になる。「みちのく潮風トレイル」は，2017年度の開通を予定している。

「潮風トレイル」は，ロングトレイルの文化がある欧米向けに，スルーハイクの他，区間を区切って歩くルートも設定されている。特に，岩手県内のルートは断崖絶壁であり，中級者向けである。初心者やハイキングが主目的でない人でも利用できるルートも作られる予定である。「みちのく潮風トレイル」の公式サイトは，日英2言語のサイトがある（みちのく潮風トレイル（2016））。

また，東北観光推進機構とTripAdvisorが共同で制作した応援サイトを作っている「Trailアドバイザー」（2016）では，現地で道に迷った人がスマートフォンで現在地と目的地，さらに，周辺の食事場所の検索や口コミの確認もできる。

8. おわりに

SNSへの注力やプロモーション努力，さらには，宿泊場所の不足を補うこともできる大型クルーズ船の寄港の増加により，インバウンド客が増加することは好ましいが，宿泊施設や地域の個性的な商品の不足は，観光消費の増進にはつながらず，その結果，持続的な観光の取り組みになりえない可能性が考え

第9章　東日本大震災後の東北の観光の取り組み

図表9-6　みちのく潮風トレイルマップ

（みちのく潮風トレイルは，2017年3月までの全ルート開通を目指している。現在は，以下の11ルートが開通。①青森県：八戸市ルート，階上町ルート，②岩手県：洋野町ルート，久慈市ルート，野田村〜普代村北部ルート，岩泉町南部〜宮古市北部ルート，釜石市ルート，大船渡市北中部ルート，大船渡市中南部ルート，③福島県：新地町ルート，相馬市ルート）
出所：http://tohoku.env.go.jp/mct/common/pdf/pamphlet.pdf

図表9-7　雑誌Tarzanでは，1〜3号にわたって紹介

出所：http://magazineworld.jp/tarzan/michinoku-680/

られる。

　キツネ村の事例のように，点と点のみの観光資源では，周辺の活性化につながらない。インバウンド客に好評な鉄道のパス（周遊券など）は，肝心の2次交通とは連動しておらず，その結果，東北への旅行を躊躇している人も多いことから，早急な対応が望まれよう。

　こうした課題への丁寧な対応をせずに，プロモーションのみに力を入れて，インバウンドの誘客に取り組むことは，他の地域で既に発生している地域社会との軋轢を生むことにつながり，結果として，外国人観光客のリピーターの確保につながらないという事態も招きかねない。しかし，熊本県の黒川温泉郷における，地域内の対立を乗り越え，温泉郷にまとめていった後藤氏の取り組みなどを手本にすることで，前向きな対応も可能である。そして，何よりも，東北が持つ価値ある地域文化を，ターゲットとする海外の人たちから理解が得られるような文化翻訳をすることが求められていると言えよう。

ケースに学ぶ　一般社団法人リアス観光創造プラットフォームの取り組み

　震災からの復興を目指す計画の検討段階で，将来の気仙沼の産業を支えるためには，水産業への依存度の高さからの脱却が不可欠と判断した。ただし，従来の陸中海岸の景観を見せる観光だけでは，地域全体への取り組みにはならないと考え，より市民の取り組みやすい環境作りを目指して，5年の期限を設けた観光プラットフォーム（社団法人リアス観光創造プラットフォーム）が立ち上げられた。ここでは，水産と観光の融合，被災地としての要素といった，気仙沼固有の観光を打ち出していくことにしている。

　3つのプロジェクトに取り組んだという。1点目は，観光コンセプト作りで，「海と緑，大自然豊かな観光スポットと魅力のある食文化でおもてなしいたします」と同団体のホームページに掲載されている（2016）。また，サブ・コンセプトとして，「漁師を誇る〜日本一の漁師が集まる港〜」「独創を生む〜新しいものを生み出す場としての街〜」「自然を敬う〜自然と向き合い，受け入れる」という表現が提示されている。

第9章　東日本大震災後の東北の観光の取り組み

> 　2点目は，このプラットフォームで取り組む事業テーマとして，「着地型商品の開発」「市民の観光意識醸成」「情報発信強化」「オリジナリティのある職の開発」を設定した。
> 　3点目は，3つのチームとの協働化による事業テーマに沿ったコンテンツの開発である。「観光チーム気仙沼」が企画した「気仙沼うんめぇもんツアー」は，ふかひれ工場視察と試食，牡蠣棚体験，わかめ漁体験，観光チーム気仙沼との交流などをコンテンツとして提供し，4日間で完売した。このツアーの企画には，観光事業者として意識していなかった人が参加したことがその後の取り組みに弾みをつけた。そして，市民参加を促すプロジェクトとして，「ば！ば！ば！の場」が企画された。これは，気仙沼の歴史・文化を学び実践し創造するというプロセスに市民が参画することで，彼らの観光に対する意識を高めていこうとするものである。「食の開発プロジェクト」では，漁獲量1位のメカジキにフォーカスしたメニューも開発し，メカしゃぶやメカすきを6店舗から提供をはじめ，現在では11店舗にまで拡大している。
> 　取り組み開始から2年で成果を上げたものの，観光業務の重複という課題も見えてきた。行政，商工会議所，観光コンベンション協会と同プラットフォームの4者によるダブリとモレが生じた問題であった。こうした課題解決に向けて注目されたのが，昨今，全国的に導入の機運の出てきているDMO（Destination Marketing/Management Organization）である。気仙沼のDMOによる取り組みを通じた復興に期待したい。
> （じゃらんリサーチセンター研究プロジェクト（2016））

（注）
(1) japan-guide.com本社のステファン・シャウエッカー氏を訪問しヒアリングした（2016）。
(2) 東日本旅客鉄道株式会社仙台支社営業部観光開発グループの後藤謙次氏を訪問しヒアリングした（2016）。
(3) 東北観光推進機構総務企画部の乗田宏悦氏を訪問しヒアリングした（2016）。

【参考文献】
Christian Grönroos, "Relationship Approach to Marketing in Service Contexts: The

Marketing and Organizational Behavior Interface," *Journal of Business Research*, 1990, vol.20, pp.3-11.
SET 陸前高田（2016）
　　http://set-forjapan.jimdo.com/
一般社団法人 おらが大槌夢広場（2016）
　　http://www.oraga-otsuchi.jp/project/tourism/
佐々木茂・石川和男・石原慎士編著（2014）『地域マーケティングの核心』同友館
三陸ひとつなぎ自然学校（2016）
　　http://santsuna.com/
慈恩寺（2013）
　　http://www.honzan-jionji.jp/archives/category/news
じゃらんリサーチセンター研究プロジェクト（2016）「気仙沼DMO物語」とーりまかし，pp.2-15
助けあいジャパン（2016）
　　http://tasukeaijapan.jp/?cat=212
Trailアドバイザー（2016）
　　http://tohokukanko.jp/coastal-trail/
㈱日本政策投資銀行東北支店（2016）「2015東北インバウンド（アジア8地域）意向調査」
畠山重篤著（2015）『牡蠣とトランク』ワック㈱，pp.120-121
みちのく潮風トレイル（2016）
　　http://www.env.go.jp/jishin/park-sanriku/trail/
みやぎ蔵王キツネ村（2016）
　　http://zao-fox-village.com/
モリウミアス（2016）
　　http://moriumius.squarespace.com/about-moriumius/#about
山形県庁（2015）
　　https://www.pref.yamagata.jp/ou/shokokanko/110011/dcseika/torikumitoseika/dcseikasuutijisseki.pdf
一般社団法人 リアス観光創造プラットフォーム（2016）
　　http://rias-kanko.com/

（佐々木 茂）

第10章

自治体が対応するソリューション

1. はじめに

　2017年3月現在，東日本大震災から6年の歳月が経過した。その間，地域経済の復興のため，地元の人々を中心に懸命の取り組みが行われてきた。東北経済産業局（2016）をもとに，東北地域における実質経済成長率を全国と比較すると，東日本大震災直後の2012年度には5.3％と全国成長率の0.9％を大きく上回る数値を示しており，2013年度も3.4％と全国成長率の2.0％を上回る数値となった。東北地域では，東日本大震災からの復興への活発な経済活動がみられる。しかし，復興の進捗状況は一律とは言えず，様々な課題を抱えている。

　本章では，地域の産業復興支援における，公的資金の活用による補助金や融資制度などに焦点を当て，その有効性について考察したい。事業者に身近な政策主体である自治体には，自ら運用する支援制度に加え，多様な機関が運用する支援制度を紹介するという，コーディネーターとしての役割が期待される。

　小川（2015）は，復興庁が被災地とともに進める政策として「新しい東北」を紹介しており，これまでは国の補助金・制度等により施設・設備の復旧や経営再建が図られてきたが，今後は民間の投融資を活用しながら，持続可能な事業として成長していくフェーズに移ってく必要性があるとしている。また民間の地域金融機関の役割について相澤（2015）は，資金面の役割だけでなく，個人の生活水準の向上や地域経済の活性化に対する実質的な役割を期待してい

る。とは言え，復興事業に膨大な資金需要と大きなリスクを伴う，震災直後の非常時から復興の初期段階においては，公的資金が重要な役割を担うものと考えられる。

本章では被災地域における産業復興支援事業を概観したうえで，考察を深めるため，分析対象は東日本大震災により大きな被害を受けた地域の1つである岩手県に絞り込む。また，政策的な取り組みについて知るために実施した，自治体に対するヒアリング調査を基に考察を進める。

2. 被災地における産業復興支援事業

本節では，商工業の中小企業を対象とする，東日本大震災からの産業復興支援事業について，国および，甚大な被害を受けた東北3県（岩手県，宮城県，福島県）の取り組みを概観する。

国は，産業復興支援事業において，資金供給や制度の創設・運用などについて重要な役割を担っている。ちなみに2016年度には，中小企業に対して次のような支援事業が実施されている（中小企業庁（2016））。

(1) 資金繰り支援：①東日本大震災復興特別貸付など，②マル経・衛経融資[1]の貸付限度額・金利引下げ措置【財政投融資】，③東日本大震災復興緊急保証（100％保証。保証限度額は無担保8,000万円，最大2億8,000万円），④原子力災害に伴う「特定地域中小企業特別資金」。

(2) 二重債務問題対策：①「産業復興相談センター」及び「産業復興機構」による再生支援，②「株式会社東日本大震災事業者再生支援機構」による再生支援，③再生可能性を判断する間の利子負担の軽減，④被災中小企業復興支援リース補助事業の実施（①及び②の詳細については後述）。

(3) 工場等の復旧への支援：①中小企業組合等協同施設等災害復旧事業，②施設・設備の復旧・整備に対する貸付け，③仮設工場・仮設店舗等整備事業，④事業復興型雇用創出事業。

(4) その他の対策：①特別相談窓口等の設置，②中小企業電話相談ナビダイ

ヤルの実施，③官公需における被災地域等の中小企業者に対する配慮，④独立行政法人日本貿易保険（NEXI）による対応，⑤被災者雇用開発助成金，⑥放射線量測定指導・助言事業，⑦福島県等復興産学官連携支援事業，⑧原子力災害対応雇用支援事業，⑨震災等対応雇用支援事業。

国によるこれらの支援事業は，次のような機関と連携して実施されている。①株式会社日本政策金融公庫や株式会社商工中央金庫（政府系金融機関），②被災地の県や市町村およびその出捐団体，③被災県の信用保証協会，④独立行政法人中小企業基盤整備機構，⑤被災各県が設立した「産業復興相談センター」と「産業復興機構」，国が設立した「株式会社東日本大震災事業者再生支援機構」，⑥商工会議所・商工会，商工会連合会，中小企業団体中央会などの経済団体。

次に，被災地の自治体における産業支援事業の特徴について，甚大な被害を受けた3県を比較しながら確認する（図表10-1）。3県については，次の点が共通している。

①2011年3月に発生した東日本大震災の直後に，政策分野の全体について将来の10年間を展望した基本計画を策定していること。②10年間について概ね，復旧，本格復興，更なる発展の3段階のステージを設定していること（区分の呼称や各期間は異なる）。③現時点（2016年）は，本格復興のステージとして位置づけられていること。

また，具体的な施策については，復旧・復興のための施設整備補助金と併せて，企業誘致や新産業創出の促進など地域産業の新たな展開への支援事業が盛り込まれている点が注目される。たとえば，宮城県の『宮城の将来ビジョン・震災復興実施計画』においては「将来ビジョン」実現のための施策と「震災復興」のための施策が併記されている（施策には重複がある）。福島県も，『福島県復興計画（第3次）』の「主要施策：復興へ向けた重点プロジェクト」において，「中小企業等復興プロジェクト」，「新産業創造プロジェクト」を明確に併記している。

以上，国および被災県による産業復興支援事業について概観した結果，国・

図表10-1　被災県における産業復興支援事業の位置づけと内容

県	復興計画	産業復興支援事業の位置づけ	主な事業内容
岩手県	『岩手県東日本大震災津波復興基本計画』（2011年8月） ○復興基本計画：2011〜2018年度 ○復興実施計画： 　第1期基盤復興期間　2011〜2013年度 　第2期本格復興期間　2014〜2016年度 　第3期更なる展開への連結期間　2017〜2018年度	「復興基本計画」「復興実施計画」の3つの原則のうち『「なりわい」の再生』、「三陸創造プロジェクト」のうち「産業振興分野：『さんりく産業振興』プロジェクト」	『復興実施計画第2期』「なりわい」の再生」のうち「商工業」 ・中小企業等への再建支援と復興に向けた取り組み：岩手産業復興機構出資金，中小企業東日本大震災復興資金貸付金，中小企業東日本大震災復興資金保証料補給金など／・ものづくり産業の新生：自動車関連産業創出推進事業，半導体関連産業創出推進事業，地域クラスター形成促進事業，国際リニアコライダー（ILC）推進事業など，「三陸創造プロジェクト」：「さんりく産業振興」プロジェクト：新産業の創出（高付加価値型ものづくり技術振興事業，いわて戦略的研究開発事業）など
宮城県	『宮城県震災復興計画』（2011年10月） 計画期間2011〜2020年度 全体で10年間の計画期間を3期に区分 ・復旧期2011〜2013年度 ・再生期2014〜2017年度 ・発展期2018〜2020年度 『宮城の将来ビジョン・震災復興実施計画』〔再生期：2014〜2017年度〕（2014年3月）	『宮城県震災復興計画』の緊急重点事項のうち「(9)商工業の復興」 『宮城の将来ビジョン・震災復興実施計画』〔再生期：2014〜2017年度〕の「主要政策」のうち「(3)富県宮城の実現」に向けた経済基盤の再構築（経済・商工・観光・雇用）	『宮城の将来ビジョン・震災復興実施計画』〔再生期：2014〜2017年度〕 ○『将来ビジョン・震災復興計画』〔将来ビジョン・33の取組〕「1.富県宮城の実現〜県内総生産10兆円への挑戦〜」 （1）育成・誘致による県内製造業の集積促進：〔取組1〕地域経済を力強くけん引するものづくり産業（製造業）の振興：自動車関連産業特別支援事業など／〔取組2〕産学官の連携による高度技術産業の集積促進：地域イノベーション創出型研究開発支援事業など／〔取組3〕豊かな農林水産資源と結びついた食品製造業の振興：食材王国みやぎの「食」ブランド化推進プログラムなど／（3）観光資源，知的資産を活用した商業・サービス産業の強化：〔取組4〕高付加価値型サービス産業・情報産業及び地域商業の振興：新商店街活動推進事業など ○『震災復興実施計画』〔震災復興計画・7分野〕（3）経済・商工・観光・雇用①ものづくり産業の復興：中小企業等復旧・復興支援事業費補助金など／②商業・観光の再生：中小企業経営安定資金等貸付金など
福島県	『福島県復興ビジョン』（2011年8月） 復興に当たっての基本理念・主要な施策を定めるもの。 ※県内全域を対象。 ※対象期間10年間。 『福島県復興計画』 復興ビジョンに基づき，具体的な取り組みや主要な事業を示すもの。 ※県内全域を対象。地域別の取り組みも記載。 ※計画期間10年間。 ※原子力発電所事故の収束状況を踏まえて追加修正する。 現在：『福島県復興計画（第3次）』（2015年12月）	『福島県復興ビジョン』の「復興に向けた主要施策」、「ふくしまの未来を見据えた対応」のうち「(3)新たな時代をリードする産業の創出」 『福島県復興計画（第3次）』の「主要施策：復興へ向けた重点プロジェクト」のうち「7.中小企業等復興プロジェクト」、「8.新産業創造プロジェクト」	『福島県復興計画（第3次）』「主要施策：復興へ向けた重点プロジェクト」 「7.中小企業等復興プロジェクト」 1県内中小企業等の振興（1）復旧・復興：ふくしま復興特別資金，中小企業等グループ施設等復旧整備補助事業など／（2）販路開拓，取引拡大：工業製品・加工食品等の放射性物質検査の徹底及び情報の迅速・的確な公表，全国規模の展示会等に出展する中小企業に対する支援など／（3）人材育成・人材確保：テクノアカデミー等による専門的かつ実践的な教育訓練や，事業者の自己研鑽や企業・団体の研修制度への支援など／2福島産業復興企業立地補助金などによる企業誘致を通じた産業の復興など 「8.新産業創造プロジェクト」 1再生可能エネルギーの推進：（1）再生可能エネルギーの導入拡大：太陽光発電設備など各家庭における再生可能エネルギーの普及促進など／（2）再生可能エネルギー関連産業の育成・集積：産業技術総合研究所福島再生可能エネルギー研究所と連携した研究開発・実用化の推進など／2医療関連産業の集積：（1）医療福祉機器産業の集積：「ふくしま医療機器開発支援センター」の整備など／（2）創薬拠点の整備／3ロボット関連産業の集積：（1）ロボット関連産業の基盤構築，（2）ロボットの利活用促進，（3）ロボット関連産業の拡大

出所：『岩手県東日本大震災津波復興基本計画』（2011年8月），『岩手県東日本大震災津波復興実施計画（第2期）』（2016年5月改訂），『宮城県震災復興計画』（2011年10月），『宮城の将来ビジョン・震災復興実施計画』（再生期：2014〜2017年度）（2014年3月），『福島県復興ビジョン』（2011年8月），『福島県復興計画（第3次）』（2015年12月）

県・市町村の連携事業が多いことが注目される。また支援事業の内容から、取り分け復旧段階においては、資金や支援体制において強力に支援を推進する必要性により、国が重要な役割を果たしていると言える。

3. 岩手県の産業復興支援策

　本節では、岩手県による産業復興支援策の有効性について、同県庁へのヒアリング調査（2016年2月1日実施）の結果に基づき考察する。

（1）岩手県の産業復興状況

　岩手県庁へのヒアリング調査では、岩手県の産業復興状況について、岩手県復興局産業再生課『平成27年【第2回】「被災事業所復興状況調査」結果報告』（2015年9月）に基づき説明がされた。当該調査は、東日本大震災の津波で被災した市町村の産業（主に商工業）の復旧・復興状況を把握し、適宜復興に関する施策立案に反映させるため、被災事業所を対象として状況調査を定期的に実施するものである。その概要は次のとおりである（2016年7月2日現在）。

　①調査対象：被災12市町村の商工会議所及び商工会の会員等で被災した事業所を中心とした事業所。ただし、既に廃業を把握している事業所は除く。②調査方法：郵送法（郵送による発送・返送）。③調査時期：年2回（夏と冬）。④調査項目：事業の再開状況、事業所の復旧状況、雇用の状況、業績の状況、現在の課題。

　なお当該調査は、2012年1月から始まり2016年2月までに9回実施されている。図表10-2は2016年2月の調査結果の要旨である[2]。この内容と併せヒアリング調査の結果も踏まえると、業種別の復興状況の特徴について次のように捉えることができる。

　建設業は、岩手県の産業の中でも震災の影響が比較的小さく業績が良いと言える。これは、設備被害による影響が比較的小さく、その後も復興需要が大きいことによると考えられる。水産加工業は、大震災によって大きな被害を受け

図表10-2　岩手県復興局産業再生課『平成28年【第1回】「被災事業所復興状況調査」結果報告』(2016年2月)の要旨

調査項目	産業全体の特徴	産業別の特徴
事業再開の有無	「再開済」又は「一部再開済」と回答した事業所の割合は、73.8％。これまでの調査から推計すると78.6％と考えられる。 ※これまで8回の調査で回答のあった事業所のうち、今回調査で回答のなかった事業所については、最新の回答を加えて再集計したもの。	「再開済」又は「一部再開済」と回答した事業所　高比率の産業分野：①建設業 90.2％、②水産加工業84.0％。低比率の産業分野：①卸売小売業70.8％。 (「再開済」と回答した事業所のみ)　高比率の産業分野：①水産加工業75.0％、②建設業73.4％。低比率の産業分野：①卸売小売業47.6％。 「推移」(「再開済」又は「一部再開済」)①建設業が、第1回調査時点(2012年2月)から一貫して高比率(約95％)。②製造業、卸売小売業は第1回調査時点(2012年2月)における中程度(約75％)から順調に回復。水産加工業は、第1回調査時点(2012年2月)では低比率(約55％)であったが、その後急速に高まり、他産業と比較しても同等の高い水準にある。
事業所の復旧状況(事業所で直接被害を受けた建物や設備の全体的な復旧の程度)	「ほぼ震災前の状態に復旧した」と回答した事業所の割合は54.2％。「半分以上復旧している」と回答した事業所の割合は71.6％。	「半分以上復旧している事業所」高比率の産業分野：①製造業88.6％、②水産加工業83.7％、③建設業77.3％。低比率の産業分野：①卸売小売業61.9％、飲食サービス業68.7％。 (「ほぼ震災前の状態に復旧した」と回答した事業所のみ)　高比率の産業分野：①製造業71.9％、②水産加工業58.1％、③建設業57.7％。低比率の産業分野①卸売小売業44.2％、②飲食サービス業51.1％。 「推移」(「半分以上復旧している」事業所)　水産加工業が特徴的。第1回調査時点(2012年2月)では、特に復旧率が高いとは言えない。しかし、復旧率が急速に高まり、現在では製造業と並び高い水準にある。
雇用の状況	労働者の充足状況では「充足している」と回答した事業所の割合が66.4％であった。 一方、「充足率が80％に満たないと回答した事業所の割合が15.2％。	「充足している」又は「80％～90％」と回答した事業所　高比率の産業分野：①卸売小売業 79.1％、②飲食サービス業68.8％。低比率の産業分野：①水産加工業37.8％、②建設業58.2％、③製造業57.5％。 「推移」(「充足している」又は「80％～99％」)水産加工業が特徴的。第6回調査時点(2014年8月)以降、第8回調査(2015年8月)まで大幅に低下。近年(第8回調査時点(2015年8月)～第9回調査時点(2016年2月))は改善。
業績(売上等)の状況	業績(売上等)が「震災前と同程度又は上回っている」と回答した事業所の割合は47.6％。	「震災前と同じ程度」又は「震災前よりもよい」と回答した事業所　高比率の産業分野：①建設業84.5％。低比率の産業分野：①卸売小売業34.1％、②飲食サービス業38.1％、③水産加工業39.6％。 「震災前よりもよい」と回答した事業所　高比率の産業分野：①建設業61.9％。低比率の産業分野：①卸売小売業14.9％、②水産加工業16.3％、③飲食サービス業18.6％。 「推移」(「震災前と同程度又は上回っている」)建設業は、早い時期(第2回調査の時点)で高比率に達した。水産加工業は、第1回調査時点(2012年2月)は低比率であったが、急速に比率を高めていった。ただし、現時点においても高比率であるとは言えない。

(注) 1 「産業別特徴」の分析からは、複数の産業分野を含む「その他」は除外した。
　　 2 「製造業」は「水産加工業」を除く製造業である。
出所：岩手県復興局産業再生課『平成28年【第1回】「被災事業所復興状況調査」結果報告』(2016年2月)より筆者作成

た。完全回復までには遠い状況にはあるが、大震災直後から事業再開は急速に進み業績(売上等)も順調に回復してきた。一方で雇用は不足している。その要因としては、厳しい労働というイメージがあること、人件費などの経費負担が厳しい状況にあること、また、重要な働き手であった漁師の妻たちが被災に

第10章　自治体が対応するソリューション

より内陸部に避難して戻っていないことや，交通の不便さなどの問題が考えられるという。ただし，近年では回復傾向が見られる。卸売小売業は，雇用の充足率は高いが，事業再開の状況，事業所の復旧状況，業績（売上等）の状況と全般にわたり厳しい状況にある。また，新店舗用地の確保が大きな課題になっている。特に沿岸南部などではまさに現在，盛り土や用地整理が進んでいるという。

　ヒアリング調査によっても，産業全体として事業再開は進んでいるが，業績（売上等）は震災前と同程度以上という事業所が低比率に留まっている状況であり，震災後の主な課題は，販路の喪失や業績の悪化に加えて労働力の不足であると認識されている状況が窺える。

（2）被災事業者支援の取り組み状況

　岩手県では，「新規投資に対する支援」と「既存債務に対する支援」により，被災事業所の事業再生や二重債務問題（震災前の借入と震災後の新たな借入の重複による負担増）の解決を図っている。

① 新規投資に対する支援
（a）補助制度

　〔グループ補助金〕グループ補助金は，東日本大震災後に発生した津波により被災した本県中小企業者等が一体となって進める施設・設備の復旧・整備を支援する補助事業（事業名「中小企業等復旧・復興支援事業費補助」〔補助率：4分の3以内（国2分の1，県4分の1）〕）であり，補助金申請に必要となる「復興事業計画」を認定するものである[3]。震災直後の2011～2012年度に利用が集中しており，その後大幅に減少し，2015年度に入って増加傾向を示している（図表10-3）。減少の要因は，土地区画整理事業などインフラ整備の進捗が遅れていたことによると考えられるが，2015年度に入り少し進捗度が上がってきている。特に小売業やサービス業の事業者については，仮設店舗から本店舗への移転が本格的に進むことにより，今後はグループ補助金の申請が

147

図表10-3 岩手県におけるグループ補助金の申請・交付決定情況

年　度	決定グループ数	企業数	決定金額（億円）
2011	30	295	437
2012	65	864	316
2013	16	85	29
2014	10	25	8
2015（2015.12.31現在）	10	53	22
合　計	131	1,322	812

出所：岩手県庁へのヒアリング調査結果より筆者作成

増加するものと考えられるという[4]。

〔県・市町村の補助金〕グループ補助金を利用する条件が整わない場合でも，市町村が行っている補助制度を利用した場合に，市町村に県が一部補助をする制度がある。制度の概要と実績は次のとおりである。

①補助制度　中小企業被災資産復旧事業費補助：沿岸市町村が行う，被災した中小企業の現有店舗・工場等の復旧事業に対する補助。②制度要件　補助率：1/2（県1/4，市町村1/4），補助限度額：2,000万円。③交付実績　2011～2014年度：300社，2015年度：15社（2015年12月31日現在）。

(b) 融資制度

単独の被災事業者向けの融資制度で，岩手県が金融機関に原資を預託し，金融機関を通じて実施する融資制度である。制度の概要と実績は次のとおりである。

①〔補助制度〕中小企業東日本大震災復興資金：東日本大震災復興緊急保証制度の要件を満たし，事業所等が罹災又は経営の安定に支障が生じている中小企業者。②〔制度要件〕資金使途：設備資金，運転資金／期間：15年以内（据置期間3年以内）／限度額：8,000万円／金利：固定1.5～1.7％／保証料：0.8％※罹災者には，県が直接保証料全額を補給。③〔融資実績〕2011～2014年度：10,665件，2,062億円／2015年度：1,718件，359億円（2015年12月31日現在）。

また，「公益財団法人いわて産業振興センター」を貸付機関とする次の融資制度がある。

①〔補助制度〕被災中小企業施設・設備整備支援事業貸付金：グループ補助

図表10-4　岩手県産業復興相談センターの体制

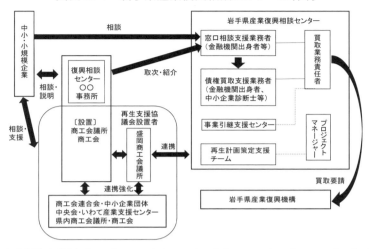

出所：東北経済産業局（http://www.tohoku.meti.go.jp/s_cyusyo/soudancenter.html, 2016年7月10日取得）より筆者作成

金等の自己資金分を貸付対象とするもの（高度化スキーム貸付）。②〔制度要件〕資金使途：設備資金／期間：20年以内（据置期間5年以内）／限度額：補助金の自己資金相当額／金利：無利子。③〔交付実績〕2011～2014年度：236件，132億円／2015年度：19件，8億円（2015年12月31日現在）。

② 既存債務に対する支援

既存債務に対する支援は，岩手県産業復興機構（岩手産業復興機構投資事業有限責任組合，2011年設立）（以下，「岩手復興機構」とする）と岩手県産業復興相談センター（以下，「岩手復興相談センター」とする）がある。両者は表裏一体のスキームになっている（図表10-4）。

岩手復興機構は，東日本大震災により被災した岩手県内の事業者に対する債権の買取等の支援を行うこととしている。同機構の出資約束金額は当面500億円程度を想定しつつ，実際の所要額に応じて，独立行政法人中小企業基盤整備

図表10-5　東日本大震災事業者再生支援機構による支援内容

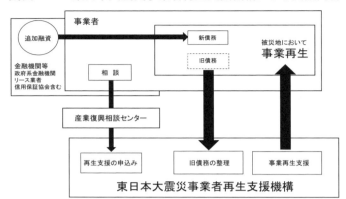

(注) 再生支援の申し込み：事業再生計画書，金融機関等の追加融資等の対応を約束した書面，旧債務の整理：債権の買取り等，支払猶予・利子の減免，債務の株式化（DES），劣後債権化（DDS），債務免除，事業再生支援：つなぎ融資等，出資，債務の保証，専門家の派遣，助言。
出所：東日本大震災事業者再生支援機構会社案内パンフレット（2016年2月1日取得）より筆者作成

機構が8割，県内金融機関及び県が2割を出資。設立時の出資約束金額は約100億円である。運営は，ルネッサンスキャピタルグループの東北みらいキャピタル株式会社が行っている[5]。

復興相談センターは被災県にある（岩手県，宮城県，福島県，青森県，茨城県，千葉県）。岩手復興相談センターの実績は次のとおりである。

相談件数937件／支援決定件数　合計：181件〔債権買取支援決定104件，長期返済猶予57件，新規融資20件〕（2015年12月31日現在）。

岩手復興相談センターは，有効性の高い政策手段になっているという。最も大きなメリットは人材である。実際に相談対応するのは，メガバンクなど全国から派遣された専門的なスタッフであり，そのためワンストップで多様な相談に応じている。経費については国の予算の裏づけがある。

また別途，国が設立した機関として「東日本大震災事業者再生支援機構」（以下，「再生支援機構」とする）があり（図表10-5），その実績のうち岩手県

内の事業所に関する実績は次のとおりである。

相談件数471件/支援決定件数　合計：157件〔債権買取，出資等157件〕（2015年12月31日現在）。

県と国は連携している。国の機関の方が対象範囲は広く，また県の機関では対応が難しい案件を国の機関に依頼する場合もある。岩手復興相談センターは，商工会議所，商工会が本所・支所になっているので，まず相談を一元的に受け付け，案件によって国の機関に繋ぐ方法が採られているという。

（3）まとめ

グループ補助金が被災事業者支援における有効性の高い中核的な手段になっており，それを融資制度が補完している。公的資金と民間金融機関による融資については，次のように言える。被災事業者向け公的資金の要件は，低金利で限度額も大きく有効である。県の制度資金では，保証協会の保証を付けて借りやすくして補完している。事業者は，従来からの地元金融機関との取引も大事にしている。こうした対応によっても事業者が融資を受けることが困難な場合は，公的機関が債権買い取りで新規融資を充足している。

民間の金融機関には，融資を増やしたい意向はあるが，設備投資は一段落しており資金需要は伸びない。売り上げが伸びれば販路開拓や新規事業展開の需要も出てくるが，そこまでは至っていない。小規模零細事業者については，別途，販路拡大などについて政策的なサポートも必要としているという。

4. 宮古市による産業復興支援策

岩手県宮古市の産業復興支援策の現状や課題などについて，事業資金面の施策（補助金の給付，金融支援およびその仲介業務）を中心に総合的に把握するために，宮古市産業支援センターに対して実施したヒアリング調査（2016年2月1日）の結果に基づき，有効な施策のあり方について考察する。

図表10-6　宮古市における公的資金による支援実績（国等）

支援制度名称	2011年度 件数	2011年度 金額(千円)	2012年度 件数	2012年度 金額(千円)	2013年度 件数	2013年度 金額(千円)	2015年度 件数	2015年度 金額(千円)	計 件数	計 金額(千円)	備考
グループ補助金（岩手県中小企業等復旧・復興支援事業費補助金）	53	未公表	169	未公表	3	未公表	28	未公表	253	未公表	13次公募分までの実績。【再開事業者の36.88%に相当】2014年度は申請グループなし。
東日本大震災事業者再生支援機構	支援決定(2015年12月末現在) 43件				支援決定最終調整中 3件				計46件	計69件	再生支援機構相談件数：142件(2015年12月末現在)
岩手県産業復興機構（窓口：岩手県産業復興相談センター）	買取決定								計23件		

出所：宮古市産業振興部資料（2016年2月1日取得）より筆者作成

図表10-7　宮古市における公的資金による支援実績（岩手県・宮古市）

支援制度名称		2011年度 件数	2011年度 金額(千円)	2012年度 件数	2012年度 金額(千円)	2013年度 件数	2013年度 金額(千円)	2014年度 件数	2014年度 金額(千円)	計 件数	計 金額(千円)	備考
宮古市被災中小企業対策費利子等補助金【市単独】		243	13,235	355	30,226	423	33,908	504	37,113	1,525	114,482	借入金(限度額1000万円)に対して、利子を全額補給。数値は各年度の支給実績。
宮古市中小企業被災資産修繕費補助金【県・市】建物・設備の修繕に1/2補助	決定額	188	392,390	11	14,413	—	—	—	—	199	406,803	2013年度からは、復旧費補助金に統合
	返還額	△76	△158,169	△2	△1,224	—	—	—	—	△78	△159,393	他補助金決定による返還(グループ補助金75件、復旧費用2件、被災地薬局機能確保補助1件)
	返還後	112	234,221	9	13,189	—	—	—	—	121	247,410	返還後の実績【再開事業者の17.64%に相当】
宮古市中小企業被災資産復旧費補助金【県・市】建物・設備の修繕に1/2補助	決定額			26	67,210	10	28,474	5	12,562	41	108,057	
	返還額			△3	△8,358	△1	△6,970	—	—	△4	△15,328	他補助金決定による返還(グループ補助金4件)
	返還後			23	58,663	9	21,504	5	12,562	37	92,729	返還後の実績【再開事業者の5.39%に相当】
宮古市中小企業団体等被災資産修繕費補助金【市単独】				3	4,206					3	4,206	修繕費補助の対象とならない団体用の措置
宮古市被災中小企業対策設備貸与事業補助金【市単独】		5	3,156			1	1,680	1	184	7	5,020	いわて産業振興センターの設備貸与の保証金(10%)を全額補助
計		360	250,612	390	106,284	433	57,092	510	49,859	1,693	463,847	市：287,331千円、県：176,516千円(125件)

出所：宮古市産業振興部資料（2016年2月1日取得）より筆者作成

（1）宮古市における支援制度の適用状況

① 被災事業者の状況

　宮古市における2015年12月末現在での被災事業者の状況は，次のとおりである（宮古市産業振興部資料）。

　宮古商工会議所会員：①営業中686，②休業中13，③廃業98（合計797会員）。

② 公的資金による支援実績（2015年12月末現在）（図表10-6，図表10-7）

　宮古市において実施される代表的な公的産業復興支援としては，岩手県によるグループ補助金（岩手県中小企業等復旧・復興支援費補助金）が挙げられる。二重債務問題への対応には，再生支援機構による支援があり，宮古市には

当該機関の出張所がある。宮古市が直接に事業者と面談を進め，全体説明会を開催するなどして再生支援機構とのマッチングを図っている。

宮古市の金融支援制度としては，宮古市被災中小企業対策利子等補助金（市単独）をいち早く立ち上げた。これは，借入金（限度額1,000万円）に対して，10年以内の利子を宮古市が全額補給するものである。融資制度は，岩手県の制度融資である中小企業東日本大震災復興資金，日本政策金融公庫の復興資金や商工中央金庫の融資制度なども対象としている。すなわち，公的な融資制度に対しての利子補給も行っている。

震災復興のための新たな融資制度は，通常の制度融資を従来どおり残したままで創設した。また，従来の制度融資に利子補給による上乗せ支援を行うことにより，結果的には震災復興の場合は実質的に無利子融資にもなる。信用保証料も給付支援の対象になる。その効果は大きいという。通常制度の資金の伸びは小さいか縮小しているのに対して，震災復興の資金は伸びている。すなわち，宮古市単独による金融支援の中では，宮古市被災中小企業対策利子等補助金（市単独）の有効性が高い。申込みは伸び，現在も続いている。返済もかなり順調に進んでいる。

日本政策金融公庫も，全壊又は流出の場合は全額3年間，実質無利子という制度を創設している。この制度は主に商工会議所・商工会が仲介し，契約書や申告書が被災により失われていても受け付けに応じるなど，事業者に寄り添った支援がされたという。

③ グループ補助金への関与

グループ補助金により事業者は，国から2分の1，県から4分の1の合計4分の3の補助金を受けることができる。事業者負担が4分の1になるため，市には負担がない。また，施設，建物備品，販促活動などのソフト事業など幅広く適用される。法人格の有無は問わない。宮古市，また岩手県に限らず，この補助制度が東日本大震災における事業者の復興支援の最も中心的なものだと言える。宮古市の場合は，計画策定段階から助言などソフト面での支援をしている

という。

　宮古市と岩手県による補助制度にも，修繕費などについて単独でも申請できるものがある。グループ補助金はグループを構成して計画をまとめ採択される必要があるが，補助率が4分の3と，市独自の制度による2分の1より高率なので，市としてもグループ補助金を活用することを推奨しているという。

　また，事業者が可能な限り早く復興に着手できるようにするため，制度の遡り適用など様々な改善を行いながら支援制度を進めてきた。修繕費補助金も2011年8月から進めた。県が4分の1，市が4分の1の補助制度である。県と市との協議の結果，遡り適用も認められている。このように，いち早く復興に着手した事業者が不利な状況に陥ることは避けるという方針で，様々な制度において遡り適用が認められるようなった。市と県・国とでは，事業者の現状認識という点において当初は認識に温度差があったが，その後理解されるようになったという。

④ 民間金融機関との関係

　民間金融機関との取引は事業者の判断になるため，行政は関与していない。ただし，通常の融資制度における連携はある。年1回は金融機関や事業者への説明会などの機会を設け，事業者との交流を図っている。また，二重債務問題への対応については，市が関与しても対応が困難であるので，基本的には専門機関である再生支援機構への仲介を行い，それ以後は再生支援機構に委ねることにしている。

(2) まとめ

　宮古市における産業復興支援制度を見ると，市単独制度によるものもあるが，県や国の制度の活用促進，活用支援が重要となっている。その中でも，グループ補助金が最も重視されている。市の役割は，地元事業者の制度利用ニーズを実現するために，事業計画作成に対する助言などソフト面で側面的に支援することである。

第10章　自治体が対応するソリューション

融資制度についても，同様のことが言える。政策金融や県の制度を事業者が活用する場合，それを容易にするために利子補給など追加支援することが重要となっている。市単独の制度もあるが，事業者が政策金融や県の制度をさらに利用し易くするように取り組んでいることが分かる。

　また，二重債務問題への対応については専ら岩手復興機構と国の再生支援機構に委ねることとし，市は主に事業者と関係機関とのコーディネート役に徹している。

5. おわりに

　本章では，東日本大震災からの産業復興支援事業における補助金や融資制度などの公的資金の活用に焦点を当て，その有効性について考察することを目的として，被災地域である岩手県及び同県内の宮古市の取り組みを中心に考察してきた。

　それにより，国・県・市は公的資金を活用した事業者の復興支援に密接に相互連携して取り組んでいると言える。豊富な資金力を有する国や県は，事業者の復興支援に必要な資金を補助金や融資の形で供給することが重要な役割となっている。

　事業者に身近な政策主体である岩手県や宮古市・同商工会議所は，事業者のニーズを丁寧に聞き，それを県や国の資金提供機関に結び付ける仲介役（コーディネーターやアドバイザーの役割）を担っている。とりわけ，事業者に最も身近な政策主体である宮古市や宮古商工会議所の役割は重要である。

　公的資金を活用した事業者の復興支援のあり方について考えるとき，国・県・市の役割分担と併せて，支援の内容とその適用時期についても考慮する必要がある。公的資金を活用した復興支援は，平常時に比べると大変手厚いものである。したがって，これを永続的に続けることは，国や自治体の財政負担の重さもあり困難であろう。また，事業者や産業の自立的発展の促進という点においても必ずしも望ましいとは言えない。可能な限り早期に民間金融機関を主

体とする平常の投資・融資システムに戻していくことが望ましい。

　とは言え，震災直後とその復興期という非常時においては，民間金融機関が適正利潤を確保しつつ事業者の復興支援を行うことは困難である。この時期にこそ，国と自治体，またその関係機関が前面に出て公的支援を積極的に行うことが必要となる。その手段は，補助金の給付，低利融資，信用保証制度の拡充，利子や信用保証料の給付による負担軽減措置などである。大企業のCSRにより設立された復興基金の有効活用なども選択肢となる。

　国や自治体は，事業者の復興状況や資金負担能力，また民間金融機関の動向を的確に把握しつつ，復興段階や発展段階に適した公的資金供給策を実施していく必要がある。

謝辞

　本章の執筆に当たり，岩手県庁および宮古市産業支援センターのスタッフの皆様に多大なご協力をいただきました。心よりお礼申し上げます。

（注）

(1) マル経融資（小規模事業者経営改善資金）：商工会議所や商工会などの経営指導を受けている小規模事業者が，経営改善に必要な資金を無担保・無保証人で利用できる制度。衛経融資（生活衛生関係営業経営改善資金特別貸付）：生活衛生同業組合などの経営指導を受けている生活衛生関係の事業を営む小規模事業者が経営改善に必要な資金を無担保・無保証人で利用できる制度。出典：株式会社日本政策金融公庫（https://www.jfc.go.jp，2016年11月5日取得）による。

(2) 岩手県（http://www.pref.iwate.jp/fukkounougoki/chousa/jokyo/index.html，2016年7月2日取得）。今回のヒアリング調査では2015（平成27）年【第2回】『「被害事業所復興状況調査」結果報告』（2015年9月）の提供を受けたが，その後に2016（平成28）年【第1回】『「被害事業所復興状況調査」結果報告』（2016年2月）が公表されたので，本章では後者を基に考察を行った。

(3) 岩手県（http://www.pref.iwate.jp/sangyoushinkou/shinjigyou/18613/043642.html，2016年7月9日取得）による。

(4) 岩手県（http://www.pref.iwate.jp/sangyoushinkou/shinjigyou/18613/043642. html，2016年7月9日取得）によると，2015年度には（図表10-3）に示した実績に加え，7グループ，14企業，2.8億円が交付決定された（15次公募決定）。その結果，2015年度の交付決定の実績は，17グループ，67企業，25億円となっており，グループ補助金の申請が増加傾向にあることが分かる。
(5) 中小企業庁（http://www.chusho.meti.go.jp/kinyu/2011/111111/Iwatefukkou. htm，2016年7月10日取得）による。

【参考文献】
相澤朋子（2015）「第9章 地域金融：専門家派遣制度の活用と地域貢献の尺度」東北大学大学院経済学研究科地域産業復興調査研究プロジェクト編『東日本大震災復興研究Ⅳ：新しいフェーズを迎える東北復興への提言』南北社，pp.139-153
小川善之（復興庁参事官補佐）（2015）「「新しい東北」の創造─産業・生業の再生，コミュニティの形成への新手法」『地方財務』No.730，ぎょうせい，pp.145-158
中小企業庁編（2016）『中小企業白書 2016年版』日経印刷
東北経済産業局（2016）『平成25年度東北地域の実質経済成長率について（確報）（平成25年度県民経済計算確報から）』（2016年3月23日）

（河藤 佳彦）

第Ⅲ部

産業持続に向けたマネジメント

第11章 経営管理

1. はじめに

　企業が成果をあげていくうえで経営管理は不可欠な経営活動である。

　経営活動を大まかに「計画（Plan），実行（Do），統制（See）」ととらえた場合，この中の実行を除く「計画と統制」が経営管理である。経営の計画を立て，（実行をみて）計画と実行との相違を是正・修正する（統制）のが経営管理ということになる。この理解では，実行（生産，マーケティング，財務，人事などの実行）の成果をあげるための「計画と統制」が経営管理であるということを簡明に示している。

　ただし，経営学の辞典などを参照しても明らかなように，企業の経営管理には「計画と統制」以外にも組織化，指示・指令，調整などの経営活動が含まれる。

＊なお，最近は経営活動を「計画（Plan），実行（Do），評価（Check），改善（Act）」ととらえる表現が多くみられる。この場合でも，実行を除く「計画，評価，改善」が経営管理ということになる。

　経営管理には，企業全体を対象とする全社的な「総合管理」に加え，生産，マーケティング，財務，人事などを対象とする「部門別（職能別）管理」がある。本書では，次章以降の各章において部門別の管理を問題としているので，本章では総合管理についてみていくことにする。

2. 総合管理

　総合管理とは，経営目的・目標の設定，経営戦略の策定，重要な企業提携あるいはM&Aといった企業全体に関する問題を対象とする全社的・総合的な経営管理のことである。これはトップ・マネジメントが遂行する経営管理である。

　トップ・マネジメントの仕事（Tasks）についてドラッカー（P.F. Drucker）は著書（Management (1974) pp.116-117）において次のように説明をしている。

ⅰ）　将来の成果のために企業全体の目標を設定し，戦略や計画を策定する仕事
ⅱ）　企業行動の善悪を判断する基準を示す仕事
ⅲ）　人材の育成，とくに将来のトップ・マネジメントを育成する仕事
ⅳ）　消費者，サプライヤー，銀行，政府など外部の機関との関わりを持つ仕事
ⅴ）　会社の代表となること，外部の委員会に出席することなどセレモニー的な仕事
ⅵ）　危機に際して，自分に代わりうる代行者を用意しておく仕事

　これは40年以上前の記述であるがその基本は現在でも同じである。ドラッカーの見解にみるように，規模や業種にかかわらず，トップ・マネジメントによる総合管理では，一面において，企業の代表として企業を取り囲む環境（自然環境や利害関係集団など）との問題に責任を負い，他面において，企業目標の設定や戦略の策定およびその実現など組織としての業績向上や目標達成という問題に責任を負うのである。

　とくに，トップ・マネジメントのなかの最高経営責任者（CEO；わが国ではほとんどが社長）は"企業のガバナンス（舵取り）"における最高の責任者である。企業における経営活動について最終的判断や決定をなし，その結果に対

161

して責任を負わなければならない総合管理の最高責任者なのである。

　この点に関して，ごく最近の東芝やシャープなどの問題にみられるように，これまでの企業の経営失敗や破綻などの事例をみるなら，そのほとんどにおいてトップ・マネジメントにおける最高経営責任者のガバナンス能力に問題のあったことは明らかである。

　トップ・マネジメントが対象とする総合管理の問題はつぎのようなものである。

Ⅰ．経常的問題
　ⅰ）　企業の維持・存続はもとより，企業成長や企業業績に重大な関わりのある長期的な問題
　ⅱ）　全体としての企業にとって重要な問題
　ⅲ）　トップ・マネジメントの価値判断に基づいて解決策が決定されることもある問題

Ⅱ．自然災害，市場の大変化あるいは関連倒産といった危機に直面した緊急問題
　ⅳ）　環境変化にいかに速やかに，的確に対応し，解決策を見いだすかという問題。いわゆる危機管理の問題である

　トップ・マネジメントは，大規模企業の場合，ⅰ）取締役会，ⅱ）最高経営責任者を中心とした最高経営管理者，ⅲ）主要な部門の責任者，の三層によって構成される。いわゆるコーポレート・ガバナンスの構造である。

　しかしながら，トップ・マネジメントの構成や職能は企業の規模や業種などによって相当に異なっている。本書において主たる考察の対象としている比較的小規模な企業の場合，その多くにおいて最高経営責任者（CEO）である社長が実質的にトップ・マネジメントの職能を遂行している事例が多い。

　本章ではトップ・マネジメントを最高経営責任者である社長とみなし，これを経営者と記していくことにする。

第11章　経営管理

　本章の課題は，上述の，トップ・マネジメント（経営者）が遂行する総合管理の問題における「iv）危機管理の問題」について考察することである。緊急時において，企業は経営者に権限と責任を集中し，経営者が統一的に，敏速に，できる限り的確に問題を処理していくことが極めて重要である。経営者がこの対応を実行できるかどうかによって企業の維持・存続，さらにはその後の企業業績のあり方に重大な結果を及ぼすことになる。したがって，危機管理における経営者の役割，責任，行動は極めて重要であり，次節以降ではこのことについて考察していく。

3. 実態調査とその分析

(1) 実態調査の意義

　今回の東日本大震災後の津波によって本社や工場施設などに壊滅的な被害をうけた水産加工業などは，操業停止の状況から，事業をいかにして再開するかというまさに危機管理の問題に直面した。企業は従業員などの安否の確認をはじめ，従業員の雇用（解雇），工場などの再建，原材料などの調達，製品の生産，製品の販売，資金の調達，事業の再開時期などについて迷うことの余裕がない判断，決定をしなければならなかった。さらには，生産・販売などを継続するために必要な企業連携を模索し，公的な補助金等を確保するための情報を確保し，その手続きを実行しなければならなかった。

　これらの諸問題は企業として統一的に，敏速に，できるかぎり的確に解決していかなければならいものであり，経営者に権限と責任を集中することによる総合管理によってのみ実行しうることは明らかであろう。

　したがって，東日本大震災における経営者の行動の実態を把握し，それを分析することから，企業危機における総合管理のあり方に関して多くの示唆を得ることができるであろう。企業危機における経営者による総合管理の在り方を考察していくうえで聞き取りによる実態調査は有意義なものになる。

(2) 聞き取りによる実態調査

　宮城県石巻市（以下：石巻市）の企業は，東日本大震災後における津波によって甚大な被害をうけた。この著しく厳しい経営環境のなかで水産加工業等に携わる経営者たちは事業再開に向けていかに行動したのであろうか。被災企業の経営者がとった行動や遭遇した問題などを把握するために，壊滅的な被害を受けながらも現在までには事業を再開させた企業の経営者に対して聞き取り調査（以下：本調査）を行った。

① 調査した企業について

　本調査で聞き取り調査を実施した企業数は4社である。この4社は，いずれも東日本大震災において事務所，店舗，工場，倉庫が全壊し，その被災規模は事業再開を断念せざるをえないほどの甚大なものであった。しかし，4社はいずれも震災直後には事業の再開を決意していた。

　調査対象の4社のうち3社は水産加工業であるが，現在では全復旧（生産設備は100％復旧）しており，生産稼働率も75％以上まで回復している。もう1社は印刷・広告を主たる事業とする企業であり，水産加工業の3社とは経営環境が異なっている。

　これら4社はいずれも事業経験が豊富な企業であり，石巻市を代表する企業といっても過言ではない。しかも，各経営者は，震災直後から自社の再建のみならず，石巻の経済界あるいはコミュニティの復旧・復興においても積極的な活動をしてきた。

② 株式会社木の屋石巻水産

　同社は，震災により水産加工団地に所在していた工場が全壊した。このため，工場が再建するまでの2年間は製造業務を休止した。しかし，筆者（伊藤）が代表を務めた石巻専修大学経営学部地域活性化研究会の石原慎士教授らの提案を受け，岩手県内の同業他社に同社の主力商品である「鯨の大和煮」の代替生産を委託することができたため，2011年9月から販売活動を再開すること

ができた。なお，販売活動を再開するまでの期間には，津波の被害があったものの食することが可能な缶詰の在庫をボランティアの協力を得て洗浄し，販売していた。

　工場は，2013年3月に完成した。同社の経営者が事業再開の意思を固めたのは震災直後であり，役員および従業員の意見を踏まえて決定した。事業再開の実行を具体化できたのは復旧に係る設備投資や事業資金に充てるための補助金の確保による。受給した補助金は，グループ補助金（中小企業庁の中小企業等グループ施設等復旧整備事業）および復興交付金（復興庁からの東日本大震災復興交付金）である。

　同社は，震災以前から社員の帰属意識が高く，関東地方出身の社員も存在していた。経営者は「事業再開は皆で頑張ればなんとかなると思った。従業員の協力および顧客からの信頼があったから実行できた」と述べている。

　事業再開に必要な資金の調達を，前述のグループ補助金や復興交付金を受給するとともに，つなぎ資金を金融機関から借り入れた。

　同社は，今後の震災に備えて生産拠点の分散を考慮し，内陸部の宮城県美里町に工場を建設した。漁港がある石巻市からは10数キロ程度離れたが，この対応によって若手社員や女性社員が入社することになり，震災以前よりも平均年齢が下がっている。震災前は労働力不足のために中国からの研修生を受け入れていたが，震災後は研修生に依存しなくて済むようになっている。

　事業再開に向けたこれまでの取り組みを振り返って，同社の経営者は次のi)～ii)の問題点を指摘している。

　i) 事業再開に際しては，従業員や顧客との信頼関係を震災以前よりも強化していく必要がある。
　ii) 震災以前よりも高い評価が得られる商品を製造できるように，企業体制を強化していくことが重要である。

③ **株式会社ヤマトミ**
同社は，津波によって生産設備が損壊し，さらに冷蔵保管していた加工原料

を失ったために震災後1年間は生産活動ができなかった。この1年間について，経営者は「おもに従業員の雇用問題について対応した。雇用問題の対処に際してはハローワークに相談したので，震災特例としての解雇や失業保険の制度を活用することができたし，また雇用調整助成金の制度を活用できたので従業員の生活や雇用を守ることができた」と述べている。

　同社の経営者が事業再開の意思を決めたのは震災直後である。事業再開に際して，石巻市内に仮事務所を設け，経営者を中心に役員および従業員の意向を踏まえてこれを決定している。事業再開を具体化したのは補助金の確保と経営者グループからの協力を得たことが大きい。グループ補助金は2012年に200社ほどからなる第3次グループ補助金の枠組みに加入し，受給が決定した。

　震災前は全ての製品が業務向けであったが，震災後は消費者向け商品の開発に切り替え，製造・販売している。このように対応した背景には，従業員不足，原料入手の困難さ，福島第一原発の風評被害といった問題が関係しており，さらに業務用製品を出荷していた従前の販路を喪失したからである。

　また，同社は，同異業種企業との協力の必要性を認識し，大震災直後，新商品開発を目的に設立された「石巻うまいもの発信協議会」（石巻うまいもの株式会社）に参加している。

　事業再開に必要な資金は，グループ補助金に加え，みやぎ産業振興機構からの融資，金融機関からの借り入れ（つなぎ資金）により，確保することができた。

　同社は震災から5年が経過した段階でも売上高が震災前の水準に戻っていない。経営者は，事業を軌道に乗せるためには時間が必要なので，中長期的な視点を持って取り組んでいくことを考慮しているという。しかし，震災から5年が経過し，グループ補助金に係る融資への返済猶予期間が終わろうとしているので，返済については一律的なルールの策定を見直し，被災企業の実情に即した対応を望んでいる。

　同社が事業再開において苦労したことは，銀行からの運転資金の確保であった。銀行から融資を受けるため，10年間にわたる事業計画を提出した。しか

第11章　経営管理

し，事業計画通りにいかない場合もあった。たとえば，福島第一原発の事故による風評被害に悩まされており，自社による放射性物質検査の実施を説明しても，取引先が直ぐに応じてはくれなかったと経営者は問題を指摘した。福島第一原発の影響については，汚染水問題を含め，心配している。

④ 株式会社湊水産

　同社は，津波で損壊した工場を自社で修繕し，震災の2か月後から生産活動を再開した。震災から2か月という短期間に製品の販売が実現できたのは，同社が通販を行っていたからであり，仮復旧の状態でも個人消費者に対しては郵便局や宅配便を通じて出荷した。しかし，生産量は半減し，道路事情による配送業務にも問題が生じたため，大手取引先に対して納入することはできなかった。このように生産量が半減した状態は約1年間にわたって続いた。

　同社の事業再開は，震災直後に，経営者および役員・従業員が協議して決定した。同社は，震災の直前に郵便局のネット販売と通販の予約が約1年分入っていたために，経営者は「電気と水道が復旧すれば事業の再開が可能である」と従業員に伝え，従業員は解雇しなかった。また，事業の再開は家族全員が無事だったことによる影響が大きく，不幸があったなら再開の気力が生じなかったと述べている。

　同社の経営者は，事業再開に際して，復興庁が企画したマッチング事業に参加し，多くの専門家からアドバイスを受けている。同事業には，事業経営の学習機会になるため現在も参加しているとのことである。

　事業再開に必要な資金の調達は，銀行からの融資を受けることができなかったため，公的金融機関からの借入金やグループ補助金で賄った。ただし，グループ補助金の受給に際しては，震災から2ヶ月で事業を再開したために，初期の募集においては対象外と見なされた。しかし，補助金の対象企業の解釈が変わったため，第6次のグループ補助金の募集で採択され，工場・事務所を再建させることができた。グループ補助金について，同社の経営者は「画一的に被災状況をとらえるのではなく，個々の状況に応じたきめ細やかな対応が必要

167

である」と述べている。

同社は，前述した③の企業と同様に，同異業種企業との交流の場である「石巻うまいもの発信協議会」に参加している。

同社の経営者は大震災を経験し，振り返って「災害に対する正確な知識習得の必要性を認識し，災害が発生した場合の情報収集にも工夫している」，「従業員の安全確保に会社が責任を持たなければならない」，「石巻の水産業界は震災以前から人材不足や原料仕入の困難といった問題を抱えていた。今後は資源保護などの問題にも注目し，経営に生かしていきたい」と述べている。

⑤ 株式会社松弘堂

同社の主たる事業は印刷・広告業である。同社は，東日本大震災において沿岸部に立地していた印刷工場が全壊し，事業継続が困難になったために従業員全員を一旦解雇した。

震災から5年が経過した時点における復旧の度合いは仮復旧の状況であり，生産設備の復旧は50％以下，従業員も半減している。しかし，生産稼働率を高めることによって売上高は震災前の状況まで回復している。

同社における事業再開の意思は，経営者が震災直後に決定した。事業の再開時期は，2011年7月からであり，休業した期間は4ヶ月であった。震災による被災状況が壊滅的であったため，従業員の中には事業再開に疑問を抱く人もいた。経営者は，震災直後は失業保険や退職金などについて従業員と話し合ったが，退職金などに充てる資金を準備してなかったために借入金で対応することになったという。

事業再開について，経営者は「特定の条件が満たされたことによって事業を再開したわけではないし，事業再開についての特別なアドバイスを受けていない。むしろ経営者自身が情報を収集し，その情報を顧客となる被災企業の経営者らに伝えることが重要であると考えた」と述べている。

事業再開に必要な資金は，日本政策金融公庫（東日本大震災復興特別貸付）およびグループ補助金（2012年12月決定）によって調達した。

第11章　経営管理

　震災直後は，顧客となる被災企業の再建が自社の事業機会につながるため，被災企業の支援活動を中心に行った。その後，同社の経営者は，同異業種企業との連携の場として一般社団法人「石巻元気復興センター」を立ち上げ，石巻の水産加工商品をアピールする事業に従業員とともに取り組んでいる。この活動は自社の事業にも結び付いており，被災企業が手がける商品の販促資料等の製作を行っている。

　同社の経営者は，設備投資の金額を震災前の3分の1におさえ，企業連携活動などに結び付くソフト事業の開発を重視することにした。このような対応により，経費が削減され，さらに収益性が改善している。

　現在，経営者は，被災企業の設備投資について「震災以前の規模にまで設備の復旧を目指す被災企業も散見されるが，市場が縮小する今後の市場動向を考慮するならば過剰な設備投資は見直すべき」と指摘している。このために，それぞれの企業が持つノウハウを結び付けて利益を生み出すことができる企業協力による事業の仕組みづくりを提案し，上述のように自ら実践している。ただし，この企業連携の活動に対して，一部の経営者は，この意義を充分に認めておらず，応援してくれる体制が不十分であることを指摘している。

(3) 聞き取り調査のまとめ

　本調査において，4人の経営者はいずれも震災直後に事業再開の意思を決定していたことが判った。すなわち，これらの経営者は大震災直後に危機的状況における行動指針，ないし目標として事業再開の意思を決定していたのであり，その後はこの目標である事業再開の実現に向けて積極的に行動していたと言える。

　しかしながら，大震災直後の危機管理ではあっても，3名の経営者は事業再開の意思を単独で決定しているのではなく，従業員に同意をもとめたことを示している。事業を再開するためには従業員の参加意識を高め，その協力を得ることが不可欠であることを認識していたからであろう。

　また，これらの経営者は事業再開に向けて戦略の見直しと変更を実施してい

る。上述したように，内陸への生産拠点の移設（株式会社木の屋石巻水産），業務用製品から消費者向け製品の生産・販売への変更（株式会社ヤマトミ），通販重視の販売（株式会社湊水産），経営者らの協力体制の組織化による事業見直し（株式会社松弘堂）などといった対応である。同時に，将来の石巻市における水産加工業のあるべき姿を模索している様子も窺えた。

　経営者は事業再開に向けて種々の意思決定をしなければならなかったし，そのために必要な情報を収集しなければならなかった。しかし，小規模企業では専門的知識を有する人材は少なく，経営者自らが関係機関に助言をもとめ，あるいは勉強会等に出席するなどして情報を収集する必要があった。

　本調査において，4人の経営者はいずれも事業再開に必要な資金調達において各種補助金や公的金融機関の融資による支援の有効性を強調している。とくに，すべての経営者がグループ補助金を受給できたことの重要性を指摘している。しかしながら，グループ補助金等の申請手続きなどには一定の知識が必要であり，あるいは実状などに関する情報も提示することが求められる。個々の経営者が単独でその知識を学習し，情報を収集することはかなりの困難が伴う。このため，これらの経営者は関係機関主催の説明会に出席し，あるいは経営者らが企画した勉強会などに積極的に出席している。

　また，震災後の雇用問題について，ハローワークに助言を求めながら，積極的に取り組んだことを株式会社ヤマトミ社の経営者が述べている。

　特筆すべきは，株式会社松弘堂の経営者が中心となって，石巻市内の同異業種企業の経営者らが構成する一般社団法人「石巻元気復興センター」を設立し，経営者の協力体制を形成したことである。本調査の4社の経営者すべてが「いしのまき元気復興委員会」のメンバーである。これが危機的状況を共同で乗り切るための組織の一つとなり，行政との連携，補助金などの勉強会，情報交換会などを開催し，あるいは販路開拓（各地での販売会など）や商品開発（参加企業の商品を詰め合わせたセット商品など）といった共同事業を実行している。

　同時に，石巻市の水産加工企業の経営者らが「石巻うまいもの発信協議会

(石巻うまいもの株式会社)」を組織し，石巻市の水産加工品などの情報を共同で発信し，販売するという同異業種企業の連携・協力体制も形成されている。本調査における株式会社ヤマトミ社や株式会社湊水産はこの取り組みに参加している。

本調査では，東日本大震災による壊滅的被害から事業を再開させた石巻市の水産加工企業などの経営者への聞き取りによって，経営者らは危機管理における総合管理者としての自覚をもち，事業を再開するための役割，責任，行動を果たしていることが確認できた。また，この調査によって，危機管理における経営者によるリーダーシップの重要性についても確認することができた。

なお，本調査において，それぞれの企業は大震災によって原材料の仕入れ，配送，販路などに関して間接的ともいえる災害，すなわちサプライチェーンに問題が生じていたことを認めている。しかし，本調査ではBCP（事業継続計画）への具体的な言及はなかった。災害の範囲があまりにも広大であったためサプライチェーンに関する問題を認識することができなかったといえるのかもしれない。

4. おわりに

本章の課題は，大震災などによって大きな被害をうけた企業の経営者が，危機管理において遂行すべき事業再開に向けての総合管理について考察することである。

企業が東日本大震災といった大災害に遭遇し，壊滅的な被害を受けた場合，この危機を脱して事業を再開あるいは正常化させるには，直面する諸問題に対して統一的に，敏速に，できるだけ的確に対応していくことが必要である。このためには，経営者に権限と責任を集中して危機を脱するための総合管理を遂行させ，経営者にリーダーシップを発揮させることが重要であることは明らかであろう。

それでは，東日本大震災により壊滅的な被害を受けた企業において，被災企

業の経営者は，危機管理において自己に権限と責任を集中させ，諸問題を解決するために統一的に，敏速に，できるだけ的確に行動したのであろうか。

　被災企業の中には，事業継続を断念した企業，事業再開が実現しえなかった企業，事業再開を実現した企業がある。われわれは，地域産業の復興という視点からではあるが，石巻市の水産加工業に従事する企業を主対象として，すでに事業を再開させた企業の経営者に対して，大震災後の行動について聞き取りによって調査した。

　聞き取り調査の結果，4社という少数の事例ではあるが，事業を再開させた経営者はいずれも震災直後に事業再開を決定し，この目標を実現するうえで必要な情報を入手するための行動を積極的にとり，必要な資金の調達や雇用に関する問題に的確に対応し，総合管理者としての自覚を持って行動したことを確認することができた。

　したがって，企業が危機的状況に遭遇した場合，危機管理において最も重要なことは，経営者が総合管理者としての自己の責任と行動の重要性を自覚し，リーダーシップを発揮する行動をとるべきであるということであろう。

　また，同時に，危機的状況に遭遇した場合，経営者は敏速に，できるだけ的確に問題に対応できる行動をとれるようにするため，事前に，BCP（事業継続計画）の策定，販路の喪失を防止するためのブランドの確立や独自商品の開発，同異業種企業の経営者による協力体制の確立などを実施しておくことが必要であろう。

　最後に，上述4社の経営者への追加調査を行い，首都直下地震や南海トラフ地震といったことが予測されていることに関して，もしも今後大震災が発生した場合，被災した企業の経営者に対してアドバイスすべきことについて尋ねた。この質問に対して4人の経営者は異口同音に「最優先すべきは従業員や家族の安全を確保すること」と答えている。このためには，事前に，避難先，避難通路あるいは避難方法を確定し，防災用品を準備したり，お互いの理解を確認したりしておくことの必要性を強調している。

　また，従業員への退職金などに資金が必要になるので地震保険に加入してお

第11章　経営管理

く必要性や震災においても販路を喪失しないような顧客との関係強化，契約書に被災時における問題処理についても記載しておくこと，といったことも併せて指摘している。

　さらに，大災害時には種々の情報が飛び交い，中には信憑性が低い情報も含まれるので，正確な情報の把握に注意すべきといったことも助言として寄せられた。

　なお，事業に関する防災については，想定できることに対してあらゆる準備をすべきとしながらも，個々の企業の立地や業務内容などが異なるので一概には言えないとも述べている。

　本調査の実施に当たってご協力いただいた石巻専修大学経営学部准教授の李東勲氏，および石巻市の水産業等に関する情報をご提供いただいた石巻専修大学経営学部教授の石原慎士氏に記して感謝申し上げる。また，多忙のなかにも係らずこの実態調査に協力していただいた上記4社の経営者の皆様には厚く御礼申し上げたい。

【参考文献】

P.F. Drucker (1974) *Managementasks, Responsibilities, Practices*, HEINEMANN; LONDON.（野田一夫・村上恒夫監訳『マネジメント上・下』ダイヤモンド社, 1974年）

（伊藤　宣生）

第12章 組織管理

1. はじめに

(1) 復興庁の設置

　企業や行政，地域社会が抱える多面的な課題を解決するためにプロジェクトを構築し，その解決を図ろうとすることがよくある。ある経営者は，企業の仕事は全てプロジェクトであるという。3.11の震災後，国は岩手，宮城，福島の復興を目指すために，復興庁を創設した。

　2012年2月10日，復興庁設置法の施行に伴い復興庁が発足し，復興大臣がその任に当たることとなった。復興庁は，一刻も早い復興を成し遂げられるよう，被災地に寄り添いながら，前例にとらわれず，果断に復興事業を推進するための組織として，内閣に設置された組織である。同庁には，復興局（岩手，宮城，福島），支所（宮古市，釜石市，気仙沼市，石巻市，南相馬市，いわき市），事務所（青森，茨城）を設置され，その後，2013年2月に「福島復興再生総括本部」と福島市に「福島復興再生総局」が設置された。

　2014年には，「被災地域の経済・産業の現状と復旧・復興の取組」（2014年12月1日復興庁）のレポートが発表され，その中で震災後の復興状況が数値により示されている。また，被災地域での産業を復興し，生業の再建を強力に進めるために①被災地の現状と課題を把握し，整理すること，②産業復興のための施策の体系化を行うこと，③これら施策を被災地域の地方自治体や産業界等へさらに浸透させ，実施させることをミッションとした「産業復興の推進に

関するタスクフォース」が2014年4月に設置された。この対応では，各省庁から審議官，局長クラスがメンバーとなる横断的組織が形成された。その他に復興庁に復興推進委員会が設置され，内閣総理大臣の諮問に応じて意見を述べたり，実施調査したりするのに加え，関係行政機関または関係のある公私の団体に対し，資料の提出，意見の表明，説明，その他の必要な協力を求めることができることとなった。同委員会は，2016年11月9日までに23回の会議が開催されている。復興に際しては，復興庁とタスクフォース，復興推進委員会の関係をうまく調整しながら新たなイノベーションを生み出していかなければならない。組織間の調整は，復興庁に課せられた大きな課題である（復興庁HPより）。

(2) 人を活かす組織

　人間は生まれながらにして何らかの組織に参加している。多くの人は主たる組織として企業，行政組織，病院，学校，NPO，NGO，スポーツチーム，地域社会等を中心に活動拠点としている。そして，これらの共同体に属すとともに，様々な活動に参加しながら目的を達成させるために貢献している。そして，これらの共同体に参加することによって一人ではなしえない素晴らしい成果や人間としての可能性を極限までに高めることができるのである。組織とは「2人以上の人々の意識的に調整された活動や諸力の体系」（C.I. Barnard (1956)）であり，1人の能力の限界を超え，その組み合わせにより大きな成果の創出が期待できるのである。組織では多様な課題を解決する知恵を解決していかなければならない。そこで培った様々な「もの」「知識」「財産」を次代へ伝承する責任をわれわれは負っている。

　特に企業という共同体は，企業目的の達成に向けて様々な事業活動を展開している。その事業活動は人々の活動がうまくまとめられて初めて成果を生み出すことができる。1つの方向に向かって力が合成され，焦点が合わさって初めて大きなパワーとなる（ベクトルとフォーカス）。その仕組みの良し悪しが企業の成果に大きく影響することとなる。成果とは企業の成長，働いている人の

幸せ，地域への貢献度合いであり，筆者は3WIN（スリーウイン）と称している。それは近江商人の三方よし（売り手よし，買い手よし，世間よし）に通じるものである。組織を動かすのはあくまでもそこに所属している人間であり，その活動である。組織はまず目的，使命（ミッション）を明確にする必要がある。何のためにその組織が存在するのかである。それを果たすための手段が組織であり，手段に合理性がなくなれば柔軟に組織の仕組みを変革しなければならない。激動する経営環境に対処するために組織革新を常に志向しなければならない。その革新の基になるのがリーダーである。あらゆる組織が立派に存続するキーワードはリーダーシップであるといってよいであろう。

したがって，大震災によって甚大な被害を受けた企業の経営者は自社の再建に当たり，リーダーシップのあり方について再考することが求められる。このような考え方は，地域という組織と関わる行政機関や大学，NPO，NGOといった非営利組織についても同様である。

本章では，産業復興の際に求められる組織のあり方について，経営組織論の考え方を提示しながら述べていく。

2. 組織の構造と機能

(1) 組織の構造

企業は組織であるが，企業が立地する地域もまた組織である。産業の復興に際しては，経営組織論の理論を踏まえていくことは重要な意味を持つだろう。本節では，組織の構造と機能について述べていく。

組織構造を理解する意義はコミュニケーションの在り方，権限の所在，調整の仕方などに関係するためである。形態のみからそれを十全に把握することは困難であるが，少なくともその企業の大まかな活動状況は理解できる。形・構造が同じでもその機能はまるで異なることも考えられる。たとえばワンマンで権限が中央集権的である場合や，かたや権限が広く分散している分権型で組織運営している場合等である。

第12章　組織管理

　組織構造の基本的形態には2つのパターンがある。代表的な形態としては職能部門別組織と事業部制組織がある。他にもカンパニー制，マトリックス組織等があり，それらの組織に組み込まれているプロジェクト組織などのヨコ型組織が存在する。企業は事業を行っていくために様々な仕事を遂行している。たとえば，メーカーであれば原材料・部品の購入，生産，組立，検品，物流，販売等の仕事がある。このような仕事を「職能」「機能」と表し，これによって形成された部門を職能部門と一般に呼んでいる。その職能部門の組み合わせで職能部門別組織が成立する。それは企業組織の基本形態であり，中小企業，大企業を問わず多くの企業が採用している。

　職能部門別組織の特徴は，それぞれの部門や職能，仕事が徹底的に深化しうるというように専門化（分業のメリット）が追求でき，さらに指示，命令に混乱を生じないところにある。職能部門別組織は別名ライン・アンド・スタッフ組織といわれる。組織規模の拡大と共に多事業，他地域等に企業のドメイン（事業領域）が大きく拡張するのに伴って組織の形態にも新しい改革が起こってきた。権限委譲のあり方と責任経営を一歩進めた組織である事業部制組織の登場である。製品別，地域別事業部制組織等である。

　企業の経営戦略が多角化戦略を採用し始めると組織の構造や機能面においてもその経営戦略にマッチするような組織を構築しなければならない。そのように指摘したのがチャンドラー（A.D. Chandler）であり（A.D. Chandler (1967)），「構造は戦略に従う」との有名な命題を生み出した。チャンドラーは戦略（Strategy）を「企業の基本的な長期目的を決定し，これらの諸目的を遂行するために必要な行動方式を採択し，諸資源を割り当てること」と定義し，組織の構造（Structure）を「企業の活動と資源を管理するための組織の仕組み」と表した。また，「事業部制をもたらしたのは，地域的拡大やさらに製品多角化によって，既存の構造の負担が重くなってきたからである。デュポン，GM，ジャージー・スタンダードおよびシアーズ・ローバックは，この新しい形式を1920年代に編み出した」と述べている。

　事業部制組織は「会社の中の会社」と呼ばれているように会社の中に多くの

事業部があり，その事業部自体が独立した会社のようになっている。経営の神様といわれている松下電器産業（現パナソニック）の創業者である松下幸之助は1933年（昭和8年）に事業部制を採用したのがわが国の最初だとされているがその動機として，業容は小さくても全部任せるという「責任経営」と「経営者の育成」を上げている。事業部制組織の形態は，地域別，製品別，顧客別事業部制組織の3形態に大きく分類できる。地域別はたとえばアメリカ，アジア，ヨーロッパ，北海道，東北，関東，九州といったように地域別に事業部を設置することであり，顧客別は消費財，産業財，大口ユーザー，消費者，官庁，企業等に事業部を分類する形態である。製品別は家庭用食品，業務用商品，チルド食品，コンピュータ，テレビ，コンポ，ゲーム等に事業部を分割する形態である。

　事業部制組織の特徴は何と言っても事業部長にその事業の経営責任を委ねることであり，独立採算制を志向させ，目的を達成させることである。そして明日の経営を任せることができる人材育成を目指す点にある。各事業部が地域別，製品別，顧客別事業部として「利益責任のセンター」であり，ドラッカーが指摘しているように「連邦的分権制の単位（米国の州のように）」としてある程度自律的に意思決定（事業部に大幅な権限委譲）ができる形態となっている。カンパニー制は事業部制組織の各事業部をカンパニーという名称を冠することによりより一層「会社の中の会社」として機能するように権限を大幅を付与して利益責任センターとして機能させようとの狙いがある。

　組織を維持していくためには戦略の立案のあり方が大事であり，経営者は組織を機能化させるための対応が求められる。東日本大震災で破滅的な被害を受けた被災企業の多くは中小零細企業であり，従来まで，組織と戦略の関係性について無意識だった企業も存在するかもしれない。しかし，復興に際しては従前の手法を客観的に評価し，必要に応じて組織構造の再編を検討していくことも求められるであろう。

（2）組織の機能

　組織の研究で考慮すべき点は，組織構造的側面（ハード的側面）と機能的側面（ソフト的側面）の関係である。

　筆者（加藤）は「三輪車的志向による組織運営」を提唱している。前輪はトップ・マネジメントのビジョン，哲学，経営方針等の経営姿勢で，その前輪の目指すべき方向によって（舵取り），後輪の2つである「構造」と「機能」が規定されてくる。当然，後輪の1つである「構造」の車輪ともう1つの車輪である「機能」が前輪の機能を制約してしまうことも当然でてくる。これらの3要素間の関係に深く関係し，大きな影響力を持っている要因が企業の伝統・歴史・風土・雰囲気等の企業・組織文化である。「構造は戦略に従う」「経営戦略・構造は組織文化の反映」「構造は機能に規定される」等の立言はこれらの3者間の関係を表している。

　ここでの問題は，その組織の構造と機能の2つの基本的要素を上手く適合させるにはどのようなことを考慮しなければならないかである。たとえば，今日の基本的組織構造である，ピラミッド型組織の特徴は職能によって部門化され，専門化し，階層構造でもって運営されている。しかし，激動する経営環境の下にあっては，迅速で，的確な意思決定が要求されてくる。そのための構造的工夫として「トール組織（背の高い）」から「フラット組織（背の低い）」へと階層を短縮し，上下間のコミュニケーションがスムーズにできるような配慮が必要になってくる。また，「チーム型組織」や「逆ピラミッド」である後述する「バルーン型組織」への転換である。しかし，このように構造を変革させたからといって組織が上手く機能するとの保障はない。その変革に伴うリーダーを含むメンバーの変容・意識の変革・役割革新・意思決定ポイントの移動・責任感・職務遂行能力と意思決定のマッチング等が上手く機能して行かなければ組織の所期の目的・狙いは成就できない。

　ピラミッド型組織の一種である事業部制組織においても基本的には同じことが言えよう。事業部制組織には当然プラスとマイナスの両側面があり，経営環境の変化に合わせて事業部制組織も変革する必要がある。松下幸之助は「事業

179

部制組織には利点が60％，欠点が40％あるが利点の方が多いから事業部制組織を使っているのだよ」と元松下電器産業の今西伸二に語ったという（今西(1991)）。

　権限のあり方から機能的側面を見るならば中央集権型組織と分権型組織に大別され，現実の組織はその範囲の中に存在する。たとえば，リッカート（R. Likert）は中央集権型組織から分権型組織を4タイプに分類した。そして，中央集権型組織としてのシステム1（独善的専制型組織）からシステム2（温情的専制型組織），システム3（相談型組織），そして分権型組織としてのシステム4（集団参画型組織）に分類した。リッカートによれば，理想の組織はシステム4であるという（R. Likert (1961)，加藤（2013））。

　本書の7章で述べたように，被災企業の多くは人手不足に陥っている。限られた人的リソースを活かして組織を機能化させるためには社内のコミュニケーションが重要となる。日本の企業は得てして階層型の組織を好む傾向がみられたが，被災企業の再建に当たっては意思疎通を図ることができる組織を構築し，機能化させていくことが望まれる。

3. 組織を管理するリーダーの役割

　あえて述べるまでもないが，企業の再建に際しては経営者がリーダーシップを発揮する必要があり，このことが存否の鍵を握ると言っても過言ではない。このことは，被災企業に対して実施した調査（第11章参照）でも確認することができる。

　リーダーシップは「組織体（企業，大学，病院，町内会，野球チーム等）のビジョン（使命・理念）を定め，ビジョン実現の経営戦略・目標を設定し，組織メンバーのエネルギーを束ね，それを達成できるようにする影響力，プロセスである」と定義することができる。つまり，リーダーは組織に方向性を与え，高い目標に向かってメンバーのモチベーション（意欲）を喚起し，組織メンバーの創造性や課題解決能力を高めるプロセスを実践する主体となるのであ

る。このような理想の状況に立ち向かっていく気概と挑戦心，理念や使命感を成就させるという想いと実践力がないトップは船を難破させ，ついには沈没させてしまうのである。多くの不祥事は組織メンバーとその家族の人生に甚大なる影響を与えていることを肝に銘じるべきであろう。リーダーは組織の向かうべき将来像を確定し，行動する際の価値基準を明確にしなければならない。それがビジョン（vision）である。

（1）ビジョンの大切さ

今日の経営に求められている1つの大きな経営課題は如何に革新的に行動できるかということである。その革新の方向性は企業の理念，社是・社訓，ビジョンに沿った正しい経営を行っているかである。既存の商慣習や価値観，経営の仕組みを根本から変革し，常に現状を打破し，前向きに行動することが必要となろう。リーダーには，安定と不安定，確実さと不確実さ，混沌と秩序の狭間に身を置き，常に「ゆらぎ」を起こすことによってチームのメンバー自身が新たな思考，考え方，実践方法を作り上げていくステージを用意することが求められる。ルビンシュタイン（M.F. Rubinstein）は，過去のしがらみや前例踏襲の経営風土を打破し，企業を革新するためにはカオス（混沌）の縁での経営（Operating on the Edge of Chaos）を強調する。同氏は，組織のモデルを「鉄道タイプ」から「タクシータイプ」へ変換することが不安定な不確実な経営環境に対処する方法であり，人を生かすことになると指摘している。たとえば，ヤマト運輸は「4輪自動車タイプ」「リヤカータイプ」「自転車タイプ」の融合化を果たして事業を成功させている。カオスと向き合い，カオスの変化こそが組織の成長・発展，人材の育成に繋がる。そこには経営環境に対する自己組織化の原理を経営者がどう築くことができるか関係する（M.F. Rubinstein & I.R. Firstenberg (1999)，今田（2003），今田（2005））。企業はグローバル化により，国境を越えたメガコンペテション（大競争）に打ち勝つため，合従連衡・合併などM&Aを推進している。市場支配力を高め，競争優位に経営を進めていくことがトップのリーダーシップであろう。ビジョンを掲げ，経

営戦略を練り，経営計画を策定し，経営環境の変化に即応したり，内発的に自己革新をしていくことを実現させるのがトップの使命であり，役割である。

『ビジョナリーカンパニー』の著者であるコリンズとポラス（J.C Collins & J.L. Porras）は基本理念という言い方でビジョンを言い表している。基本理念は基本的価値観（core values）と目的（purpose）から形成されている。基本的価値観とは，組織にとって不可欠で不変の主義で，利益の追求や目先の事情のために曲げてはならないものである。たとえば，「顧客をほかの何よりも優先させる」，「個人を尊重し，配慮する」，「従業員に十分に配慮する，顧客を満足させるために時を惜しまない，最善を尽くす」，「個人の自主性を尊重する」等であり，時代を超えて変わることはない。そして，もっと大事なことは，組織の全体を通して，この基本的価値観が浸透しているかということである。

目的とは単なる金儲けを越えた会社の根本的な存在理由である。地平線の上に永遠に輝き続ける道しるべとなる星であり，個々の目標や事業戦略と混同してはならない。たとえば，「○◇事業を通じて，科学の進歩と人類の幸福のために，社会に貢献することを目的としている」，「人々を幸せにする」，「世界一を目指す」等といったように根本的で，不変的なものである。目的は全く他社と異なるような独自のものである必要がない。目的の最大の役割は企業を運営する際の指針となり，組織メンバーに対しての活力の源となるものであると指摘している。大競争時代における混迷の時代において一条の光であり，地平線上の星にあたるものである（J. Collins & J.I. Porras (1994)）。

また，ベニス（W. Bennis）はビジョンを次のように説明している。

「将来このようにしたいとの展望であり，見通しであり，また，リーダーは第一に，組織の実現可能な望ましい未来像をつくりあげなければならない。このようなイメージをビジョンと呼んでいるが，大事なのは，組織の具体的な，納得できる魅力的な未来の姿を明確に描き，いくつかの重要な点で現状よりすぐれているという条件を満たしたビジョンであることだ。ケネディが月に人間を送り込むと決めたときに，その価値ある実現可能な目的に向けて全力を投入したという。このようにビジョンとは未来の状態，つまり現に存在しない，ま

た過去にもなかった状況を語るものである」（W. Bennis & B. Nanus (1985))。

つまりビジョンとはリーダーが何を求めているか，会社をどこへ導いていくべきかを組織メンバーに浸透させ，理解と納得をさせ，行動の指針にまで落とし込むことである。JR九州の会長である唐池恒二は以前の当社の理念である「地域貢献」を「地域を元気に」に変更し，社員の役割をイメージしやすいようにして効果を上げている（日経ビジネス特別版（2016））。

以上のことをまとめるとリーダーシップに要求される条件は①ビジョンの構築と浸透，②ビジョン実現の経営戦略・目標設定，③シナジー（相乗効果）の出る組織構造の構築，④組織メンバーの意欲喚起，⑤社会貢献に対する高い情熱心，⑥革新的組織文化の持続，である。ベニスは経営者やリーダーに要求されるリーダーシップの基本的要素（basic ingredients）について①指針となるビジョン（guiding vision），②情熱（passion），③誠実さ（integrity），④信頼（trust），⑤好奇心と勇気（curiosity and daring）であると述べている。筆者（加藤）による経営者に必要とされる要素の調査によると，一位が「誠実」次に「前向き」「独創性」であった。このことは時代を超えて普遍的要素である（加藤（2012），林（2012））。ベニス（W. Bennis）の要素と相当重なる点があることが分かる。

また，ビジョンとリーダーシップの関連についてジョブズ（Jobs, Steve.）は「優秀な社員は自己管理ができている。彼らは何をやらなければならないかさえ分かればあとどうやってもよいかは自分で見つけ出す。彼らは管理される必要はない。彼らに必要なのは一つの共通のビジョンであり，それを提供することこそがリーダーシップの条件だ」と論じている（林（2012））。

被災企業が震災を乗り越えて，経営者が事業を継続させていくためには，ビジョンを明確に提示するとともに，独創性を創出していかなければならない。さらに，困難な状況にあっても誠実かつ前向きな姿勢を持ってリーダーとしての責務を果たしていかなければならない。

(2) ベンチャー企業とベンチャースピリット

　企業にも多様な形態や経営スタイルが存在している。図表12-1にあるように企業のスタイルは，シンプルに4つのタイプに分けることができる。

　さて，ベンチャー企業とは何か。ベンチャー企業（Venture Business）は和製英語であり，1970年頃から急速に使用され始めた。中村秀一郎らはベンチャーを「リスクを伴う新事業であり」「企業家精神を発揮して展開された新しいビジネス」と位置づけている。そしてベンチャー・ビジネスは「単なるアイデア商売的な一発屋的あるいは一旗組といった泡沫企業ではなく，リスクを伴うイノベーター（革新者）である」「研究開発集約的，またはデザイン開発集約的な能力発揮型の創造的新規開業企業」とし，小企業として出発するが経営者の高度な専門能力と才能ある創造的な人々をひきつける魅力ある事業を組織する企業家精神を持つ高収益企業として捉えている。欧米ではNew Venture, New Venture Company, New Business Venture, Small Business Venture 等と呼ばれている（清成・中村・平尾（1971），中村（1990））。先行研究を踏まえ筆者（加藤）はベンチャー企業を「新しい技術，新しい市場の開拓（新製品・新サービスの提供）を志向したベンチャースピリット（高い使命の実現に向けて創造的で進取な心で，リスクに果敢に挑戦する意欲と責任感・倫理感を持つ心の様相-entrepreneurship-企業家精神）に富んだ経営者，メンバーにリードされる中小企業である」と位置づけている。創業ほやほやの企業だけではなく，たとえば30年，100年の伝統のある中小企業も元気で，新規性のあるサービス，商品で世の中に貢献している場合は，「ベンチャー企業」とした。ベンチャー企業の概念においてベンチャースピリット（革新性，積極性，リスク志向性，諦めない情熱性）と表現したのは，組織のリーダーだけではなく，組織メンバー全員が持たなければならない資質（育成可能）としたからである。高い志や夢を持ちそれに向かって努力することは老若男女を問わない。

　さて図表12-1は，ベンチャー企業の位置づけと今後の企業が進むべき方向性を示した概念図である。縦軸は，ベンチャー企業の概念の中にあるベンチャースピリットの高さの程度そして高い目標や世の中に貢献しようとするビ

ジョン・使命を持って経営している状態を表し，新規な技術，サービス，商品を市場に常に提供している状況を表している。また，横軸は企業のサイズ・規模の大小を置き，極めてシンプルだが4つのセルを設けた。ベンチャースピリットが低く，企業の規模が小さい場合は「C.普通の中小企業」，逆にベンチャースピリットが高い場合は「A.ベンチャー企業」と命名した。また，ベンチャースピリットは低いが大企業である場合は，「D.普通の大企業」，また，大企業でベンチャースピリットを高く持っている企業を「B.ベンチャースピリットを兼ね備えた大企業」と捉えた。この「B.ベンチャースピリットを兼ね備えた大企業」を一般的にビジョナリーカンパニー（J. Collins & J.I. Porras (1994)，山岡洋一訳（1995）『ビジョナリーカンパニー』日経BP出版），エクセレント・カンパニー（T.J. Peters & R.H. Waterman (1982)，大前研一訳（1983）『エクセレントカンパニー』講談社），グレート・カンパニー（R.M. Kanter (2011)，編集部（2012）『グレートカンパニーの経営論』ダイヤモンド・ハーバード・ビジネス・レビュー）と呼ばれている。

　図表12-1に①から⑧までの方向があるが理想は奇数の①⑤⑦の矢印の方向である。経営者やリーダーは組織を奇数の方向に誘導してもらいたいと考えている。次節で述べるバルーン型組織の領域である。今日のほとんどの大企業は名の知れない小さな企業から出発し，栄枯盛衰，幾多の苦難を乗り越えて「B.ベンチャースピリットを兼ね備えた大企業」となっている企業も多く存在している。③の方向性を目指す企業も当然あるが，ベンチャー企業の位置にとどまり続ける企業も筆者（加藤）の調査から多く存在することが判った。図表12-2は企業の進む方向性によって組織の特性が色濃く出ることを表している。規模を拡大するにつれて組織は官僚的，硬直的になってしまう。そうならないためにはベンチャースピリットをリーダーのみならず多くの組織メンバーが保持すべきであり，常にゆらぎの中で経営するスタイルにより自己革新をすべきであるとの示唆したものである（加藤（2013））。

　東日本大震災によって生産設備を失った企業は同時に販路も喪失した。国内市場の縮小や海外企業との競合も激化している。被災企業を再生させるために

図表12-1　ベンチャー企業のポジションとバルーン型組織

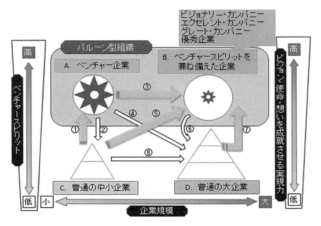

出所：加藤（2013）『バルーン型組織とベンチャー企業』泉文堂

は販路の回復とともに，新規販路を開拓していかなかければならないが，震災以前の方法だけでは劇的に変化する市場に対応することは難しい。組織の規模や伝統に捉われず，ベンチャースピリットを持って事業を開発していくべきであろう。

4. バルーン型組織への革新

　図表12-1，図表12-2では，バルーン型組織の領域を「ベンチャー企業」「ベンチャースピリットを兼ね備えた大企業」と捉えた。バルーン型組織は「組織の規模や組織の種類に関係なく，経営者やリーダーがベンチャースピリットを常に持ち続け，そのビジョン・使命，思想や考え方が組織メンバーに浸透しているということ。そして業界や社会の多面的な課題（貧困からの脱却，地球環境問題の解決，省エネルギー対策，雇用の創出，高福祉社会の実現等）に貢献していることが広く認知され，常に高い目標に向かって業務遂行をしているシステム」を持つ組織である。

図表12-2　ベンチャー企業のポジションとバルーン型組織

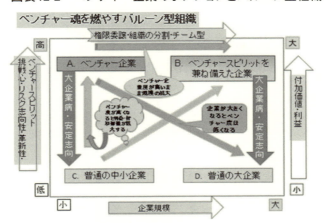

出所：加藤（2016）『ベンチャー魂を燃やすバルーン型組織』阿波銀行経営情報 Vol.18, 西北社, 編集者塚井太郎協力

　また，バルーン型組織経営のメリットは次のとおりである。
　①自由に発想し，行動できる少人数のチームなので，意思決定が早く，小回りがきく。②自律した組織の連合体であるため，全社的な理念やビジョン，価値観を共有しやすい。③チームのメンバーは創造的な活動を通して，自己実現の欲求を満たせる。
　図表12-3がバルーン型組織のイメージ図である。ピラミッド型組織から円型組織，逆ピラミッド型そしてバルーン型組織へ革新させる。形成に際しては，企業を小さな組織やチームに分割し，それぞれに権限を与え，自律的に動ける小さな組織の連合体をつくる。筆者（加藤）の調査によると小さな組織（中小企業）の優位性は①小回り性（意思決定の迅速性），②顧客との密着（素早いコミュニケーションとクイックアクション），③能力向上に対する充実感（少数ゆえ精鋭になり，ワクワクするような創意工夫や専門的能力の向上），④経営者との夢の共有化（会社の夢・ビジョン・使命と自分の目標との統合），⑤個性的な経営の発揮（経営者や従業員の個性や能力・思いが経営に反映），

図表12-3　組織のイメージとバルーン型組織

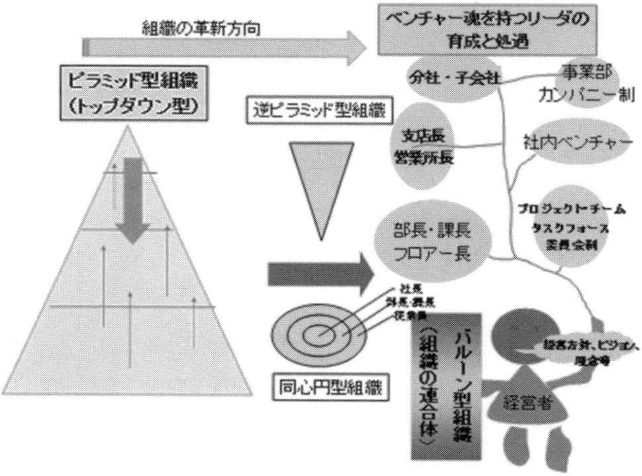

出所：加藤（2013）『バルーン型組織とベンチャー企業』泉文堂

⑥地域密着と他の企業との提携（ネットワーキングの推進），⑦全従業員のベンチャースピリットの涵養と実践にあり，このような特徴を如何に組織に組み込み柔軟性と適応性を保持するかが重要になる。

　GEの前CEOであるウエルチ（J. Welch）は，官僚化し，硬直化した組織を如何に改革するかに腐心した。そのためには中小企業の良さを組織に組み込むことであると強調した。そのことによってGEは世界のトップランナーとして君臨している。ウエルチは，「私がGEを去る当時，GEにはガスタービンからクレジットカードに至るまで15の主要事業部門があり，30万人以上の社員がいた。複雑でカバーする範囲の広い企業であることは確かだが，街角にある小さな店みたいに，スピード重視，形式ばらず，自由なコミュニケーションの取れる会社でありたいと常に考えていた」という思いを実践した（J. Welch & S. Welch (2005)）。

　チームのひとつ一つがバルーンつまり風船に当たる。風船をつないでいる糸を経営者やリーダーが束ねて持ち，その糸を通じて経営方針，ビジョン，理念

を伝達する。それぞれの風船は自己管理しながら目標を成就する責任と権限を有しているのである。バルーン型組織は経営者のリーダーシップの重要性と各風船のリーダーの重層的な積み重ねからさらにシナジーを生み出すこととなる。そのもととなるのがベンチャースピリットである。図表12-1にあるバルーン型組織ゾーンへの移行は企業の成長と組織に参加しているメンバーの満足と社会への貢献という3WINをもたらすのである。

　前述した通り、東日本大震災を経験した被災企業の多くは中小零細企業であるが、小さな組織であってもバルーン型組織の考え方を適応すれば大企業と異なる手法で事業展開を図ることが可能になる。7章で取り上げた地域性を生かした商品開発の事例は小さな組織の優位性を発揮し、実現できた取り組みである。つまり、小零細企業それぞれが機動力を生かして消費者のニーズを収集しながら、個性的な手法で開発したことが功を奏したと言えるだろう。石巻市で製麺業を営み、商品開発に携わった有限会社島金商店の島英人社長は「地域全体が良くならなければ自社の成長につながらない。異業種連携の商品開発は参加した小麦生産者、水産加工会社、商店街が相互に恩恵を受けて自社の成長につながる」と述べている。この考え方は、企業間の垣根を越えたバルーン型組織ゾーンへの移行がなされたと言えるだろう。

5. おわりに

　東北地方の都市の多くは、地域経済が衰退する傾向が見られた。そこに、東日本大震災が発生し、追い打ちをかけた。宮城県石巻市と気仙沼市で水産加工業を営んでいる多くの被災企業は大震災によって販路を失ったが、売上高が震災前の水準に回復していない企業も多数存在する。

　だからこそ、単に現状を回復させる復旧ではなく、近い将来を見据えて地域を建て直していく復興を目指さなければならない。「復旧」は文字通りに災害によって失われた施設や機能を災害前の状態に戻すという意味である。一方、「復興」は大震災を乗り越えて地域を再建し、災害前よりも安全で快適な賑わ

いと魅力を創り出すことである（林（2001））。大震災によって壊滅的な被害を受けたライフラインを含む生活環境を早期に「復」しながら，一度衰えた産業を再び「興す」ことが真の意味での復興であろう。

　ところが，被災地といっても産業構造や被災状況は異なる。市民の希望や地域社会が抱える諸問題も多岐にわたる。このような多様性に鑑みれば，各々の被災地における行政や企業などの組織は多種多様となる。したがって，過去の大震災を経験した地域の組織や特定の被災地の組織の対応をそのまま適用することは有効ではないと思われる。筆者は地域社会の多面的な課題を解決するために普遍的な組織のあり方について論じながら，ベンチャー精神について述べてきた。その狙いは，産業復興を確実に達成させるための組織づくり・再編，そして組織のマネジメントにはベンチャー精神を生かすことが求められると考えたからである。

　産業復興は組織形成の前提条件である「戦略」であり，この戦略のもとで実行される具体的な手段・方策となる「戦術」が復旧である。各被災地の行政は既存の産業を活性化させるか，または新たな産業を創造するか，もしくはこの二つを同時に進行させるかといった戦略を立案して，諸資源を割り当てなければならない。この中で，最も大事なことがリーダーの役割である。リーダーは産業復興という実現可能な戦略・未来像を地域の構成員や関係者に簡潔明瞭に語り掛け，揺るぎない復興事業の指針を提示しなければならない。また，組織に関わるメンバー全員がベンチャースピリットを持って復旧・復興事業に取り組むように，コミュニケーション機能を高めていくことも必要である。

　しかし，復興の過程は，長期間の課題だけを行っているのではなく，『復旧』を行いつつ，『復興』も行っている。しかも，短期に行うべき『復旧』の行為の中にも，『復興』の要素が含まれている（神戸市（2010）p.71）。言い換えれば，復興も復旧も産業復活という目的を達成するための手段となる。双方の到達地点は同じく「目的の達成」である。しかし，一概に「目的の達成」を目指し復興政策を立案しても大局的で広範な計画になる場合がある。

　4節で述べた「バルーン型組織」のように，それぞれの復旧事業は一つ一つ

のバルーンである。復旧・復興事業を指揮するリーダーと各バルーンのリーダーは，目先の局地的なことばかりに捉われず，長期的展望に立って大局地な見地から考慮していく姿勢が求められるだろう。

【参考文献】

A.D. Chandler (1967) *Strategy and Structure*, MIT Press.（三菱経済研究所訳『経営戦略と組織』実業之日本社，1967年）

C.I. Barnard (1956) *The Functions of the Executive*, Harvard University Press.（山本安次郎・田杉競・飯野春樹訳『経営者の役割』ダイヤモンド社，1956年）

J. Collins & J.I. Porras (1994) *Built to Last: Successful Habits of Visionary Companies*, Harper Collins Publishers.（山岡洋一訳『ビジョナリー・カンパニー』日経BP社，1995年）

J. Welch & S. Welch (2005) *Winning*, Harper Collins Publishers.（斉藤聖美訳『ウイニング勝利の経営』日本経済新聞社，2007年）

M.F. Rubinstein & I.R. Firstenberg (1999) *The Minding Organization: Bring the Future to the Present and Turn Creative Ideas into Business Solutions*, WILEY.（三枝匡監訳『鈍な会社俊敏企業に蘇らせる』日本経済新聞社，2000年）

R. Likert (1961) *New patterns of management*, McGraw-Hill.（『経営の行動科学』ダイヤモンド社，1964年）

W. Bennis & B. Nanus (1985) *Leaders: The Strategies for Taking Charge*, Harper & Row.（小島直記訳『リーダーシップの王道』新潮社，1987年）

今田高俊（2003）「自己組織化の条件」DHBR，2003年3月

今田高俊（2005）『自己組織性と社会』東京大学出版会

今西伸二（1991）『事業部制の実際』マネジメント社

加藤茂夫編著（2012）『経営入門』学文社

加藤茂夫（2013）『バルーン型組織とベンチャー企業』泉文堂

清成忠男・中村秀一郎・平尾光司（1971）『ベンチャー・ビジネス―頭脳を売る小さな大企業』日本経済新聞社

堺大輔（2016）「究極のフラット型組織で，究極の実力主義」ダイヤモンドハーバードビジネスレビュー，12月号

T. シェイ，本荘修二監訳（2010）『ザッポス伝説』ダイヤモンド社

中村秀一郎（1990）『新中堅企業論』東洋経済新報社

日経ビジネス特別版（2016.12.19）「『ななつ星in九州』に見る社員が燃える，ブランディングの極意」
林信行監修（2012）『スティーブ・ジョブズは何を遺したのか』日経BP社
林春男（2001）「地震災害からの復興過程とその対策計画」『地学雑誌』110巻6号
三枝匡（2016）『ザ・会社改造』日本経済新聞出版社
森田直行（2014）『全員で稼ぐ組織―JALを再生させたアメーバ経営の教科書』日経BP社

（加藤　茂夫）

第13章 施設・設備管理

1. はじめに

　阪神・淡路大震災における大手企業（製造・流通・公益）各社の危機対応事例からは，BCP（Business Continuity Planning・事業継続計画，以下：BCP）策定の必要性が読み取ることができる。また東日本大震災の被災地における各企業の被災状況は業種・業態によって様々であったが，復興対応への取り組みは共通事項も多く，BCPを策定する際の参考となった。よって，本章では過去の震災を辿り，今後のBCP策定に向けた課題について検討する。なお，本章で言及する施設・設備の対象は①建物（社屋，事務所など），②生産設備（工場，生産ライン），③インフラ施設（上記への搬入・搬出施設，供給処理施設）などである。

2. 阪神・淡路大震災と東日本大震災からの教訓

（1）阪神・淡路大震災による被災状況と企業復興の取り組み

　1995年1月17日に発生した阪神・淡路大震災は戦後最大の都市直下型地震であり，死者約6,400人，全壊家屋約104,900棟，被害総額約10兆円にも上る甚大な被害をもたらした。また，流通科学大学研究グループの報告書によると，製造業においては阪神工業地帯に立地する神戸市内の神戸製鋼，三菱重工，ナブコ，住友ゴム，伊丹の住友電工，西宮の新明和工業，尼崎のキリン

ビールなどの工場設備が損壊し，大きな被害を受けたことが報告されている。また，流通業ではコープこうべ，ダイエー，ニチイ，阪急・大丸・そごう・三越百貨店などが壊滅的な被害を受けた（近藤（1995））。

　被災企業は事業を復旧・復興させるために様々な工夫を凝らして取り組んだ。たとえば，部品調達の場合，当初から2社発注方式を取っていた企業はストックしていた分でカバーできたが，カンバン方式を採っていた企業は在庫部品が払底し，下請けからの供給も停止した。そこで，「重要部品の一定の備蓄は必要」という方向へ手直しをして，その後のBCPを策定した企業もあった。また，阪神・淡路大震災の際には機器や設備が破損したが，関連会社から人的支援を受けながら，同業他社から融通・譲渡を受けたケースや，OEM方式を活用して同業他社へ生産を要請するケースも見られた。さらに，原材料・部品の輸送に関しては，迂回ルートを模索して混載輸送で凌いだ企業も見られた。被災企業が，予め機能を分散化していて良かったと評価した対応は，物流センター，幹部の住宅，利用交通機関（含飛行機搭乗）などであった。また，自社の地方工場での生産移転や，地方工場から工業用水を船で輸送してもらえたことも良い対応であったと言える。

　一方，機能を一元集中化して良かった対応としては，復旧に向けた会社の資源（ヒト，モノ，カネ，情報）と決断力である。一元化した情報には，自社工場や社員の安否確認，部品仕入先，協力工場，取引先情報などが含まれている（日本経済新聞社（1995））。

　このように，天災の発災直後の緊急時においても支障なく操業が継続できる「緊急事態対策」，すなわちBCPの策定は必要不可欠であるとの認識が震災後は徐々に一般化されてきた。

　ところが2009年，大阪府産業開発研究所が大阪府の中小製造業を対象に行ったアンケート調査によると，災害による事業中断の経験がある企業は2割弱で，防災計画を策定しているのは3割であった。また，BCPを認知している企業は3割弱で，BCP策定済みの企業は5.5％，策定中は5％，策定予定は11.2％であった。その反面，策定予定なしと回答する企業は41.7％で，そのほ

とんどが「知識やノウハウ，人材や資金の不足」などを理由としてあげている。これに対して，BCP策定済みの企業は「親会社を持つ製造企業（化学，ゴム製品，食料品）」や，「関西以外や海外にも事業拠点を持ち，海外の企業と取引関係がある企業」，「災害による事業中断の経験がある企業」等であった（大阪府立産業開発研究所（2010））。

以上のことから，企業の業績や規模，専門人材などを理由に半数近くの中小企業はBCPを策定しておらず，阪神・淡路大震災直後に被災企業が事業再建のために取り組んできた経験が活かされていない実態が判明した。

（2）東日本大震災による企業の被災とBCPに関する見解

2011年3月11日に発生した東日本大震災は，青森県から千葉県に至る広範囲にわたり，死者約14,500人，行方不明者約11,400人，建物全壊約76,800戸，被害総額約17兆円の大被害をもたらした。（独）経済産業研究所が報告したアンケートによれば被災地6県（青森，岩手，宮城，福島，茨城，栃木の各県）の事業所（有効回答1971件）のうち，生産設備の全壊は104件（5.3％），半壊は129件（6.5％），一部損壊は1199件（60.8％）であった。また全壊・半壊233件のうち宮城県が113件（48.5％）を占め，震源に近い沿岸地域に産業が集積していた状況が窺える。しかし，全壊原因では津波が63件（60.6％），地震が36件（34.6％）であり，津波以前の耐震不足も目立った。外部サービス寸断の影響は，電力≧部品≧輸送≧工業用水の順に多かった。再開までの期間は宮城県が最長で，電力16日，部品調達1ヶ月以上，輸送23日，工業用水21日であった。震災後は調査事業所全体の約70％（宮城県では91％）が操業停止を経験した。停止期間は全体では16日間であるが，宮城では26日間と長期に及んだ。期間の長かった事業所では，納期の引き延ばし（66％）や在庫処分（26％）だけでは対応し切れなかった（浜口（2013））。

このような実態を踏まえて，東北の被災地では震災後に「定期的な訓練」，「BCPの作成」，「工場の耐震化」を重視した。また，サプライチェーン断絶の危機感への高まりを反映して，「自家発電設備の装備」や「代替輸送方法の検

討」の優先度を向上させている。しかし、工場施設を分散することに関しては、1972事業所のうち27％の企業が考えているものの、残り73％が一箇所で生産集中することを望んでいる。これは危機管理を否定的にとらえているというより、小規模施設の場合は、生産を分散することが困難であることを裏付けている。

　ところが、BCP策定に関しては大阪府の中小企業と同様に、「ごく稀にしか起こらない巨大自然災害に備えるコストをかける余裕はない」と考える企業も少なくない。この状況を鑑みれば、有効な対策としては通常時と非常時の危機管理の協力の輪を地域レベルで回す「地域間の協力強化」が必要であると考えられる。たとえば、重要な調達部品については、日頃から他地域の企業とも技術交流を行いながら協力関係を構築しておき、非常時には代替生産や調達先の振替えを可能にする。このように、地域内に留まらない予備的能力を強化し、早期の機能回復を果たすように計画・実施することが必要であろう（浜口(2013)）。ともあれ、阪神・淡路大震災、中越地震、中越沖地震、東日本大震災などの経験を経て、BCPを策定するメリットには理解が進み、BCM（Business Continuity Management・事業継続マネジメント）の策定に対する視点も開けてきた。

3. 企業におけるBCP策定の実態調査と位置づけ

（1）BCP策定の実態調査

　「国土強靭化基本計画2014」では企業連携型BCP/BCMの策定促進等が盛り込まれている。「アクションプラン2014」ではBCPの策定について2020年までに、「大企業はほぼ100％、中堅企業は50％」といった指標が記されている。この中で国は「事業継続ガイドライン第三版2013」を公表し、BCPの取り組みに関する実態調査を行った。

　BCPの策定状況については、大企業の60.4％が「策定済み」で、中堅企業では「策定済み」に「策定中」を加えて4割強となった。この結果からBCP

の策定は大企業を中心に，進んできていることが窺える。業種別では金融・保険業が86.9％と最も高く，情報通信業59.1％，建設業50.0％，製造業48.1％と続く。

想定しているリスクについては「地震・台風等の自然災害」93.4％，「通信（インターネット・電話）の途絶」54.5％，「新型インフル等の感染症」50.4％，が上位を占めている。

重要な経営資源と認識するものは「情報システム，情報（データ・重要文書），通信手段（固定電話・携帯電話・インターネット）」175.5％（以下複数回答），「社員・従業員等人的資源」94.5％，「事務所・店舗，工場・施設」の建物系89.5％，「自家用発電機・水処理設備，装置・機械・器具」の設備系50.8％，「外部インフラ（電力・水道・ガス）」43.2％の順となった（内閣府（2016））。

リスク発生時における関係先との協力体制は，「相互情報交換方法の取り決め」27.8％，「製品，サービスの代替手段」17.0％，と全体的に低い結果となった。地域との連携についても「地方公共団体や地域団体の活動への参加」は2割台と低い。連携体制を構築するためには，行政の支援や仲介が更に求められることが読みとれる。

(2) BCPの位置付け

地震・津波・台風など，予想できない災害に遭遇した場合，企業の経営者はまず従業員の生命と会社の財産を守ると共に，事業に及ぼす損害を最小限にとどめることが求められる。また，取引先等との関係を考慮しつつ，重要業務の継続あるいは早期復旧ができるように対応しなければならない。その取り組みは，組成された緊急対策本部が指示する事項について事務局となる総務部や安全対策部が主体となる場合が多い。

BCPの策定においても主体者となる事務局の役割は大きい。事務局はBCPの策定に合わせて，被害を軽減するための対策の実行（施設の耐震工事や設備の固定など）を発災以前に求められる。

次に，事業遂行に必要な人・モノ・金・情報などの経営資源が枯渇したり，支障が生じたりした場合に，株主，お客様，取引先，社員等のステークホルダーの不利益が生じるが，それを低減するにはどうするべきかを検討しておく必要がある。検討の際には総務部など特定の部や部門にとどまらず，全社的な活動に発展させることが求められる。検討すべき内容は，事前対策としての「代替施設の確保，代替要員の訓練，事業インフラの保全」などであるが，被災後は「復旧業務の優先順位の決定と復旧目標時間の検討」が求められるため，緊急対応だけでなく，事業活動が元通りに復旧するまでの長期（数ヶ月〜1年）にわたる対応策も検討しておくべきである。

　このように，いかなる場合でも事業継続をはかっていくためには，平常時からの取り組みとして①方針の策定，②分析・検討，③事業継続戦略・対策の検討と決定，④計画の策定，⑤事前対策および教育・訓練の実施，⑥見直し・改善の定期的な実施，更には経営環境の変化に応じた発展的改善を講じていくことが重要である（経済産業省（2003））。

4. 施設管理の計画

　継続すべき重要な事業には，事業を直接的に構成する業務（製品の製造等）とそれを間接的に支える業務（経理・情報等）とが含まれる。業務を担う人命と生産を根本的に守り支えている建物・施設および設備・ライフラインの管理は，重要な業務である。これらはBCPの策定に際して優先度が高い業務として認識される。自然災害によってもたらされる施設障害は，発生頻度は低いが，広汎・長期の影響を及ぼすとともに，設備の不備による事故（短期の障害）の発生頻度が高くなる。このため，事業の再開に遅延が生じないように管理運営することが求められる。

（1）施設管理のBCP

　本社または中枢機能の拠点の現地復旧戦略として，建物・施設の被害を軽減

するための対策を講じることは最も基本的な戦略となる。このような対応は従業員等の生命・身体を守るという観点からも重要である。さらに，企業・組織の中枢機能（たとえば経営者を含む対策本部，財務，経理，人事，広報等の各部署）を機能させるために不可欠な要員や設備といった経営資源を確保するための対応も検討しておく必要がある。そこで，緊急参集及び迅速な意思決定や指揮命令系統の確保を行う体制を構築し，通信手段や電力等の設備，ライフラインを確保することは不可欠な対応となる。

　また，被害の段階毎に戦略や対策を検討しておくことは，重要かつ実践的な取り組みとなる。これは災害が発生したときに被害項目とレベル（軽微，甚大，壊滅）を正確に把握し，対応準備となる。そして，事業継続戦略（復旧，代替，撤退）と対策を講じることが可能になる（内閣府（2014））。具体的な行動は①〜③の通りである。

① 被災状況の確認
　顧客・従業員・家族の安否を確認した後には，中核事業の継続・復旧を検討するため，事業所内外の被害状況を確認する必要がある。立ち入りの安全が確認できれば，建屋・生産機械・通信機器（一般電話・携帯電話・FAX・インターネット）などの損傷状況を調べる（日本経済団体連合会（2013））。

② 事業継続への緊急対策行動
　建屋が損傷した場合，躯体・内外装の部分と程度を見極めて，その修理を建設会社に要請する。建屋の早期復旧が困難な場合は，他の場所に一時移転する。生産機械の修理・調達を専門メーカーなどへ要請する。

③ 施設・設備等の強化
　社員等の安全確保および災害発生後の円滑な事業活動の履行の前提として，施設の耐震化・免震化・制震化・不燃化・対浪化・水防化および液状化・長周期地震動への各対策，什器の固定と移動防止，ガラスの飛散防止等の安全対策

図表13-1　連携の種類と諸課題

	① 企業間連携（サプライチェーン）	② 業界内連携	③ 地域内連携
強化課題	・事業停滞要因（原材料・資材調達先被災，部品在庫と燃料不足，インフラ被災）	・生活に必須の物資，サービスの供給欠落	・被災者支援 ・帰宅困難者支援 ・工場，事務所の被害
取組概要	・自社・パートナー情報可視化 ・BCP目標のコンセンサス ・優先復旧の明確化	・部品等の標準化（競争に直結しない部分） ・BCP標準化，合同訓練	・人的ネットワーク形成 ・連携協定，共同訓練 ・地域貢献DCP策定
行政支援	・BCP策定支援　・共用設備（備蓄，情報，エネルギー）への支援 ・資材・サービスの共通規格化の推進 ・インフラ復旧　・法規制等の緩和		

出所：日本経済団体連合会（2014）をもとに筆者作成

を進めることが不可欠である。

（2）企業が取り組む3連携

　企業が取り組むべき連携には，企業間・業界内・地域内の3カテゴリーがあり，その連携強化に向けた課題は日本経済団体連合会が次のように指摘している。

　①企業間連携の取り組みでは，自社とパートナーとの間の情報の可視化，資源の戦略配置，サプライチェーンの再設計が必要である。

　②業界内連携の取り組みでは，1つの災害で同時に被災しないために，遠隔地の同業他社と協力する方法がある。相互協力協定を結び，相手方に代替供給してもらって供給責任を果たし，顧客喪失を防ぐ。事例として，被災した神戸新聞社が，協定先の京都新聞社の支援を受けて，発災当日の夕刊から発刊を再開することができた。このような連携は，平常時にはマーケティングの武器になり，成長戦略に連動する取り組みとなる。

　③地域内連携の取り組みでは，建物の耐震化や災害用備蓄の確保，自立分散型電源，共助組織（救助，医療），水・食料・避難所の提供など，自社と地域が一体となって規定した協定が挙げられる。そして，平常時の連携体制の成熟

度が災害時の対応力を向上させる（日本経済団体連合会（2014））。東京都中央区の大手建設会社の本社ビルでは，防災拠点として近隣10社と協議会を設立した。協議会では，災害時に生活用水・熱・情報の提供，人的・物的支援を行うことを想定しており，平時は定期訓練を行っている。この取り組みは環境保全や社会貢献と相まって，「京橋モデル」として確立できた（斉藤（2014））。地域内連携を推進する際は，地元住民との日頃からのコミュニケーションが大切である。阪神・淡路大震災の際には，神戸市長田区のゴム工場周辺の火災を，社員と地元住民がバケツリレーで消したという事例もあった。

（3）企業と地域の支援・連携ネットワーク

地域の被災に備えるための対応としては，防災分野における地域との協力や連携に関する協定を締結するとともに，地域継続計画（DCP：District Continuity Plan，緊急時地域活動継続計画）を策定しながら，「災害に強い産業地域」の形成を目指すべきである。大企業及び中堅企業は自社製品の製造継続が最重要課題であるのは勿論であるが，自社の復興に加えて被災地に対する物資の提供や人員の派遣も期待される。

また大企業及び中堅企業は，独自のポテンシャルが高いので，地域の住民や中小企業からは地域防災力だけでなく，救援・復旧面でも期待される。たしかに，中小企業は対災害への脆弱性を持ち，かつBCPなど準備態勢は弱い。しかし，企業ごとに「強み」もあるはずであるから，各社で資源やマンパワーなどを示し合い，非常時には融通し統合して対応する体制を作る「地域BCP」（つまりDCP）を策定しておく必要がある。これをスムーズに行うことができる環境は，地域に集積した地場産業群や工業団地にある。平常時からの施設・設備・輸送・情報等での協力体制は，非常時に向けた有効な訓練になる。

5. おわりに

BCPの策定を一企業に任せず，多数の企業を参加させるには，地域や同業

で支援策の策定が必要となる。そのポイントは①行政機関の防災対策において，BCPの意義と必要性について明確な位置付けをする，②ガイドラインやマニュアルなどを整備し普及する，③BCPの普及啓発と策定のためのセミナーを開催する，④BCP策定を支援する専門家を派遣する，⑤BCPを策定し運用する人材を育成する，⑥BCPの策定を要件とする金利や保険料を優遇する融資制度や保険商品を提供する，⑦サプライチェーン全体でBCPの策定や運用に取り組む，⑧BCP策定企業をアピールする等である。

そのために，国，地方自治体，商工会・商工会議所，NPO法人事業継続推進機構（BCAO），金融機関等が支援実施機関にならなければならない。特に，行政側は今後，①BCPと地域防災の連携に向けた行政の部局間連携の推進，②業界団体などを通じたBCPの策定・運用の促進，③防災やBCPへの認識を経営支援施策として包含，④BCP策定を官公庁の受発注において要件化，⑤BCPの策定・運用に取り組む企業の相談拠点の整備，⑥防災とBCPの取り組みに対する官民協働の体制推進，⑦取り組みに対する経営資源の確保に向けた支援等を検討しておくべきである。

また，中小企業庁が2016年に発行した『平成28年度版 中小企業施策利用ガイドブック』で提示されているように，施設・設備の共同化に向けた都市整備の手法や中小企業共同化，工場団地や共同利用施設を整備する「高度化事業」における「一区域に建物をまとめて移転する集団化事業」等の手法も検討に値する。

【参考文献】
大阪府立産業開発研究所（2010）「BCPによる防災力と企業活力の向上に向けて」
　　http://www.pref.osaka.lg.jp/attach/1949/00051733/09-117all.pdf
経済産業省（2003）「事業継続計画策定ガイドライン」
　　http://www.meti.go.jp/policy/netsecurity/docs/secgov/2005_JigyoKeizokuKeikakuSakuteiGuideline.pdf
近藤勝直他（1995）『阪神淡路大震災のもたらした経済被害と復興状況』流通科学大

学研究グループ
斎藤仁（2014）「企業間のBCP/BCM連携の強化に向けて」『RMFOCUS』Vol.49，インターリスク総研
中小企業庁（2016）「平成28年度版　中小企業施策利用ガイドブック」
　　http://www.chusho.meti.go.jp/pamflet/g_book/h28/
内閣府（2016）「平成27年度企業の事業継続及び防災の取組に関する実態調査」
　　http://www.bousai.go.jp/kyoiku/kigyou/pdf/h27_bcp_report.pdf
内閣府（2014）「事業継続ガイドライン第三版　解説書」
　　https://bosaijapan.jp/library/事業継続ガイドライン第3版解説書（内閣府）
日本経済新聞社編（1995）『阪神大震災　その時企業は―徹底検証・危機管理』日本経済新聞社
日本経済団体連合会（2013）「企業の事業活動の継続性強化に向けて」
　　https://www.keidanren.or.jp/policy/2013/014_honbun.pdf
日本経済団体連合会（2014）「企業間のBCP/BCM連携の強化に向けて」
　　https://www.keidanren.or.jp/policy/2014/010_honbun.pdf
浜口伸明（2013）「『東日本大震災による企業の震災に関する調査』の結果と考察」『RIETI』13-P-001，独立行政法人経済産業研究所

　　　　　　　　　　　　　　　　　　　　　　（大津　俊雄・李　　東勲）

第14章 流通管理

1. はじめに

　災害発生後，マスコミやSNS（交流サイト）等では避難先での「食」の問題がしばしば取り上げられる。わが国では，災害経験から家庭での災害対応が進み，地域の最小単位であるいわゆる自治会でも，公民館等には保存食や飲料水が備えられるようになった。ただ実際に災害が発生すると，これらの備蓄はわずかの時間で潰え，支援物資に依存することになる。食品は，人間の生命維持上，一刻の寸断も許されず，常になければならない。ただ，災害を何度経験しても，避難所ではこれらの輸送が滞り，逆に多くの食品で溢れてしまい，消費期限が短いもの等は，処分に煩わされるという事態も報告されている。

　他方，被災地は何らかの商品の供給地でもある。そのため供給地から使用・消費地への流通も考慮する必要がある。そこで常に流通チャネルを管理し，万一に備えて復旧・整備計画を練る必要がある。本章では，被災地の産業復興では，当該地域が供給地であり，流通の川上とする商品が多い食品を中心に，その流通管理を取り上げる。

2. 流通・物流管理概念

（1）物流概念とその活動

　学問の世界では，流通は「生産と消費の懸隔を社会的に架橋すること」とさ

れ，所有権移転，モノの物理的移転，情報移転を3本柱とし，所有権移転がその中心である。ただ流通は，「モノの移転」のイメージが強く，その輸送・保管を中心に据えることもある。

わが国での物流概念の浸透は，モノの積み上げ，積み下ろし，積み替えという，かつては人力に依存した荷役と呼ばれる作業を機械化・合理化しようとした頃に遡る。高度経済成長期には，輸送・保管するモノが急増し，荷役を効率化・標準化するためにモノを置く台（パレット）の規格を統一し，トラックの荷台幅，貨物列車のコンテナ幅等が標準化されていった。つまり，大量にモノを動かし，保管（貯蔵）体制が構築される契機となった。

物流活動は，①調達物流（原材料・部品等の購買），②生産物流（工場内等でのモノの供給），③製品物流（製品を顧客に届ける販売）がある。最近では，④回収物流（使用済コンテナやパレット，廃棄物，使用・消費で残ったモノの回収）も重要である。これらの活動を円滑に行うには，高度な管理が必要である。また物流には，包装，荷役，輸送・配送，保管，在庫管理，流通加工，物流情報管理，という活動がある。全ての製品にこれらの活動が必要なわけではないが，短時間，低コストで効率的にこれらを遂行するためには関係機関だけではなく，社会からの要請もある（石川（2013））。そこでこれら活動の効率的管理のためにICT（情報伝達技術）が使用されるようになった。

(2) 物流の効率化

物流業務の効率化には，2つの方向性がある。外部化と情報化である。

① 物流業務の外部化

物流業務は以前は商業者が行っていたが，外部化が進んだ。輸送・保管という物流業務の基幹分野では，当該業務専門業者が早期に現れ，現在では大企業に成長した。外部化は，専門機関が当該業務を担当することで低コスト化，迅速化が期待される。被災地に向けては，支援物資等を専門業者が扱うことにより，一刻を争う場面では迅速性が発揮される。一方，災害が発生すると，流通

の川上に存在する生産者（製造業者）は，生産（製造）設備の復旧・再興に時間や手間がかかり，輸送・保管活動を自社で行おうとすると業務が煩雑になる。そこで物流業務の外部化は，生産・製造活動の復旧支援につながる。また，復旧期のみ外部化した事業者も，多業務の遂行は経営資源の分散につながることを学習する。これが事業の再興過程では，外部化継続の選択につながる可能性もある。

② 物流業務の情報化

物流業務の情報化は，物的流通（物流）といわれた段階から，ロジスティクス，サプライチェーン・マネジメント（SCM）といわれる段階へ変化している。

ロジスティクスは，調達物流，生産物流，販売物流を統合的にとらえる。原材料供給から加工・販売において，パワーのある主体が流通チャネル全体を効率化するため，モノを戦略的に管理しようとする。つまり「必要なときに望ましい立地で，できる限り費用を節約し，最終在庫品及び各種原材料を配達すること（Bowersox（1974）pp.13-14）」であり，物流活動をICT等で効率化させようとする。

またサプライチェーン・マネジメントは，ロジスティクスにおいて特定のパワーのある主体の利益を第一とはせず，原材料の供給元から最終の使用・消費者に至るまで，情報を主として，最適なモノの量や位置を明確にするものである。そのため，特定のパワーのある主体の利益は前面に出ず，サプライチェーン全体での最適性，つまり全体最適を目指し柔軟で澱みのないモノの流れを形成することが第一義となる。サプライチェーン・マネジメントは，供給者から観察したモノの流れ管理である。他方，消費の多様化への対応は，速度の経済の実現を目指すため，使用・消費面での管理はQuick　Response（QR）と呼ばれる（Lowson and Hunter（1999））。

第14章　流通管理

図表14-1　ロジスティクス・マネジメントの概念図

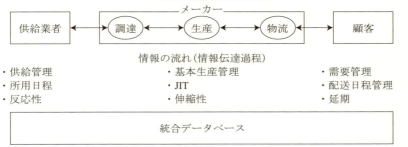

出所：Bowersox, D.J., Carter, P.L. and Monczka (1992), Materials Logistics Management, Christopher, M. (eds.), *Logistics: The Strategic Issue*, Chapman Hall

図表14-2　サプライチェーン・マネジメントの概念図

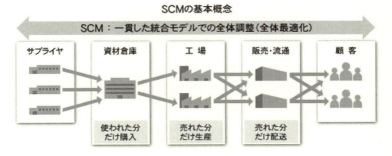

出所：http://jpn.nec.com/consult/images/vision/supply_01.gif

3. 災害発生後における事業復旧と対応

(1) 災害によるサプライ・チェーンの寸断と復旧

　災害発生後，避難所には生活物資がなかなか届かず，届いても被災者が欲しい物資がないという問題が発生した。特に東日本大震災後には，首都圏の食品

スーパー，コンビニエンスストア等では，飲料水，電池，ラーメン，トイレットペーパー等が商品棚からなくなった。他方，自動車メーカー等では部品調達ができず，生産休止に追い込まれ，サプライチェーンの問題が取り上げられた（矢野（2012））。

災害直後の物流機能は2つに大別できる。1つは緊急性を要する救援物資の輸送・保管，もう1つは産業が復興するための物流機能確保である。東日本大震災では，臨海部立地企業を中心に産業機能が停止した。サプライチェーンの寸断により，国内外の生産現場は生産縮小や停止という影響を受けた。物流拠点（ノード）である港湾も被災し，定期船航路も休止や抜港が相次いだ（山本（2012））。その後，港湾施設は復旧していったが，コンテナ取扱量の伸張は止まり，震災を契機に流出もあった（富田（1998））。一方，東日本大震災での被災港湾は太平洋沿岸に集中し，日本海沿岸の秋田港や新潟港等は被災港湾の代替となった（山本（2012））。つまり，物流拠点の分散は，リスクマネジメントになるが，競争状況の変化により，各拠点の盛衰にもつながる。

経済産業省（2011）は，東日本大震災の半年後，①被災地の生産拠点の復旧状況・見通し，②自社のサプライチェーンへの影響（調達先の被災状況，部材調達の可否等），③原材料，部品・部材の調達困難の背景，④調達困難な原材料，部品・部材の代替調達先，⑤原材料，部品・部材の調達量が確保できる時期，を調査した。素材産業の85％，加工業種の71％では製造に必要な原材料や部品が十分に確保できた（新宅（2011））。つまり，サプライチェーンの影響はかなり大きく，その優劣が被災地のその後の競争力にも影響している。

（2）平時からの災害時対応

災害後，各企業は本来機能を発揮させようとする。広域で事業を展開している企業は，災害時は自社・当該企業が属するグループによる支援での対処可能性がある。他方，特定地域だけで事業展開する企業が被災すると，自社のみで対応できず，サプライチェーンの早期回復は困難になる。後者の場合，平時の取引関係を基礎とした連携協力体制が必要になる。業界団体，協同組合，ボラ

ンタリー・チェーン本部等とは，平時から災害時の対応方法を協議する必要がある。卸売市場では，市場開設者と卸，仲卸が地理的に近接し，協力体制を組みやすい。東日本大震災，仙台市中央卸売市場では，開設者と卸，仲卸が毎朝，対応策を検討した。その結果，震災翌日から市場業務が可能となった（村上（2013））。

　震災後，企業規模によらず，企業は物流機能の確保が困難になった。トラックの手配，燃料確保ができず，物流関連施設には制約があった。関係団体には，全日本トラック協会や各都道府県にトラック協会がある。そこでトラックや燃料やドライバー等の物流資源の効率的配分では，物流関連団体が利用可能な地理的配置に関する情報を一元的に収集し，物流業者や荷主に当該情報を提供する必要がある。また，荷主同士で物流機能を確保するために輸送区間が近接する場合は，平時から共同配送の協議をし，災害時の物流機能確保を図ることも考慮しなければならない（村上（2013））。当然であるが，災害時に突然の連携対応を模索するのは難しく，平時に災害時を想定した準備をしておくことが必要である。

(3) 災害後の事業継続課題と対応

　震災被害は，広範になるため，独自策定のコンティンジェンシー・プランや事業継続計画（BCP）等のマニュアルでは対応できない。震災時に流通関係企業や団体の事業継続上の課題と災害対策の方向性については，日本経済団体連合会（2012）が整理している。

　これまで各メーカーは，生産性向上のため，工場の整理・統合や在庫圧縮，原材料・資材の調達先の選択・集中をしてきた。これが震災時には脆弱性の原因となった。生産に必要な原材料・資材を入手できなかった企業は，在庫調整や緊急対応商品を生産しようとしたが，商品包材の刷り直しで新たなコスト発生となった。これらの対応では，①製造拠点を東西2拠点化等のバックアップ策や各工場の在庫水準を上昇させるなど，原材料・資材調達先を災害等非常時の円滑な調達に複数確保する。②原材料や商品仕様の標準化・簡素化を業界単

位で進める。③災害等で原材料調達が困難な場合，JAS法や食品衛生法等の表示基準の緩和を検討すること等である。震災により，商品を構成する一部の原材料不足が発生したため，当初は商品包材を刷り直したが，迅速な供給を所轄官庁に要請し，包材を変えず店頭表示で対応した。これらの対応は多様な次元があり，関係機関との調整や協議が求められる。日常業務とはほぼ関係がないが，やはり対応準備をしなければならない。

　企業は，生産工場と同様，物流も一段の効率化のため，物流・配送センターの統廃合を進め，集約・専用化してきた。東北では，仙台中心に物流ネットワークを構築してきた。ただ震災による大規模な荷崩れ，商品破損，設備破壊，津波による浸水等のため，物流・配送センターの機能が麻痺・停止し，輸送・保管が困難になった。これらの対応では，①「集中から分散」「専用から汎用」による物流・配送センターの拠点化見直し，幹線輸送網や地域毎にセンターの設置，輸送経路も複数のバックアップ経路の確保，②倉庫や設備機能自体の強靱化を図り，倉庫内の物資保管の再検討，パレットのラップ巻き等での対応，③物流拠点の機能代替性向上策では，予備サーバーの設置，クラウド化等情報システムの多重化等がある。震災での交通網寸断では，トラック等の燃料が大幅に不足し，物資輸送に大きな障壁となり，インタンク（自家用燃料貯蔵・給油施設）の燃料もすぐ底をついた。他方，小売店舗での買占め等，需要急増で物資輸送量も増大したが，車輌やドライバー確保ができなかった。これらの対応では，①燃料不足に備え，各物流・配送センターでの必要量把握や，インタンク保有委託先情報の把握，②トラック輸送が困難な場合の代替手段（鉄道貨物輸送やフェリー輸送等）確保，③共同配送やミルクラン（1つの車両で複数発荷主を回り，配送貨物を集荷する巡回集荷）等の共同集荷を進め，複数企業を横断する輸送ネットワークを構築し，災害等では車両・ドライバーを融通する検討が必要である。

　震災直後には，小売業者や卸売業者が平時の何倍も発注し，メーカーも増産したが，買占めが一段落すると過剰在庫になった。この原因は，小売業者・卸売業者の見込み発注，メーカーの見込み生産であった。これらに対し，製・

配・販連携協議会が推進する流通BMS（Business Message Standard：メーカー・卸・小売がインターネットを活用し，商品の受発注や決済情報をやりとりする標準データ形式）の導入・拡大等，店頭での販売状況，在庫情報の可視化を進め，共有する仕組みを整備する必要がある。さらに過剰発注への対応や大量欠品データの発生を防止するため，製・配・販間での緊急時の発注ルールを構築し，情報システムを機能維持することも必要である。このようにサプライチェーンに参加する事業者は，あらゆる可能性を排除せずに非常時における対策を幾重にも準備しておかなければならない。

4. 食品流通の特殊性とサプライチェーン

（1）食品業界におけるルールと温度帯別流通

　日本の食品業界では，「1/3ルール」が存在する。これは製造日から賞味期限までを3区分し，納入，販売期限を設定する商慣行である。たとえば，製造時点から3ヶ月の賞味期限の商品は，納入期限が製造時点から1ヶ月，販売期限が製造時点から2ヶ月であり，納入期限が過ぎれば，卸売業者が返品・廃棄，販売期限を過ぎれば，小売業者が返品・廃棄する（日本経済団体連合会（2012））。他国では，アメリカで1/2，フランスやイタリアで2/3となっている。わが国では，相対的に製造年月日から小売店頭での陳列までの期間が短く，それにメーカーや卸売業者が納入を合わせてきた（上原・中（2014））。

　またわが国では，温度帯別物流が非常に発達している。特に低温食品物流は，5〜18℃（低温度帯），10〜-18℃（冷蔵温度帯），-18℃以下（冷凍温度帯）という設定温度帯を逸脱せず，食品を生産から消費まで連続して輸配送する仕組みである。国内では，食品の主要流通チャネルである食品スーパーやコンビニエンスストア等では低温食品の取扱が増え，低温物流の高度化により，給食・病院食・宅配食等の高付加価値分野で需要が増えている。さらにアジア圏でも低温食品への需要が高まり，市場は拡大傾向にある。わが国の物流業者は，誤配・遅配・破損（物流3品質）発生を減少させ，低温物流の品質管理で

世界最高レベルの水準を有している（矢野経済研究所（2015））。このように食品流通では，独特の商習慣と温度帯別物流等きめ細かな対応が求められ，その対応により競争力を維持してきた。このような技術力や対応力が，わが国の食品関連業者の優位性につながっている。

(2) 食品流通のサプライチェーン・マネジメント

　東北関東甲信越の食品メーカーと物流業者は，被災地への食品供給では，約1/4の企業が概ね1週間以上供給できず，約1/4の企業は供給はできたが，生産量や品目等の制約があった。食品不足発生の原因は，①インフラの停止による生産停止，②工場の被災による食品生産の停止，③原材料や資材・包装が調達できなかったためである。他方，調達先から商品調達ができなかったという事情もあった（村上（2013））。

　震災では，多くの食品メーカーの事業活動が困難になり，食品の安定供給が不可能となった。燃料や電気等のエネルギー供給の制約，情報通信機能の途絶が長期間にわたり，直接被災しなかった食品メーカーも震災の影響により，事業活動の回復が遅れた。これらは調達，生産，輸送，販売の各局面で，集約化等により，効率性を追求してきた反動であった。そのため，平時の生産性を維持し，不測時に備え，物流システム等での複数のバックアップ体制の検討等，災害時にも機能する食品サプライチェーンの構築も議論されるようになった。これらの課題対応は，事業者，業界等，行政により異なる。①事業者は，事業活動の持続性を高め，効率性追求とバランスをとり，リスク分散を図る必要がある。BCPは大震災を踏まえて見直し，未策定事業者は速やかに策定する必要がある。また，製・配・販体制の見直しや本社機能の分散等の補完体制構築，非常時を見越した調達先の多角化やサプライチェーン全体での適正な在庫配置・確保等の検討が必要である。②業界等は，包材等に関する標準化・規格化の検討から，サプライチェーンを総合的に捉えた緊急連絡体制整備，在庫を融通する協定締結の検討に積極的に取り組む必要がある。③行政は，業界内等の連携だけで解決不可能な課題は，平時から不測事態を想定し，食品表示の規

制等を検討する必要がある。特に複数県に跨がるバックアップ体制構築等，食品のサプライチェーン対策を推進し，不測事態への情報提供・緊急連絡体制を強化する（農林水産省（2012））。つまり，食品流通に関わる各主体が各視点から非常時を見据え，他主体との連携を目指す必要がある。

(3) 食品流通における災害対応

農林水産省（2012）は，災害に強い食品流通のため，5つの方向性を提示している。①物流拠点機能では，物流拠点の強靱性向上（施設の地震・津波対策/情報システムの強靱化，エネルギー/ライフライン途絶時の機能維持），物流拠点機能の代替性向上（自社物流拠点間や多様な企業間の代替性確保/情報システムの多様化/物流拠点の多元/分散化）がある。②物流インフラでは，交通インフラ（強靱性・代替性向上），輸送サービス（災害時の燃料確保や供給体制構築/各企業による燃料備蓄の促進/異なる輸送モード間での代替性確保等），社会インフラ（情報通信網の強靱性等確保/適正なエネルギー供給確保，物流拠点集積地域での共同利用可能な機能確保，災害対策関連技術の開発促進）がある。③食品流通事業環境整備には，適正な在庫量確保（提供可能な支援物資に関する情報共有，1/3ルール等の日付管理等の商慣行見直し），災害時の適正な食品流通確保（包括的・省庁横断的な災害対応レベルの策定・導入，各種規制の弾力的運用への検討/適時・適切な情報発信，包装資材等の互換性確保や標準化推進等），関係主体間の連携確保（緊急連絡体制整備や連携体制推進）がある。④BCP，事業計画管理（BCM）では，各企業・府省庁等のBCP策定・見直し推進，BCPの円滑・適切な運用に向けた意識啓発・習熟訓練推進，中堅・中小企業へのBCP・BCM推進の促進・支援がある。⑤産業復興と一体化した食品流通の再構築では，流通・物流機能の早期復旧，6次産業化推進に必要な物流・情報システム構築等，放射性物資による農林水産物等への汚染問題対応がある。これらは主に行政の取り組み課題であるが，事業者と業界が相互に連絡を密にしながら進めることが肝要である。

他方，大手食品メーカーでは，2015年2月，味の素，カゴメ，ミツカン，

日清オイリオグループ，日清フーズ，ハウス食品グループ等が，効率的で安定した物流力確保と食品業界全体の物流インフラの社会的・経済的合理性追求のため，理念を共有する食品メーカーが参画できる「食品企業物流プラットフォーム（F-LINE）」構築に合意した。これまで当該業界では，物流体制が企業毎に個別化し，業界全体で課題解決する体制がなかった。そのためにこのプラットフォームは，業界全体で食品業界とそのサプライチェーン全体の発展に資する効率的・安定的な物流体制実現による物流品質の向上を目指すものである。各企業は，ドライバー不足，行政の指導強化の取り組み等，物流環境の激変に対応し，環境対応等の社会的責任を果たそうとしている。具体的にはドライ品（常温保管商品）の6社共同配送を検討し，物流拠点の共同利用，高密度エリア配送を通じて，輸送効率向上を図ろうとしている。また，長距離幹線輸送の再構築，物流システム（受注基準，納品基準等）の標準化の検討も進めることとしている（日清製粉グループ（2015.2.2）プレス発表）。

（4）小売流通局面での対応

大手小売業は，震災を契機に非常時でも柔軟に対応可能な物流体制を構築しようとしている。イトーヨーカ堂では，店舗に必要な商品を1ヵ所の物流センターから供給可能にした。それまでは食品，日用品，衣料品の各カテゴリ別に物流センターを設置していた。これは特定の物流センターが被災すると当該カテゴリーの商品供給が行えない可能性があるため，全3カテゴリーを扱う物流センターを設置し，1ヵ所が被災しても，周辺の物流センターが補完できる体制とし，その後，首都圏の常温物流センターを10ヵ所から5ヵ所に再編整備している。また，東北や関西等6地域でも同様に，組織の枠を越えてグループ企業や提携先との水平的な協働体制の構築を進めている。東北地区ではヨークベニマル，北地区で2013年にはダイイチとの物流面での統合に向けて始動している。

イオンでは，大震災を契機とし，被災した物流センターの担当エリアには，近隣から商品供給できる物流機能の代替性を強化している。各地域で在庫を持

第14章　流通管理

たないXD（Cross-Docking Center：在庫機能を持たず，店舗に供給する商品の荷受け，店別仕分け，店舗への配送を担当）にRDC（Regional Distribution Center：在庫機能を持ち，担当エリア店舗に供給する高回転商品の保管と出荷を担当）の代替機能を持たせている（木島（2014））。このように大手小売業でも効率性を追求してきたこれまでの姿勢から，災害時に備えた動きの変化が随所に見られる。

5. おわりに

　本章では，震災復興のための流通管理を中心に取り上げた。まず，災害発生後の食の問題が大きいため，まず被災地への食品供給の側面を取り上げた。そして，日本全国あるいは海外へも食品が供給されており，被災地が供給地という側面から，そのサプライチェーンの復興と，万一に備えたサプライチェーンの構築・整備について取り上げた。これまで被災地へ食品を中心とした物資を届ける経路については取り上げられることが多かったが，被災地の事業者・企業が，自らの製品を市場へと送り届けるという側面を取り上げることは極端に少なかったように思われる。

　災害復興には，被災地に立地する企業が，自らの力でまた「稼ぐ力」を発揮することが重要である。そのためには，災害以前と同様にサプライチェーンを整備し，できる限り早く災害以前のように物流を機能させることが必要である。これまで「選択と集中」というスローガンの下，可能な限り物流拠点をまとめ，そこに物資を集中させることが競争優位につながると信じられてきた。しかしそれは災害以後，その脆弱性が露呈された。そこで災害に学び，その状況に合わせて柔軟に変更できるサプライチェーンの構築こそが，よどみのない物流体制を再構築するには重要であることを学んだのである。

ケースに学ぶ サプライチェーン震災

　「風が吹けば桶屋が儲かる」という諺は，ある事象が発生することで，一見すると全く関係がないと思われる場所や機関に影響が及ぶことの喩えである。サプライチェーンはまさにそのようなものである。東日本大震災から1ヶ月以上経っても，全国的に「納豆」の品薄が続いた。その原因は，コンビナートが被災したことによる。鹿島コンビナート（茨城県）が被災し，石油を原料とする包装材料の生産が停止した。それは最近の納豆の容器は，この石油由来の包装材料が使用されているためである。特に国内では，代替が難しい原材料が包装材料として使用されていた。

　「おかめ納豆」のブランドを有するタカノフーズ（茨城県小美玉市）は，被災した同県内の2工場で震災後2週間で出荷を再開した。当時は，1日の生産量が震災前の6割にとどまった。納豆の主原料である大豆は十分にあったが，容器の外に巻くパッケージ用のフィルムや，納豆の乾燥を防止するために容器の内側に使用する薄いフィルムが不足し，生産量が震災前の水準に達することがなかった。これらのフィルムは，ポリプロピレンやポリエチレンが原料として使用されていた。これらは千葉県市原市のプラントや鹿島コンビナート，さらに加工を手がける合成樹脂メーカーが被災したため，供給が極端に減少した。

　納豆以外でも，ポリプロピレンを使用していたのは，ポテトチップスなどの袋に使用されるアルミ蒸着フィルムであり，やはり2011年春には湖池屋は，発売予定であった商品の発売を延期した。このような事例は，他にも数多く報告されており，パッケージの不足により，減産を余儀なくされた商品は多い。本体の商品は生産が可能であっても，その商品を包装する材料は，やはり当該商品を生産している近隣で製造されていることが多い。その場合，サプライチェーンを複数有しているかが重要となる。

　当初の「風が吹けば‥‥」の話ではないが，供給源を起点とし，完成品を最終使用者・消費者へと届けるチャネルの可能性を常に考慮に入れる必要がある（日本経済新聞2011.4.29付を参考に作成）。

【参考文献】

Bowersox, D.J. (1974) MacMillan Publishing, New York

Bowersox, D.J., Carter, P.L. and Monczka (1992) Materials Logistics Management, Christopher, M. (eds.), *Logistics: The Strategic Issue*, Chapman Hall

Lowson, B. and Hunter, A. (1999) *Quick Response: Managing the Supply Chain to Meet Consumer Demand*, Wilkey

石川和男（2013）『基礎からの商業と流通（第3版）』中央経済社

上原征彦・中麻弥美（2014）「流通革新が食品ロス削減を進める」『AFCフォーラム』2014.12, pp.7-10

木島豊希（2014）「大手総合スーパーに学ぶ商品物流の革新」『AFCフォーラム』2014.12, pp.3-6

新宅純二郎「サプライチェーン再構築の道（上）―競争とリスク対応両立」日本経済新聞，2011年6月21日

田村正紀（2001）『流通原理』千倉書房

富田昌宏（1998）「震災による港湾物流の変化」『国民経済雑誌』177巻第5号

日本経済団体連合会（2012）「強靱な流通サプライチェーン構築に向けて―3.11東日本大震災からの教訓」（報告書）pp.1-15

農林水産省（2012）『災害に強い食品のサプライチェーン対策について』資料6-1

村上隆（2013）「災害時における食品供給機能の強化について」『平成25年度生鮮取引電子化セミナー講演録（抄出版）』pp.1-8

矢野経済研究所（2015）『低温食品物流に関する調査結果2015』矢野経済研究所

矢野裕児（2012）「東日本大震災での緊急救援物資供給の問題点と課題」pp.11-15

山本裕（2012）「震災復興と物流―海運・港湾を中心として」『アジア評論』第4号，長崎県立大学東アジア研究所，pp.11-20

（石川 和男）

地域と連携したメディアシステムの構築を目指して

1. はじめに

　東日本大震災発災時において，情報は著しく錯綜した。被災地の中でも震災直後の人的被害がもっとも大きかった宮城県石巻市では，市内のほぼ全域において停電が発生し，テレビをはじめとした主要メディアは情報伝達の役割を果たすことが困難になった。その中にあって，石巻圏域のエリア誌である石巻日日新聞社では，記者たちが後に「壁新聞」と呼ばれる手書きの新聞を制作して情報を伝えた。また，石巻のFMラジオ局（コミュニティFM）であるラジオ石巻は臨時局を開設し，安否情報の提供を行った。被災地の外では，発災直後からインターネットの動画配信サイトでNHKのニュースを共有して配信するなど，既存メディアと連携して情報を伝えた。また，Twitter，Facebookなどの Social Networking Service（SNS）によって，真偽の程はともかく，既存メディアでは及ばない速度で情報がインターネット上を駆け巡った。

　災害時の被災地においては，平常時の情報伝達手段が機能しなくなる可能性が高い。それでもなお，被災者や地域住民に対して安否情報などを迅速に，高い精度で伝達しなければならない。そのためには，平常時から地域および地域メディアと連携した情報管理・伝達体制を整えておく必要がある。本章では，その体制の構築を目指して行われた石巻専修大学の取り組みを取り上げる。第2節では，災害時における情報のニーズと効果的なメディアについて述べる。

第15章　地域と連携したメディアシステムの構築を目指して

第3節では震災後に着手した石巻専修大学の取り組みを紹介し，第4節ではその取り組みによる成果と今後の課題について述べる。

2. 災害時における情報伝達

(1) 情報ニーズとメディア

　災害発生時には，何が起こったか，被害状況はどうかといった情報よりもまず，家族や友人の安否を確認することが切実な問題となる。図表15-1は東日本大震災後の被災者の情報ニーズを示している。図表15-2はその情報を得るために役立ったメディアを示している。図表15-1によると被災者が知りたかった情報の中でも，「安否情報」はもっとも多く挙げられた情報である。これは東日本大震災の発生時刻が昼の時間帯であったため，家族や友人と離れていた人が多かったためであると考えられる。それに対し，家族と一緒にいる時間帯の早朝に発生した阪神・淡路大震災における安否情報のニーズは，神戸市で47.8％，西宮市で46.8％となっている（廣井（1996））。

　図表15-2によると，被災者が最も役立ったメディアと回答したのはラジオが突出して高い。そして，口コミを除けばラジオに次いで高いメディアは新聞である。石巻にはラジオ局（ラジオ石巻），新聞社（石巻日日新聞，石巻かほく）ともに地域に根ざしたメディアがある。これらのメディアの動きはどうだったであろうか。この状況は，鈴木（2012），石巻日日新聞社（2011），河北新報社（2011）に詳しい。石巻日日新聞，ラジオ石巻は，3月11日の津波被害を受けた後にその機能が停止したが，石巻日日新聞は翌12日から号外を手書きで発行し情報を伝え，ラジオ石巻は13日から石巻市役所，日和山公園に特設スタジオを設けて情報を伝えた。石巻市では発災直後からしばらくの間，電気，電話，インターネットなどの情報伝達のためのインフラは利用できなくなったが，これら地域メディアからの情報は被災者にとって心の拠り所になったことは想像に難くない。

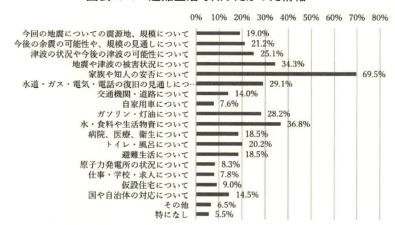

図表15-1　避難生活で知りたかった情報

出所：福田（2012）

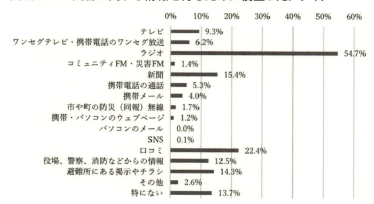

図表15-2　災害に関する情報を得るために役立ったメディア

出所：福田（2012）

(2) 課題

　サーベイリサーチセンターが行ったアンケート（サーベイリサーチセンター（2011））によると，地震発生から津波が押し寄せてくる間に，過半数の人が

第15章 地域と連携したメディアシステムの構築を目指して

図表15-3 災害の段階と必要な情報

災害の段階		平常期	警戒期	発災期	復旧・復興期
対策・目的		予防対策	準備	応急対応	復旧・復興対策
必要な情報	住民	啓発情報	予警報, 災害因	災害因, 避難勧告, 行動指示, 被害情報, 安否	生活情報, 行政の災害対応
	組織	被害想定, 防災計画, マニュアル	災害因, 被害予測, 要員招集	被害情報の収集・伝達, 要員招集, 安否, 他機関への応援要請, 他機関との活動調整	ライフライン等の復旧情報, 対応策の広報

出所：田中・吉井編（2008）

図表15-4 情報の種類とメディア

	情報	メディア
組織に必要な情報	被害情報	119番通報, 携帯電話・スマートフォン, 固定電話, 防災行政無線, 消防救急無線, 地域防災無線, MCA無線, 衛星携帯電話, 災害時優先電話, FAX, 地域公共ネットワーク, ヘリコプターテレビ伝送システム, 各種観測網, テレビ, テレビ電話, 携帯メール
	職員招集・安否	携帯メール, ウェブ
	ライフライン	固定電話, 地域防災無線
住民に必要な情報	避難関連情報	防災行政無線, Jアラート, テレビ（ワンセグ・データ放送）, ラジオ, CATV, コミュニティFM, サイレン, 口頭, 緊急地震速報, 携帯メール, Call Broadcast Service, データベース
	生活情報	行政広報誌, ホームページ, 新聞, ミニコミ, CATV, コミュニティFM, テレビ（ワンセグ・データ放送）, ラジオ
	安否情報	固定電話, 携帯電話, メール, 災害用伝言サービス, データベース, 新聞
	事前啓発情報	ハザードマップ, ダイレクトメール, ホームページ, テレビ

出所：田中・吉井編（2008）

大津波警報を防災無線の屋外スピーカーを通じて聞いたという。しかし，大津波警報を認知してすぐに避難行動に移ったかというと，必ずしもそうではなかったことが人的被害の拡大状況から窺うことができる。警戒はしたものの避難の必要性を感じなかったという人も多かったのであろう。また，大災害における防災無線による情報伝達の在り方を考えさせられる人的被害も発生した。宮城県南三陸町で防災放送を担当していた職員が，防災対策庁舎で津波警報の

放送中に津波で流され，行方不明となった。地域住民に避難を呼びかける最中の出来事である。このような悲劇を繰り返さないためにも，情報伝達の手段を構築し，更新していかなければならない。

図表15-3は災害からの時間が経過とともに変化する情報の種類をまとめたものである。図表15-4はこれらの情報を伝達するための主なメディアをまとめたものである。

現在は復旧・復興期と平常期の中間期であると言えるであろう。これからさらに時が経てば，情報伝達の手段と必要とされる情報の種類はまた変化していく。その変化に伴って，伝達する手段を整備することや具体的な防災対策に結びつけていくことが重要になるのはもちろん，人々へ情報を効率的に周知する手段を確立することは非常に重要な取り組みとなる。東日本大震災後のインターネット上に広がった情報のように，多種多様な情報が溢れる中で，重要な情報が見逃されないようにするためには，地域やそこに住む人にとって必要な情報だけをカスタマイズして伝達することが求められる。この問題意識の下に創られたのが，第3節で紹介する「いしのまきワンセグ」である。

3. 石巻専修大学での取り組み

（1）いしのまきワンセグ

情報を取得するための主要なメディアは，平常時においては，テレビ，インターネット，携帯電話・スマートフォンのメールやコミュニケーションツールが主役となっているが，これらは非常時において主要なメディアとなりえない。災害時にはそれぞれのメディアにとって思わぬ障害が発生する。東日本大震災においては，停電によって電気が失われた。これにより，テレビ，インターネットは機能停止に陥る。電気が失われても環境によっては携帯電話・スマートフォンの回線は稼働する可能性がある。しかし，安否確認のために携帯のメールが利用可能だとしても，普段メールを使わない高齢者などに対してはこれらが有効な手段になるとは言えない。また，避難勧告を防災無線で伝えた

第15章 地域と連携したメディアシステムの構築を目指して

としても,大雨の時には屋外スピーカーの音が聞こえない。このような場合,個別無線機が有効だが,地震の時には外に出る住民が多いので屋外スピーカーが有効になる。震災後の情報伝達の際に適したメディアは被災時の状況によって異なる。

　単独でどの状況においても機能するメディアは,少なくとも現在までのところ存在しないと言っても過言ではない。構築しなければいけないのは,災害が発生し,停電が発生しても利用可能なシステムである。システムとは何もハード面だけを指すものではない。災害に対して頑健なハードを導入しようとするならば,相応のコストがかかる。そのようなコストをかけることができない場合は,既存の環境を用いたソフト面でカバーすることが求められる。その1つの方法がメディアミックスである。そこで本節では,災害対応のメディアミックスの1つの形を確立するために試験的に着手した石巻専修大学の取り組みを紹介する。

　石巻専修大学は,2012年7月にエリアワンセグ放送を行う地上一般放送局の免許を取得し,2012年8月に学内エリアワンセグ放送局「いしのまきワンセグ」を開局した。エリアワンセグ放送とは,微弱な電波の出力による放送で,携帯電話やカーナビなどの機器で視聴できるワンセグ放送のことである。通常のワンセグ放送と違って,「エリア」と名のつく通り,限られた,小範囲な地域の中でのみ受信できる。

　事業の着手に際しては,このエリアワンセグとどのメディアをミックスするかが1つのテーマであった。ひとえにメディアミックスと言っても,何と何を掛け合わせれば効果的なのかを考えなければならない。そこで注目したのがラジオである。図表15-2で示した通り,ラジオは災害時においても被災者のニーズに合った情報を伝達する能力にすぐれている。石巻では,ラジオ石巻が平常時から地域に根ざした情報を提供している。非常時においても,ラジオ石巻は震災の翌々日から安否情報などを伝えはじめ,多くの被災者の支えとなった。

　ラジオ石巻のようなコミュニティFMは,外出先ではカーラジオ以外で聴取するケースは多くない。外出先でも携帯ラジオを持ち歩く人は多くはないだろ

うが，携帯電話・スマートフォンの普及率が9割を超えている現状において，多くの人は屋内，屋外問わずそれらを手元に置いている。所有する機種がワンセグ対応であればワンセグ放送は視聴することができる。また，放送する際には，放送拠点と電気を確保することが求められるが，放送拠点となる石巻専修大学のキャンパスおよび敷地は内陸に位置するため地震や津波の被害が軽微であった（石巻専修大学（2012））。また，学内に設置されたスタジオは，非常時でも大学の自家発電機により電力を確保することが可能であり，エリアワンセグ放送を継続することができる。

このような背景から，エリアワンセグ放送とラジオのメディアミックスを図りつつ，平常時においては放送を通して地域情報を提供するとともに，非常時の際は災害情報の発信拠点として機能させる体制を構築することを計画した。そして，2012年10月に，石巻専修大学とラジオ石巻の共同体制で番組制作と放送を開始した。このような対応により，平常時においてはラジオ石巻の可聴範囲も含めて情報提供が可能となった。その後，約2年にわたり放送を継続し，2015年3月にエリアワンセグ放送局としての役目（試験事業）を終えた。

（2）開設までの流れといしのまきワンセグの特徴

石巻専修大学に初めてエリアワンセグ放送に関する紹介と提案が寄せられたのは，2012年2月のことである。このとき既に，隣接自治体である女川町ではエリアワンセグ放送が実験運用されており，石巻市にも同様の運用可能性が示されていた。石巻専修大学に提案があったのは，もう1つの理由がある。同一法人である専修大学で先んじてエリアワンセグ放送の実験局免許（「かわさきワンセグ」）が取得され，メディアを通じた地域活性化の研究活動が行われていたためである。

宮城県では震災の影響により他地域よりも1年遅れの2012年4月に地上波デジタル放送に完全移行されたが，この対応により，アナログ放送で利用していた電波枠が空白地帯（ホワイトスペース）となった。そして，ホワイトスペースを利用したエリアワンセグ放送について，放送免許の申請が始まろうと

第15章 地域と連携したメディアシステムの構築を目指して

図表15-5 放送局同士の連携体制

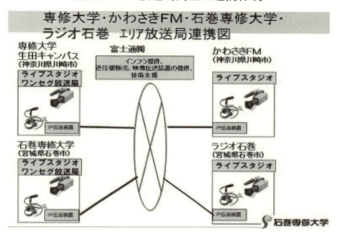

出所：石巻専修大学

していた。

　2012年4月からの免許の申請は全国で一斉に行われるものであり，申請すれば東北地方の大学としては初の申請ということになる。このような状況のもとで3月に大学としてエリアワンセグ放送の免許を申請することになった。

　地上一般免許の申請後，まずは予備免許が発行される。この予備免許が有効な期間中に無線局の工事を行い，落成検査を受ける必要がある。アンテナの設置，送信機の設置場所を決めておき，装置の搬入，必要な工事を済ませた後で試験的に電波を送信し，電界調査を行う。電界調査は電波法の原則として混信が生じないようにするために行われ，エリアワンセグ放送の放送範囲に入っている近隣の民家等において混信の発生の有無を調査するものである。その調査の結果，設備面や放送範囲に支障を来さないことが東北総合通信局に報告され，本免許が7月に東北総合通信局より交付された。

　いしのまきワンセグの大きな特徴は東北の大学に初めて設置されたエリアワンセグ放送局となったことだけではなく，図表15-5が示すように，石巻専修大学のいしのまきワンセグ，専修大学のかわさきワンセグ，かわさきFM，ラ

ジオ石巻の4つの放送局をインターネット回線で繋いだ連携体制にある。これにより，平常時の運用において4元中継を行うことや，互いの様子をモニタリングすることなどが可能になった。

　もちろん電気が供給されない場合は，インターネット回線が失われると同時にこの環境は失われてしまう。だが，ハード面にだけ頼った連携ではなく，平常時にソフト面でも十分に連携をとっておくことで，非常時の対応が可能となる。現在もラジオ石巻と石巻専修大学が共同体制で継続的にラジオ放送を制作できているのも，この連携が機能しているからである。

（3）他エリアワンセグ放送局との比較
① 南相馬市におけるエリアワンセグ放送

　福島県南相馬市では2011年の7月にすでに実験試験局としての運用を開始していた。南相馬市では震災直後から東日本大震災で被災した住民や原発事故により避難した住民に対する地上デジタル放送方式による防災関連情報等の伝達可能性を検証するための実験を行う構想が立案されていた。そして，2011年7月に東北総合通信局より免許が交付され，「みなみそうまチャンネル」という名称で開局した。被災地向けのテレビ放送局が開局するのは日本初である。同局の放送は，フルセグ，ワンセグとも映像部分とデータ放送部分で構成されている。基本的には平時の運用のみであり，「みなみそうまチャンネル」では南相馬市から転出した人を呼び戻すことも目標にしている。

　2013年には地上一般放送局に移行した。その予備免許の時点で放送エリアを拡大させ，本格的な設備を利用しての運用を行っている。2016年1月にライブ配信は終了したものの，現在もエリアを拡大しながら放送を継続している。被災地自治体が主体となったエリアワンセグ放送の中でも継続して運用を行っている代表例である。

② 専修大学におけるエリアワンセグ放送

　専修大学におけるエリアワンセグ放送は2011年4月にホワイトスペース特

第15章　地域と連携したメディアシステムの構築を目指して

区を利用して総務省より選出されたことから始まる。同年5月に実験局免許の申請を行い，7月に落成検査に合格して免許を取得した。そして，8月に「かわさきワンセグ」としてワンセグ実験放送を開始した。

　専修大学のエリアワンセグ放送の大きな特徴は無線設備の設置場所ではなく，移動範囲を指定している点である。移動範囲を指定することで範囲内の決められた場所に送信機を移動して放送することができる。

　2013年4月には地上一般放送局の免許を取得したが，2015年にエリアワンセグ放送局としての役目を終え，インターネット放送局としての活動に移行した。

③ 石巻専修大学におけるエリアワンセグ放送

　東北初のホワイトスペースを活用した地上一般放送局となる石巻専修大学の申請に対し，予備免許が2012年5月に，本免許が7月に東北総合通信局より交付された。

　大学のキャンパス内の構成図は図表15-6の通りである。送信用のアンテナは講堂の真上の位置までケーブルを延ばし，屋上の縁から仮設住宅団地方向に向けて設置した。石巻専修大学は全体としてフラットな建屋が集合しているため電波が到達するか否かが心配されたが，一部を除きほぼ大学全域で受信できることがわかった。

　東日本大震災の直後の際には，広大なキャンパスを持つ石巻専修大学に避難してきた市民が数多くいた。しかし，メディアが機能を停止し，情報は大学職員から伝えられる市内の様子のみとなり，文字通り陸の孤島と化していた。

　先述した通り，学内のスタジオは，非常時でも大学の自家発電機により電力の確保が可能である。そして，携帯電話・スマートフォンなどワンセグ放送が受信できる端末があれば，電話やメール，インターネットができなくても，情報伝達が可能となる。当時，紙のみで行っていた安否情報が，映像，音を通して伝えることができるようになる。

　石巻専修大学を除いたエリアワンセグ放送は当初は実験局として運営されて

図表15-6　ネットワーク全体構成図

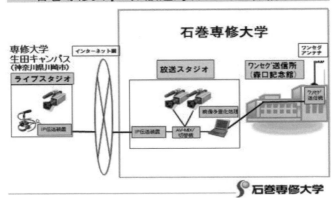

出所：石巻専修大学

いたのに対して，石巻専修大学に対しては当初より地上一般放送局として免許が与えらた。その後，みなみそうまチャンネル，専修大学と同様に地上一般放送局として免許を取得している。

　また，石巻専修大学と専修大学は，学生たちが主体となり，自主的に番組を制作している点も特徴的である。地方の自治体で行われているエリアワンセグ放送は業者が請け負う形が多く，自主制作を行う機会は少ない。それと比較して大学においては番組の制作スタッフとして学生を起用することができる。このような体制は大学が地域メディアとしての役割を果たす上においてメリットの1つとなるであろう。

4. おわりに

　本章では災害時における情報に関する議論と石巻専修大学における取り組みについて述べてきた。

　筆者（舛井）らは，いしのまきワンセグを通じて，東日本大震災で打撃を受

第15章　地域と連携したメディアシステムの構築を目指して

けた石巻の復興の様子を，地域に寄り添いながら配信，蓄積してきた。放送の実績を積み重ねていくことで，石巻専修大学と地域，地域メディアが信頼関係を深めていくことにつながる。石巻日日新聞（2011）は，苦難の中にあっても手書きの「壁新聞」を発行し，この対応はジャーナリズムとしての高い評価を得たが，それは逆に非常事態への備えが甘かった証拠であると同社の関係者は述べている。非常時には，たとえ電源がなくとも，予備の電源でしっかりと情報を伝達・受け取りできる仕組みが必要である。また，地域メディアどうしが連携して対応し，地域に必要な情報を提供する体制を構築することが重要である。この観点から，石巻専修大学の取り組みは，地域を活性化させるためにエリアワンセグ放送を軸にしたメディアミックスを図るだけでなく，地域の情報提供体制をより強固なものにしたと言えるだろう。

いしのまきワンセグは2015年3月に放送局としての機能を終えた。機材の調達を大学だけで継続して行うことが難しくなったこと，また専修大学と石巻専修大学が技術提供を受けていた企業がエリアワンセグ放送において商業的な見込みが立たないと判断し，事業から撤退したことが主な要因である。いしのまきワンセグの放送期間は2年半，放送回数は100回を超えた。毎週決まった時間にこれだけの回数の生放送を続けることは，一般のテレビ局等と比較しても遜色はない。独自に番組を制作することに成功していたことから，マンパワーの管理において成功していたと言える。しかし，コストの面に関してかなり困難な状況であった。これは地域メディアが抱える大きな問題の1つである。今後，災害にも対応できるメディアとしてエリア放送を考えていく際には，採算に合う形で地域の番組を制作していく仕組みを，住民とともに構築していかなければならない。

最後に，いしのまきワンセグの現在について触れたい。放送免許を返納した後も，制作機材が残ったため学生たちは石巻地域のための番組制作を続けている。そして年を経て，学生たちの代が変わったものの，今も学生たちの声は石巻の人々に届いている。これからも引き続き新しい形の地域メディアを探究し，構築していきたい。

【参考文献】

石巻専修大学（2012）『東日本大震災 石巻専修大学報告書』石巻専修大学

石巻日日新聞社（2011）『6枚の壁新聞 石巻日日新聞・東日本大震災後7日間の記録』角川SSC新書

遠藤薫（2012）『メディアは大震災・原発事故をどう語ったか 報道・ネット・ドキュメンタリーを検証する』東京電機大学出版局

河北新報社（2011）『河北新報のいちばん長い日 震災下の地元紙』文藝春秋

サーベイリサーチセンター（2011）『宮城県沿岸部における被災地アンケート調査報告書』株式会社サーベイリサーチセンター

http://www.surece.co.jp/src/research/area/pdf/20110311_miyagi.pdf

鈴木孝也（2012）『ラジオがつないだ命 FM石巻と東日本大震災』河北新報社

田中淳・吉井博明編著（2008）『災害情報論入門』弘文堂

廣井脩（1996）「阪神・淡路大震災と災害情報」東京大学社会情報研究所「災害と情報」研究会編著『1995年阪神・淡路大震災調査報告（1）』東京大学社会情報研究所

福田充（2012）『大震災とメディア 東日本大震災の教訓』北樹出版

舛井道晴・湊信吾（2016）「地域活性化を目指したメディアミックスに関する研究」『石巻専修大学研究紀要第27号』石巻専修大学

松本恭幸（2016）『コミュニティメディアの新展開』学文社

湊信吾・益満環・舛井道晴（2014）「大学におけるエリアワンセグ放送の可能性」『石巻専修大学経営学研究第24巻第2号』石巻専修大学

湊信吾・舛井道晴・益満環（2015）「いしのまきワンセグの将来性」『石巻専修大学研究紀要第26号』石巻専修大学

宮城県（2012）『東日本大震災における国，県，市町村の対応』

http://www.pref.miyagi.jp/pdf/kiki/11shiryou1.pdf

（舛井 道晴）

第16章 リスクマネジメント

1. はじめに

　東日本大震災以降，企業の中では，自然災害と危機が起きてもそれ以前の機能を維持しながら効率的に回復する力，いわゆる「レジリエンス」が注目されている。リスクからの回復に役立つよう，レジリエンスの高い組織と環境つくりが必要であると考える大企業，そして中小企業が増えている。

　本章では，自治体の利害関係者である地元住民と企業との情報を共有する過程におけるリスク・コミュニケーション体制のあり方について検討する。ここでは組織内において，責任者の意思決定によるレジリエンスの高い組織と企業文化づくりが重要となる。また，組織のトップである経営者には，リスクの認識に基づくリスク評価能力やリスク対応への意思決定の能力等の資質がそなわっていることが重要であることについても言及する。

　そして後半では，自然災害リスクの緊急事態に備えてBCP（事業継続計画）の見直しを進めている企業が増えている中，地域基盤産業として中心である中小企業のあり方についても検討する。

2. 組織におけるレジリエンスの意識を高めるための体制

（1）リスク・コミュニケーションの必要性

　日本は地震を含め，自然災害によるリスク指数が世界的にも極めて高い国で

ある。実際，自然災害リスク指数の国際比較においては，日本が世界一自然災害リスクの高い危険な国であるとのデータがある（上田（2016）p.31）。

　当然ながら各自治体は，災害リスクの防災対策としてマニュアルを作成し，地域住民への情報提供のためにこれまで以上に事前に災害対応マニュアルを見直し，再作成する必要がある。

　従来の防災対策のように，個々の災害対応を網羅的にマニュアル化したものは，災害時にはあまり機能しない。日常の平穏な状況の中で危機管理対策を検討すると，どうしても目の前，身の周りの安定的な諸機能や状況が前提とされる可能性が高い（大矢根（2010）p.48）。つまり，日常を念頭においての危機管理体制の整備はほとんど役に立たないということである。

　そこで自治体が提供している防災マニュアルをうまく作動させるためには，まず普段から隣人同士のコミュニケーションを通じた信頼関係を構築し，加えて自治体と地域住民との間においても信頼関係を構築することが重要となる。また日常生活の中での隣人同士のネットワークの形成は，非常事態が発生した時には，お互いに助け合うことに結びつく。

　他方，地域住民は，自然災害リスクのマネジメントのすべてを自治体に委ねるのではなく，巨大な自然災害による被害に備え，まずは隣人同士の日常のコミュニケーションを基盤とし，これにより醸成された信頼による協力体制の構築が基本となるだろう。

　実際，最近の動向として隣人との普段からの付き合い，いわゆる交流がなくなることで，相互の信頼感も低下する傾向が明らかになっている。その結果，自然災害におけるリスク情報の共有や情報ネットワークが断絶するという問題が生じ，隣人同士の相互の助け合い（共助）ができなくなる可能性が高くなる。

　図表16-1に示した通り，リスク情報を十分に共有し，リスクマネジメントを行うためには，送り手と受け手との双方向の情報交換の過程を重視しなければならない。それに，これまでの自然災害では，自治体，地域住民，地元企業，そして専門機関の三角形における相互のコミュニケーションの大切さが浮

第16章　リスクマネジメント

図表16-1　リスク・コミュニケーションの考え方

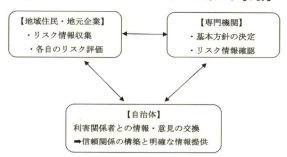

出所：筆者作成

き彫りにされてきた。

　したがって自然災害リスクのマネジメントにおいて重要になるのは，リスクの受け手は，相互に情報交換しながら協力して問題に対応することであるといえよう。そして自然災害リスク情報の共有の問題について，リスクマネジメントの視点では，リスク・コミュニケーションとして捉え直すべきである。これは単なるコミュニケーションではなく，非常時にはまずその生命を救うためのコミュニケーションとなる。この意識を三者はそれぞれに認識すべきである。

　結局，リスク・コミュニケーションは，リスクマネジメントの過程を有効に機能させるためには必ず必要になるプロセスである。またリスク・コミュニケーションが円滑にできるためにはお互いの信頼関係の構築をすることが求められ地域住民ができるだけ早い段階から災害時の相互の連絡方法などの決定に参加することも必要である。このように早い段階で地域住民の参加を実現していくためには，情報の送り手の姿勢が重要となる。当然のことながら，情報を発信する時にはできるだけ，現状を把握した上で，情報を送ることである。

　したがってリスク情報の共有場面においては，情報の送り手と受け手間において，信頼が存在していなければ，リスク・コミュニケーションの効果は落ちることになる。ここにおいても，人と人との絆，信頼，ネットワークを重視するソフト・コントロールおよびソーシャル・キャピタルの問題が関わってくる

233

（上田（2011）p.42）。このようなソフト・コントロールやソーシャル・キャピタルは，各地域によってそのあり方が異なっているため，各地域に適合するものにしなければならない。

　他方，情報化の進展に伴い，自治体ではインターネットを活用して地域コミュニティの交流にも寄与することも重要である。そして企業の場合には，自然災害リスクから回復するためには地元に所在している関連機関とのネットワーク体制を充実することが，レジリエンスにつながる前提となる。

(2) 企業独自のビジネス・レジリエンス―経営者の役割

　今日，企業はIT化が急速に進んだグローバルなネットワークという不確実性や様々な環境要因で事業を展開しているという面において，リスク感性の豊かなリーダーシップが求められる。言い換えれば，企業価値の維持を図るためには強いリーダーシップが必要となる。

　そのため，独自のレジリエンスが高い企業となるためには，経営者の役割がいかに重要であるかについて取りあげる。特に，企業内部において災害発生後に役立つためのレジリエンスはもちろん，ビジネスにおけるレジリエンスの高い組織づくりを実行するためには，トップマネジメントである経営者の役割が非常に重要なものとなる。

　日本ではしばしば自然災害リスクが起きることが増えたため，経営者はリスクマネジメントに関する能力が要求されるようになった。この能力が経営者にない場合，重大な経営者リスクの存在ということになる（上田（2007）p.49）。ただその前提条件として経営者の性格と能力が求められる。つまり，リスク評価に対して意思決定をする経営者の性格や能力は，大きなリスク要因の1つである。

　企業において危機に強いレジリエンス力の土壌があるかどうかは，経営者による企業あるいは事業の再起，復元にかける情熱，本気度がどれだけあるかによる。さらに経営者は，復元のためのリスクを直視しながら，それらを社員に丁寧に説明し，安心させる努力も重要である（上田（2016）p.174）。言い換

えれば，不確実なビジネス・リスク，特に自然災害リスクであるハザード・リスクが発生した場合には，いかにトップマネジメントである経営者の判断が適切であり，それを従業員全員が共有し，それに立ち向かっていくことができるかが，当該企業だけでなく地域の再生にも影響を与えることになる。

東日本大震災のように経営者が想定外の自然災害リスクに直面したときに，いかなるリスク処理手段を選択するかの意思決定が最も重要である。そして，その優劣を分けるのが，意思決定者である経営者の行動力である。そこで経営者は，リスクに直面した場合の問題解決のために，マネジメントの優先順位を明確に行なったうえで，それらを従業員に指示しなければならない。

そこでは，組織内におけるリスクの共有，共通の理解・問題解決案の提示と共通の理解のための明確なレジリエンスが必要となる。リスクマネジメントの視点からは，独自のビジネス・レジリエンスがある企業の場合，予測できない事態に直面した時に個々の従業員が経営者と同一の目的に向かって，自らの判断で最善の方法を自発的に判断し，選択して行動する際の従業員の拠りどころとなる。言い換えれば，リスクに対する柔軟な体制であるからこそ，企業内部の非公式な行動規範，価値観が育つということができる。

また経営者は，リスクの認識に基づくリスク評価能力やリスク対応への意思決定の能力と資質も重要である。すでに強調したように組織内部において，共通のリスク・コミュニケーションができるような環境づくりは，企業価値の向上に貢献することと同時に，自然災害リスクマネジメントの意思決定においても重要な要因の1つである。

たとえば，「東日本大震災における事業継続・復旧状況等に関する実態調査」によると，調査項目の中においては，今後の経営の方針について，経営者は「地域への密着・社会貢献」について次のように掲載された事項もある。「震災復興需要が終るまでに企業の復興を果たし，体質を強化して，地域の発展に寄与できる様な企業にすると共に，後継者に速やかに事業継続していく事も大切」と回答している（www.pref.miyagi.jp）。つまり，経営者は，復興需要後を見据えての経営戦略を練っていると理解できよう。

結局，規模の大小を問わず企業が大震災に直面した場合，自社のリスクマネジメントを優先しながら被災企業と地元被災地の再生につながるような経営者の意思決定が重要である。

3. 組織体制のマネジメント

(1) 企業におけるBCP策定の重要性

　東日本大震災以降，BCPの見直しを進めている企業が増えている。こうした傾向は，大企業はもちろん，地域基盤産業として中心的な存在である中小企業でも同様である。つまり，BCPの見直しは規模の大小を問わず必要なことである。

　そこで中小企業庁が示した「中小企業BCP策定運用指針」について一部だけ掲載する。BCPの特徴は，①優先して継続・復旧すべき中核事業を特定する，②緊急時における中核事業の目標復旧時間を定めておく，③緊急時に提供できるサービスのレベルについて顧客と予め協議しておく，④事業拠点や生産設備，仕入品調達等の代替策を用意しておく，⑤全ての従業員と事業継続についてコミュニケーションを図っておくこと，である（http://www.chusho.meti.go.jp　2016年11月30日確認）。

　この運用指針ではすでにBCPを導入している企業は，緊急時でも中核事業の維持はもちろん早期復旧することができ，様々な利害関係者からも信頼を得て事業が拡大できる可能性を期待できることを示した内容である。したがって，現代的リスクマネジメント視点から見れば，リスクがチャンスになるといえよう。

　中小企業におけるBCPについてより，具体的に示したのが，図表16-2である。図表16-2は，中小企業にBCPを普及させるために中小企業庁のBCPガイドブックでは，中小企業がBCP作成のための手順が具体的に提示されている。それにおいては，ステップ①から⑩までに実行することが重要であるが，特にリスクマネジメントの視点から，ステップ⑦と⑧は普段から取り組むことが重

第16章　リスクマネジメント

図表16-2　BCP策定に向けた10のステップ

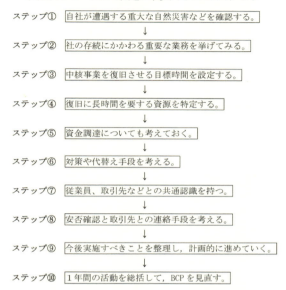

(注) 中小企業庁「BCP策定のためのヒント～中小企業が緊急事態を生き抜くために～」H21.3
出所：岩谷俊之, 株式会社東レ経営研究所「経営センサー」(2011.10) p.23

要である点について注目しなければならない。

　BCPの作成において，当該企業の利害関係者とはコミュニケーション体制を通じて，情報交換を行うことで信頼関係が構築される。言い換えれば，中小企業BCPは地域関連機関と整合した結果，より効率的にBCPの成果が期待できるといえよう。そこで東日本大震災以降，早期復旧した岩沼臨空工業団地に所在している企業について紹介したい。

　同団地では，震災発生後に緊急対策本部を設置し，団地の早期復旧を目指した。その過程では，他の団地と同じく対応しなければならないことが多かった。しかし，同団地の運営に関わる協議会の理事長が経営していた建設会社が重機を保有し，がれき撤去のノウハウを持っていた。そこで他企業の協力を得てがれきを早々に撤去することができ，他の工業団地より早く復旧した。ま

図表16-3　ISO22301がBCP・運用

項　　目	概　　　　要
組織の状況	組織のどこまで計画を適用するか
リーダーシップ	トップの役割や組織の権限
計画	計画の目的や指針
支援	文書化、利害関係者との情報共有手段
運用	計画を実現するための手順の策定、策定後の演習
パフォーマンス評価	計画の有効性の確認
改善	計画が有効でない場合の是正処置

平時から体制を整えておくことを重視している

➡ 事業継続計画の有効性を確認するため演習を定期的に実施する
➡ 業務の優先順位や目標復旧時間をあらかじめ定めておく

（注）東京海上日動リスクコンサルティングの資料を基に作成したものである。
出所：日経産業新聞（2012年10月30日）

た，ステップ⑧の項目である当該団地を構成する企業の経営者や従業員の安否確認と取引先との連絡を通じて現状を把握しながら，取り組んだ結果だと言える。実際，同団地の協会は，平常時から団地の運営をはじめ普段から情報交換を行っていたという背景があった（塩見・谷口（2014）pp.172-173）。

　一方，中小企業だけではなく，東日本災害後，東北新幹線の復旧においても，新幹線の復旧はJR東日本だけではなく，JR西日本やJR東海，京浜急行や西日本鉄道もこの作業に協力し，一日当たり約8,500人の人的支援が行われるなど，企業BCPがよい影響を与えたといえる。この結果，東北新幹線は震災発生から約1ヵ月半後の4月29日には全線開通ができたことで，地元の様々な組織機関が事業を継続することができ，早期回復につながることになった（田川（2011）p.68）。

　これら2つの事例は，平常からのBCPが有事に機能したことを示しているといえる。また，そこでのリスク・コミュニケーションが有益であったことを示すものである。

（2）中小企業独自のBCP策定の見直し

　BCPでは，リスクを洗い出し，分析し，対策を試し，実施するプロセスは改善や品質管理などの全社的な活動として導入しなければならない。しかし，中小企業の現状では，人やカネに余裕が少ないため，図表16-2の通りにBCPの策定を実施することは容易ではない場合もある。中小企業の中で，BCPを策定していない理由では人員と資金面での余裕がないと回答する企業が多いとされる（岩谷（2011）p.23）。

　また，BCPを策定する際には個々の計画項目の見直しを行いながら，自社の経営活動あるいは生産活動に大きな影響を与えないことを前提として，BCPに取り組む必要性がある。つまり，中小企業のBCP作成には，ヒトとカネの不足が壁となっていることがわかる。ただBCP作成をヒトとカネの問題としてとらえるのは異計であろう。ヒトとカネを多く動員せずとも有効に機能するBCP作成で可能である。

　多くの中小企業は，大震災の被害状況，復旧状況を想定して，BCP見直しに関しては，個々の計画項目の見直しに加えて，関係機関との一部の寸断により自社の経営活動に大きな影響を及ぼした場合を想定し，自社にあったBCPを実行しようとする。言い換えれば，職場や取引先の理解を得て，既存の仕組みを見直すことが必要となる。

　2012年5月に国際規格であるISO22301が発行され，日本国内では自社の計画に生かす企業が増えてきた。もちろん，これは中小企業のBCP推進にも役立つとの声もある。しかし，特に中小企業の場合，認定を取るだけでは意味がなく，これを実際に活用することの方が重要である。

　図表16-3は，ISO22301がBCPとその運用について求める点について示したものである。中小企業の場合，BCPの運用と有効性を確認するために必ず定期的なチェックすることが重要である。それが効率的に実行できるかどうかについては，経営者の明確な意思決定と独自の企業文化体制を作りだすことが必要である。

4. おわりに

　本章では，まず，企業内でリスクマネジメントを確立するためには，経営者の役割と責任が重要であることを強調した。そして，中小企業の場合，定期的に訓練と継続的な研修を繰り返すことにより，BCPの有効性を確実にすることができることについて論じた。BCPを実施する際には，具体的な活動を取り入れて，リスクに対して取るべき行動や復旧を円滑にする詳細な指示まで徹底的に行うべきである。また企業独自のビジネス・レジリエンスは，経営者の明確な意思決定がいかに必要であり，それを迅速に実行に移すことができる社内体制が必要である。この社内体制構築は中小規模の企業だけでなく，もちろん大規模企業でも重要である。そのためには，まず社内のコミュニケーションを日常からしっかり行うことが第一歩となる。

【参考文献】
岩谷俊之（2011）「東日本大震災後の中小企業BCPを考える―「技術力」「コスト競争力」に加えて「事業継続力」が問われる時代へ―」『経営センサー』株式会社東レ経営研究所
上田和勇（2007）『企業価値創造型リスクマネジメント』同文舘
上田和勇（2011）「災害リスクマネジメントにおけるソフト・コントロール，ソーシャル・キャピタルの役割」『社会関係資本研究論集 第2号』専修大学社会知性開発センター/社会関係資本研究センター
上田和勇（2016）『ビジネス・レジリエンス思考法―リスクマネジメントによる危機克服と成長』同文舘
上田和勇編著（2012）『環境変化とリスクマネジメントの新展開』白桃書房
上田和勇・亀井克之編著（2004）『基本リスクマネジメント用語辞典』同文舘
大矢根淳（2010）「災害・防災研究における社会資本（Social Capital）概念」『社会関係資本研究論集 第1号』専修大学社会知性開発センター/社会関係資本研究センター
亀井克之（2005）『経営者とリスクテーキング』関西大学出版部
塩見英治・谷口洋志編著（2014）『現代リスク社会と3・11複合災害の経済分析』中

央大学出版部
田川義博（2011）「東日本大震災にみる情報セキュリティと企業行動」『情報セキュリティ総合科学　第3号』情報セキュリティ大学院大学セキュリティ研究所
中小企業庁
　　http://www.chusho.meti.go.jp/bcp/contents/level（2015.8.26アクセス）
日経産業新聞（2012年10月30日）
日本経済新聞（2011年9月1日）
日刊工業新聞（2015年2月6日）
宮城県特定非営利活動法人危機管理対策機構（2012）『東日本大震災における事業継続・復旧状況等に関する実態調査』
　　http://www.pref.miyagi.jp/uploaded/attachment/252525.pdf（2016.7.25アクセス）

（姜　徳洙）

第17章 ソーシャル・イノベーション
～地場企業が支える地域社会～

1. はじめに

(1) なぜソーシャル・イノベーションが注目されているのか

　本章では，ソーシャル・イノベーション（SIと略記）の概念を参考にして，地場企業が地域社会を支えていることを明らかにする。谷本寛治は，ソーシャル・イノベーションを含むCSR（企業の社会的責任）の背景に関し，近年，企業の不祥事・犯罪に対し社会からの批判が厳しいこと，その具体例として，食品関連業界，原子力発電所の事故等を指摘する（谷本（2014）p.4）。そしてソーシャル・イノベーションの定義を「社会的課題の解決に取り組むビジネスを通して，新しい社会的価値を創出し，経済的・社会的成果をもたらす革新」であるとする（谷本（2015）p.3）。このSIの定義には4つのポイントがある。①社会的課題の解決，②ビジネスの手法，③経済的成果と社会的成果の両立，そして④新しい社会的価値の創出（既存の諸制度の変革）である（前掲，p.3）。また谷本は，ソーシャル・エンタープライズとソーシャル・アントレプレナーについて「営利組織形態であれ非営利組織形態であれ，社会的課題をビジネスとして取り組んでいる事業体をソーシャル・エンタープライズ（社会的企業），その担い手をソーシャル・アントレプレナー（社会的企業家）と捉える。ソーシャル・エンタープライズとは，社会性，事業性，革新性という3つの要件を有する‥‥ソーシャル・エンタープライズを理解するうえでのポ

第17章 ソーシャル・イノベーション～地場企業が支える地域社会～

図表17-1 ソーシャル・ビジネスを担う主体

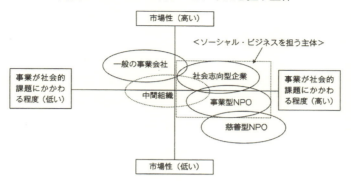

出所：谷本（2015）p.6

イントは，法人格や所有形態（また利益の配分方法）自体にあるわけではなく，社会的ミッションをもったビジネス・モデルと，そのイノベーティブな取り組みにある」と述べている（前掲，p.5）。

このように，近年，企業の不祥事が社会的に厳しく批判されている時代背景の下，ソーシャル・イノベーション（SI）が注目されている。ここでは，営利企業もソーシャル・エンタープライズに含まれることを確認したい（図表17-1）。「サバだしラーメン」や会津電力（後述）の関係者には営利企業も含まれるが，企業形態は問題ではない。むしろ，社会的ミッションを持ったビジネス・モデルと，そのイノベーティブな取り組みとして捉えることが求められる。

（2）イノベーションの持続性が地域社会の持続可能性を支える
① ソーシャル・イノベーションは社会変革による新たな価値創造

野中郁次郎は，ソーシャル・イノベーションを「社会貢献活動をはじめとする社会の仕組みを変えて新たな価値を創る動き」であるとする（野中（2014）p.x）。このように野中もSIの社会変革による新たな価値創造を重視している。また野中はソーシャル・ビジネスの社会的課題解決は結果にすぎず，地域や組

織の人々の生活の質を向上させより善く暮らせるようにしたいという共通善（Common Good）の追求がイノベーションの本質であるという。社会的に合意形成し，正当化していくダイナミックなプロセスは，人と人との間の相互作用，そしてその人々の置かれた文脈（コンテクスト）と，その状態の変化が重要である。衆知を創発する知識創造プロセスを持続することがソーシャル・イノベーションの要件の1つであるとする（前掲，p.59・268・277）。

このように野中は，共通善の追求を掲げながら，そこにいたる現実の社会的な合意形成に言及している。またSIを持続的なものと捉えている。

② リーダーに求められる能力，そして全員がリーダー

次に野中は，SIのリーダーに必要な能力を，6点指摘する。（i）「善い」目的をつくる能力（より善い社会の実現に向けた価値観。近江商人の「三方よし」にみられる，自他の利益のバランス）。（ii）現実を直観する能力。（iii）場をタイムリーにつくる能力。（iv）直観の本質を物語る能力（知を「つなぐ」プロデューサーの役割）。（v）物事を実現する政治力。（vi）実践知を組織する能力。この他，全員がリーダーとなる重要性を指摘している（前掲，pp.281-298）。

以上の中で，（i）自他の利益のバランスという理念，そして（iv）プロデューサー（以下，コーディネーターに統一）の論点は，2節でも検討したい。また全員がリーダーとなることは，地域の合意形成と持続性にも重要であろう。

③ ソーシャル・イノベーションの動態的な視点

野中によれば，ソーシャル・ビジネスと通常のビジネスとの唯一の差異は，個別的利益よりも社会的価値創造や社会的課題解決を優先するという理念・価値観の点にある。ゆえに，社会の仕組みを変えて新たな社会的価値を創るという動態的な視点から考察することが重要であるという（前掲，pp.299-300）。

このように野中は，SIを動態的な視点から考察する重要性を指摘している。

第17章　ソーシャル・イノベーション～地場企業が支える地域社会～

地域社会は多様な社会的課題に絶えず直面し，動態的な視点は不可欠である。

2. ソーシャル・イノベーションとサバだしラーメン

（1）社会変革による新たな価値，リーダーの役割そして持続的な実践

　1節では，ソーシャル・イノベーション（SI）が，近年注目されている理由をその社会的背景などから説明した。谷本によるSIの定義は「社会的課題の解決に取り組むビジネスを通して，新しい社会的価値を創出し，経済的・社会的成果をもたらす革新」である。そのポイントは①社会的課題の解決，②ビジネスの手法，③経済的成果と社会的成果の両立，そして④新しい社会的価値の創出（既存の諸制度の変革）であった。そして社会的課題をビジネスとして取り組む事業体がソーシャル・エンタープライズ（社会的企業）であり，一般の営利企業も含まれる。野中は，SIの社会変革による新たな価値創造を重視し，そこにおけるリーダーの役割，そして持続的に実践する重要性を指摘している。

（2）ソーシャル・イノベーションとしての検討

　上述したソーシャル・イノベーションの定義やポイントに照らし合わせて，「サバだしラーメン」（本書第7章参照）を検討したい。

　第1に，社会的課題の解決に取り組むビジネス，つまりポイント①社会的課題の解決，②ビジネスの手法から検討する。東日本大震災前から，旧河北町は人口減少そして中心市街地・飯野川商店街の衰退という社会的課題を抱え，石原と研究会（河北まちづくり研究会「なつかしの町・飯野川」）を開催していた。さらに，大震災と津波による沿岸部の被災者の移住を，内陸部の飯野川周辺で受け入れるなどの支援を行ってきた。沿岸部の被災者の支援が一段落した2011年6月から，研究会を再開した。そして製麺会社・島金商店と知り合い，水産加工会社・山徳平塚水産も仲間に加わった。両社はともに震災で生産設備を喪失した被災企業である。こうして「地域振興」と「震災復興」という複合

的な社会的課題の解決を目指し，(石巻地域　産学・異業種連携開発商品)「石巻飯野川発サバだしラーメン」のビジネス・モデルが誕生した。

　第2に，上記のビジネス・モデルを通して，新しい社会的価値を創出し，経済的・社会的成果をもたらす革新，つまりポイント③経済的成果と社会的成果の両立，そして④新しい社会的価値の創出（既存の諸制度の変革）を検討する。経済的成果としては，発売以来，食堂版・商品版ともに順調に売り上げを伸ばしている（麺の原料となる小麦粉の換算では発売後2年間で4.5倍）。社会的成果としては，「サバだしラーメン」の売り上げの一部を，飯野川商店街の振興費用（ポスターの印刷費等）に充当するなど，旧中心市街地の活性化に貢献している。そして既存の諸制度の変革として，それまでバラバラだった石巻の地域組織と企業を結びつけ，産学・異業種連携の仕組みを構築した。「サバだしラーメン」の発売後，石巻市では異業種連携による商品開発が各所で行われるようになったという。このような地域内での広がりは将来的なソーシャル・イノベーション・クラスターにつながる可能性を持つと思われる。かくして新しい社会的価値を創出する革新として評価できる。その後，経済面では地域内の食にこだわった商品開発が継続されている。また社会的には，旧河北町内に完成予定の災害復興住宅に沿岸の被災者の入居が見込まれ，新しい住民のまちづくりへの参加が期待される。

　以上，「サバだしラーメン」の商品開発をソーシャル・イノベーションの定義とポイントに照らして検討した。第一の社会的課題の解決への取組み，そして第二の新しい社会的価値を創出し，経済的・社会的成果をもたらす革新の両面において，「サバだしラーメン」の開発の取り組みをSIとして評価できる（図表17-2参照）。

(3) 震災前後のリーダー達の経験の蓄積

　東日本大震災を契機に「サバだしラーメン」が誕生したが，その準備は震災前から進められてきた。関係者達の努力の成果の集積による必然ではないか。野中の指摘したリーダーの役割と持続的な実践という論点に即して，震災前後

第17章　ソーシャル・イノベーション～地場企業が支える地域社会～

図表17-2　「サバだしラーメン」をめぐる産学・異業種連携のイメージ

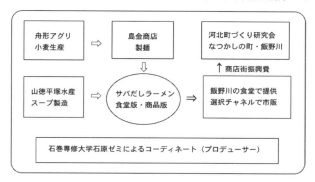

出所：筆者作成

のリーダー達の活動状況を時系列により概観したい。以下，筆者（佐々木純一郎）が2016年6月29～30日にインタビューしたものである（なお後日実施した農事組合法人舟形アグリ代表・佐々木茂氏へのインタビューも含め，佐々木（2017））。相手は石巻専修大学教授・石原慎士氏，河北文化協会会長・佐藤祐樹氏，プラザ亀鶴代表・佐藤宗雄氏，有限会社島金商店・代表取締役社長・島英人氏，そして山徳平塚水産株式会社代表取締役社長・平塚隆一郎氏である（以下，敬称略）。

① 飯野川の研究会の発足

石原は次のように語る。石巻専修大学に2010年4月に着任し，旧河北町の中心市街地・飯野川商店街のまちづくりから着手した。合併直前の2005年3月，旧河北町に道の駅「上品の郷」（じょうぼんのさと）がオープンし，石原は，そこを手伝った経緯がある。道の駅の駅長・太田実氏（旧河北町町長）の紹介により，飯野川商店街とのつきあいが始まった。そこには，「郡部の暮らし」が残っている。飯野川では商店主らによって設立した研究会を毎週木曜に開催した。商店街の食堂の個性を生かしたグルメを検討していた矢先に東日本大震災を迎えた。震災後は，沿岸部の被災者の移住を，内陸部の飯野川周辺で

受け入れるなど支援してきた（震災直後の上品の郷の被災者支援については，下嵜（2013）参照）。

② 東日本大震災後の研究会の再開，そして異業種連携の体制確立

　沿岸部の被災者の支援が一段落した2011年6月より，研究会を再開した。石原ゼミの学生が夜まで作業を行い，「サバだしラーメン」を試作。大学祭や仮設住宅などで試食を行いアンケートによりデータを取った。2011年12月，飯野川商店街の食堂で提供を開始し（食堂版），2013年9月には，商品版を市販開始。上品の郷でつき合いのあった農事組合法人舟形アグリが小麦粉を納品していた関係で製麺会社島金商店と知り合えた。また水産復興会議で，八戸での代替生産を紹介した水産加工会社山徳平塚水産も仲間に加わった（第2章参照）。いずれも震災で生産設備を喪失した被災企業である。かくして異業種連携の体制を確立できた。顧客からは高く評価され，地域性を含め，チェーン店との差別化に成功した。全体像が見えない中でも，「売れる」となれば，人がついてくる。サバだしラーメンに続く飯野川の地域グルメの商品化も進めているが，地元の食堂のみなさんとの信頼関係ができており心強い。産学連携は，あくまでも民間が主体であり，行政はバックアップに徹するのが理想ではないか。東日本大震災後に連携の機運が高まり，地域内で多くの異業種連携グループが立ち上がっている。

　以上のように，石原をコーディネーター役として飯野川の研究会が始まり，東日本大震災後，被災した企業との異業種連携を進める中で「サバだしラーメン」が誕生した。このようにしてソーシャル・イノベーションが形成されてきた。前述の野中によれば「全員がリーダー」となることが望ましい。異業種連携の関係者達が，リーダーの経験を積み重ねてきたことを次に説明したい。

③ 河北まちづくり研究会「なつかしの街・飯野川」の維持と意地

　佐藤祐樹と佐藤宗雄は次のように述べる。バブル崩壊後の20年間，4,5年に一回，外部予算により飯野川商工会でまちおこしの勉強会も開催したが，単年

第17章　ソーシャル・イノベーション～地場企業が支える地域社会～

度予算ゆえその年のみで終了した。勉強会への参加者は10数人から20人程度だった。2010年4月，石原と出会った時，両名は50代半ばを過ぎており，「最後のチャンス」だと思った。1970年頃までは，河北町に宮城県など官公庁の出先機関が多くあり，3万人だった人口が，今や1万人に減少している。商店数は200店余から，20ないし30店へと激減した。だが震災後の変化として，旧町内の道の駅「上品の郷」の向いに災害復興住宅300世帯分が2017年中に完成予定であり，旧雄勝町や旧北上町などの被災地の方々の入居が見込まれる。河北文化協会の会員は高齢化し減少しているが，震災後，若い方の「ハンドベル」の活動が加わった。旧石巻市を除く合併後の市内では，河北文化協会のみが『文化協会だより』を発行している。頑張っている理由は「意地」と「維持」である。若い人と「顔見知り」になりたいので，出て来て欲しい。仮設住宅の人とも少しずつ知り合いになれてきている。飯野川の町中に交流拠点があれば，付き合いが増えると期待している。たとえば飯野川町内の病院には，旧雄勝町や旧北上町から通院する方も多く，その方々の集まる場所ができれば，再度，郡部の拠点になるのではないか。また旧雄勝町から小学校が移転し，移住した子供たちが総合学習の一環として商店街に来店し，質問調査してくれる。その御礼の手紙を店の壁に掲示している。地域に古くから伝わる文化に，「サバだしラーメン」などの新しい文化を加え，沿岸部からの新しい住民の参加を受け入れたい。われわれも変わるべきところは変えなければいけない。

　以上のように飯野川商店街では，20年以上にわたって商工会を中心とした勉強会を断続的に取り組んでいた。また旧石巻市を除く合併後の市内では，唯一『文化協会だより』を発行してきた「意地と維持」の心意気は，地域の自立を支える主体性の現れだと考えられる。このように地域づくりに強い思いがあるからこそ，震災後の新しい住民の受入れに向け「変わるべきところは変えなければいけない」として，地域社会を変革しようとする意思を確認できる。

④ 地域おこしに取り組む経営者の「志」

　島英人は次のように語っている。石巻焼きそばに加え，地域おこしを希望する者が集まり，2008年，「石巻茶色い焼きそばアカデミー」が立ち上がった（震災前，島は事務局長）。昔ながらの石巻焼きそばを再現すべく，町内会の祭り等に出張実演し，B-1グランプリを主催する「愛Bリーグ」に加盟し第5回厚木大会から出展してきた。震災前年には，石巻で「四大焼そばフェスティバル」を開催し，2日間で4万数千人が来場したため市役所や商工会議所も注目した。東日本大震災後，2011年4,5月からアカデミーのメンバーが支援への感謝など，情報発信してくれた。他地域からは20数団体が炊き出しに訪れ，5月31日，石巻焼そば復活祭を開催できた。「サバだしラーメン」との出会いは，石原ゼミの学生が，麺を買いに来てくれた頃になる。学生達は，夕方から深夜までハンマーでサバの骨を砕く作業をしていた。麺に地元産の小麦が使えることも大きかった。やがて飯野川まちづくり研究会のメンバーと出会い，共同で「サバだしラーメン」のコンセプトをつくりあげた。小麦を生産する農事組合，スープを加工する水産業，自社製麺業，そして石巻専修大学というように，人が増えてくると活況を呈した。みんなで喜んだ方が，喜びも大きくなる。プロとしての視点から，味の妥協はしていない。顧客の9割は「おいしい」という反応である。商品版「サバだしラーメン」の顧客が，飯野川の食堂を訪問するという循環効果も見られる。震災前は「儲け主義」だったが，震災の経験後，お金よりも大切なものに信条が変化した。社是に「会社と社会の未来のために」「まちが大切」「地域とともに」を掲げている。商品の味自体よりも異業種交流の大切さを学んだ。みんなで喜ぶことができる。まだ一部しか利益は出ていないが，震災による「やられ損」にはしたくない。

　以上のように島は，震災前から「石巻茶色い焼きそばアカデミー」の設立に関わり事務局長を務めるなど地域おこしの活動に取り組んでいた。震災後に「サバだしラーメン」の関係者と出会い，喜びも大きくなり，さらにお金よりも大切なものに信条も変化している。プロとしておいしいラーメンにこだわるとともに，経済的側面だけでなく，社会的側面からも考える企業経営者の成長は，

第17章　ソーシャル・イノベーション～地場企業が支える地域社会～

ソーシャル・イノベーションを支えるリーダーとして相応しいと考えられる。

　平塚は次のように語る。震災前，駅前の清掃活動を，毎月1回，雨の日も1人で行ってきた。20数年前，松下政経塾の副塾頭（後，副塾長）であった上甲晃（じょうこうあきら）氏の仙台講演に参加した。1993年，上甲氏が設立した「志ネットワーク」に入会し，1997年設立の「青年塾」一期生として参加した。そこで「社会全体が幸福にならなければ，一人一人の幸福もない」という考えにいたった。地域の会議では，自分の利害を度外視するのではなく，自分の利益と同じくらいに地域社会の利益を考えることを話している。自社だけ儲けるのでは長続きしない（全体最適化）。東日本大震災後の停電により，市内の加工工場の冷蔵庫内の5万トンの魚が腐敗した。後片付けに3ヶ月かかったが，水産業界で史上初めて一緒に処理した。それまで業界内の大小200社はライバル関係にあった。被災程度は多様であるものの，全社の工場が被災した。

　震災後，水産復興会議に石原も出席していた。ある会議の後，八戸での代替生産を提案され，八戸の水産加工会社と協力関係を継続している。その後，「サバだしラーメン」の開発につながる。舟形アグリ，飯野川商店街など多くの関係者とコラボできた。1社だけではなく，全員のメリットが大切である。その後も多くの企業とコラボしてきたが，それを可能にした遠因が前述した「志」にある。課題もあったが「譲るべきところは譲る」というコーディネーターの気持ちが必要であった。震災から5年が経ち，普通の産地としての実力勝負が求められ，被災地だからというストーリー性なしでも売れる商品が必要な段階に入ったのではないか。今の時代は石巻の加工団地内でも，各社の分業によるネットワーク化（バーチャル共同工場）が必要ではないか。まだコーディネーターが不足しており，経営者の個人的ネットワークに依存している。だが次第にネットワーク化の機運が高まると予想している。「サバだしラーメン」は，「6次産業化」のさきがけといえる。またインターンシップの受入は，将来的な人材育成につながる。このような地域活性化への貢献が地元企業に求められている。

以上のように平塚は興味深い論点を指摘している。第1に，自分の利益と地域社会の利益は同じという理念とそれに基づく社会活動が認められた。その「志」は異業種連携の土台にもなっている。前述した野中のリーダーの条件である自利と他利のバランスが確認できよう。第2に，互いがコーディネーターと表現している。これも野中による全員がリーダーという発想に等しいのではなかろうか。第3に，被災地というストーリー性なしでも売れる商品が必要という指摘は，SIの持続性の条件である。この他，6次産業化や人材育成を通じた地域貢献など，地域に密着した地場企業に相応しい発想と実践を両立させている。

3. おわりに

　本章1節では，ソーシャル・イノベーション（SI）の先行研究を概観した。SIの定義は「社会的課題の解決に取り組むビジネスを通して，新しい社会的価値を創出し，経済的・社会的成果をもたらす革新」である。そしてリーダーの役割及び持続的な実践という論点が重要である。2節では，「サバだしラーメン」の事例をSIの観点から評価した。震災前から地域組織と企業のリーダー達が準備してきたことが，震災後の社会的課題の解決に役立った。このような地場企業をはじめとする産学・異業種連携が地域内で広がりつつあり，今後も多様な地域課題に対して，持続的に取り組む可能性を有していると考えられる。

ケースに学ぶ　ふくしま自然エネルギー基金とソーシャル・イノベーション

　佐藤彌右衛門氏（会津電力代表取締役，ふくしま自然エネルギー基金設立発起人代表，一般社団法人全国ご当地エネルギー協会代表理事等）は次のように述べている。ふくしま自然エネルギー基金を2016年2月4日に登記し，公益財団に向けた手続きを進めている。原発事故により心が傷つい

第17章　ソーシャル・イノベーション～地場企業が支える地域社会～

た子供達のケアも急務である。原発事故のアーカイブを作成し，非常に危険であることを情報発信したい。再生可能エネルギーによる売り上げを積み上げることも可能である。現在，会津地域の自治体では，磐梯町，猪苗代町，西会津町，北塩原村，只見町，三島町そして昭和村の7自治体が自然エネルギー基金に賛同して出資している。何年かかるかわからないが最終的な夢は，東京電力や東北電力が保有する水利権の買い戻しである。水力発電だけで，年間3千数百億円が地域外に流出している。すでに実質的に国有化されている東京電力には税金が9兆円以上投入されており，それを国民に返してもらわなければならない。水力発電所の経営主体は，自治体でも会津電力でもかまわない。たとえば会津地域の自治体の年間予算規模は1千億円規模である。年間数千億円が地元に還元できれば，地域で何かができる。水利権の買い戻し費用を考えても，10年で元がとれる。そのための大事な試金石がエネルギー基金である。震災後5年間はあっという間だった。以前と比べてもいろいろな出会いがあり，やりがいのある5年だったといえる。仲間が集まってきて，みんなの力で大きな運動になった。新しい勉強になった。ソーシャル・イノベーションともいえる。本業の大和川酒造では，社会貢献として，喜多方の蔵，ラーメンそして有機農業などをやってきた。マーケティングを含め，ノウハウを反原発に活かしたい。若い世代には，メンタルな部分など，アイデンティティを確立してほしい。どのような目標を実現するにしても，必ず困難がつきまとう。それを克服するための力を身につけてほしい。これからの日本には個性が必要とされる。失敗は新しい成功につながる糧になる。経済的利益の追求と社会貢献との両立も必要であろう（2016年2月15日インタビュー。佐藤氏については，佐々木（2013）pp.112-117参照）。

【参考文献】

佐々木純一郎編著（2013）『地域経営の課題解決』同友館

佐々木純一郎（2017）「東日本大震災後のソーシャル・イノベーション―「石巻飯野川発　サバだしラーメン」と会津電力に関するインタビュー記録」『弘前大学大学院地域社会研究科年報』第13号

下嵜拓（2013）「震災直後も営業を継続して被災者を支援した『上品の郷』」関満博・松永桂子編（2013）『震災復興と地域産業3ー生産・生活・安全を支える「道の駅」』新評論

谷本寛治（2006）『ソーシャル・エンタープライズ―社会的企業の誕生』中央経済社
谷本寛治（2014）『日本企業のCSR経営』千倉書房
谷本寛治編著（2015）『ソーシャル・ビジネス・ケース―少子高齢化時代のソーシャル・イノベーション』中央経済社
野中郁次郎・廣瀬文乃・平田透（2014）『実践ソーシャルイノベーション―知を価値に変えたコミュニティ・企業・NPO』千倉書房

（佐々木純一郎）

第IV部

震災に備えるための産業持続策（提言）

危機変化モデル
~災害への対応に取り組みながら進化を続ける企業:コンビニ,産業財のサプライ・チェーン,ツーリズム産業,官官民民連携をケースとして~

1. はじめに

　本書では,東日本大震災を中心に大災害によって,様々な産業がダメージを受け,地域が疲弊した姿に触れてきた。その中でも,人々のたゆまぬ復興への取り組みが行われている。本章では,災害という危機的な状況を経験してもなお進化を続ける企業に注目し,新たな形で成長するビジネス・モデルを構築するような取り組みを通して,今後の復興に生かすべき経営学のあり方について考えることにしたい。

　対象とする業界の選定にあたり,「熊本地震」「対応」「教訓」などのキーワードから,NHKのニュース資料「熊本地震~企業の教訓はライバルと連携~」が検索された(NHK(2016.10.14))。この資料では,ルネサスエレクトロニクス株式会社(ルネサス)が,東日本大震災の教訓を生かして取り組んだ耐震補強対策などが奏功して,熊本地震被災後の1か月以内に操業再開したと報じられていた。そこで,産業財の市場における危機対応の事例として,ルネサスを調べることにした。

　また,流通市場の取り組みとして,「熊本のコンビニ97％再開,大手3社,過去の教訓生かす」(朝日新聞(2016.4.20))という記事では,ローソンが本部から約120人を熊本県に派遣し,少ないトラックでも効率よく運べるように,配送する商品を飲料水や食料品などに絞り込んだという事例が紹介された。

ローソンは，東日本大震災などの事例をもとに，緊急時の対策を準備してきたという。そこで，生活を支えるインフラという立場から，コンビニエンス・ストア（CVS）のローソンを調べることにした。

一方，観光分野では，東日本大震災直後にインバウンドはおろか日本人自体が国内観光に出かけなくなり，ボランティアで被災地に出かける人を除くと，日本列島の移動が極端に減少した。こうした折に，ラグジュアリー・ツーリズムを提供する旅行代理店のマゼラン・リゾーツ・アンド・トラスト（マゼラン）（石川県）はユニークなグローバル戦略に取り組んだ。本章では同社についても取り上げることにした。

最後に，復興にあたり，政府や自治体の動きには，どのような特徴があったのか，主として生活のライフラインである「食」の供給の取り組みを見ておくことにする。ここでは，国と地方自治体と企業，そして，市民の間の連携に焦点を当てることにする。

2. コンビニエンス・ストアの課題対応力の向上

熊本地震から1ヶ月後の2016年5月20日時点で，イオンバイク健軍店，イズミの運営するGMSゆめタウン2店舗，スーパーマーケット（SM）の夢マート3店舗などの主な小売店は，依然として休業していた。一方，CVSのセブン・イレブン（セブン），ローソン，ファミリーマート（ファミマ）は各1店舗のみが営業休止であった。震度7の大地震に2度見舞われた地域の小売業としては，かなり早い再開だったといえよう。セブンは，震災後，配送車両や便数を増強し，熊本エリアへの配送を強化した。そして，要望の多いおにぎりや弁当などの即食商品はアイテム数を絞り込み，納品数を増やした。また，東日本大震災で人手不足が課題となった経験から，応援部隊として社員約200人を現地に派遣した（日刊工業新聞（2016.6.1））。

商品の生産や店舗の再開という点では東日本大震災での経験やBCP（Business Continuity Planning）が生かされ，大きな混乱は起きなかった。しかし，

熊本地震では道路の寸断や渋滞による"ラストワンマイル"の配送の壁が課題となった。これは，小売流通のみならず後述のルネサスのような産業財の生産の復旧にも影響を与えている。ローソンは震度7を2度観測した熊本県益城町に配送センターを持っている。同センターの被害は少なかったが周辺の道路が寸断され，配送員が被災したため人手が足りなくなった。このような状況において，「応援で入った社員が小道を通って運ぶ人海戦術を取った。阪神・淡路大震災や東日本大震災の経験が生きた」といった同社のコメントが日刊工業新聞で紹介されている（日刊工業新聞（2016.5.31））。

　こうした災害があったにもかかわらず，CVS大手3社が5月10日に発表した2016年4月の既存店売上高は各社とも前年同月を上回った。セブンは前年同月比2.7％増で45カ月連続プラス，ローソンは同1.7％増で3カ月ぶり，ファミマは同2.3％増で13カ月連続プラスだった。ローソンは「気温が高かったことや販促施策が奏功し，ソフトドリンク・カテゴリーが前年の売上を大きく上回った」と業績が上がった要因について述べている。国内店舗数はセブンが同37店舗増の1万8,650店，ローソンが同82店増の1万2,437店，ファミマが同26店増の1万899店となった。熊本地震の影響については「熊本県内，大分県内の各1店舗以外は営業している」（ローソン）「ほぼ通常どおりの体制」（ファミマ）という状況である（日刊工業新聞（2016.5.11））。

　CVSの課題対応力は，震災の経験だけから始まったことではない。以前から取り組んできたことが震災によってフォーカスされただけで，売上が伸びずに停滞していた期間に様々なノウハウを積み上げている，とある大手CVSの経営幹部は指摘する（チェーンストアエイジ（2013.6.1））。

　こうしたCVSの経営行動は，危機管理モデルに当てはめて考えることができるのではないだろうか。売上の停滞，厳しい競争，人口減少という市場のパイ自体が縮小するという経営面における危機的状態を乗り越える不断の努力は，震災や台風や雪害などの自然災害という危機的状態を乗り越える基礎体力の養成につながっている。同時に，こうした努力を通じて，CVSという業態の革新と進化を続けることができているのではないだろうか。次節では，この

危機変化モデルについてみていくことにしたい。

3. 危機変化モデル

　組織は，内外の環境が変化をきたした時点をきっかけに，ショックを感じ，防衛行動をとる。そして，やがて変化を認めてその状態に適応し，さらに自ら変化していこうとするものである。これら4つの段階のそれぞれについてみていくことにする（Stern and El-Ansar (1988)，徳永豊（1990））。

（1）ショック段階
　組織が全体システムの一部にでも脅威を受けていると感じると，危機的な状態にあるとみなされる。たとえば，新しい小売業態が出現すると，既存の小売業者にとっても，さらにその小売業者が所属するマーケティング・チャネルにおいても，この変化は危機として認識される。

（2）防衛的避難段階
　この段階では，組織は既存のシステムを総動員して，脅威を低下させようと管理を強化する。たとえば，チェーン・ストアが出現すると，中小小売業は規制に訴えるなどして，チェーンの活動を縮小させようとする。米国ではチェーン・ストア課税とロビンソン・パットマン法によって中小小売業を守ろうとし，日本では大店法がその役割を担った。しかし実際には，こうした防衛的行為は中小小売業の成長には何の効果もなく，むしろ自滅を導くことになった。

（3）承認段階
　この段階では，脅威にさらされている小売業者は，自社の見直しと個別の企業間で対立行動に出るようになる。そのため，より状況に適した取り組み方や正確な理解と情報の共有につながるコミュニケーション方法を模索する。リーダーシップを発揮して様々な作用に対処し，意思決定がオープンで公平に行わ

れるようになる。そして，問題点を洗い出し，単純な方法では解決できないことが分かってくる。こうした試行錯誤の結果，問題の本質により即した解決策が提起される。この承認段階では，既存の取り組みに疑問が持たれ，複数の代替案が慎重に検討される。既存の仕組みに何とか合わせようとするのではなく，むしろ，現状より適した方策が用いられるようになる。たとえば，独立系の食料品店は，他の食料品店や卸売業者と連携するボランタリー・チェーン（VC）を立ち上げることによって，チェーンの規模の経済性を享受し，競争力をつけているのである。

（4）適応と変化（成長）の段階

　適応と変化の段階の特徴は，（3）の承認段階で効果的な対処法を熟慮したので，防衛的避難の段階とは対照的な行動に出る。適応と変化の段階は，成長プロセスの再開の段階となる。いわば，発展が継続している状態といえよう。たとえば，VCが事業領域全般にわたって力強く成長すると，また新しいシステムが登場して，ショック段階の引き金を引くことになり，脅威となることがある。

　危機変化モデルは，これらの4つの段階を繰り返していく。その中で，適応と変化の段階に至ることができない企業は，市場から撤退することになる。

　わが国の小売業者数は，1984年の1,721,465事業所（平成18年度商業統計速報）をピークに減少を続け，2014年には780,719事業所にまで減少した（平成26年度商業統計速報）。この状況は大店法で，中小小売業者を守ることはできなかったことを意味している。

　一方で，本章で取りあげているCVSは，危機的状況に力強く向き合うことによって加盟店数を増やし続けている。2007年度のCVSの店舗数は，4万1,714店であったが，2014年度には5万3,544店にまで増加している（日本フランチャイズチェーン協会「コンビニエンスストア統計調査月報，2008年集計，2015年集計」）。

4. 事例研究①：ローソンの取り組み

　財部は，ローソンの危機対応能力の中心には，現場に「まかせる強さ」があると述べている（財部（2013））。東日本大震災の直後から，当時のローソンの社長であった新浪剛史氏は3つの行動指針，「そこに，みんなを思いやる気持ちはありますか」「そこに，今までにない発想や行動へのチャレンジはありますか」「そこに，何としても目標を達成するこだわりがありますか」を実践した。東北支社長の安平尚史氏は，「本社は東北のために，言われたことはすべてやる。だから何でも言ってくれ。現地はすべてお前にまかせる」と言われ，震災対応はそこからスタートしたという。

　「私たちは，"みんなと暮らすマチ"を幸せにします」という企業理念は，新浪氏が社長就任以降に明文化したものだが，「マチに灯りをともしつづけることがローソンの使命だ」という思いは1995年の阪神・淡路大震災の苦しい経験から生まれたものだったという。以来，社員も加盟店も，被災のたびにその思いを深めてきたという歴史がローソンにはあった。ここで，同社のホームページから，これまでの災害に対する主な取り組みのタイトルを記しておく。

【ローソンの救援活動実績】
1. 北海道南西沖地震救援ボランティアの派遣（12名）
2. 阪神・淡路大震災救援募金
3. 日本海沖タンカー重油流出事故支援物資寄贈
4. 1998年8月末豪雨支援物資寄贈（この後も台風など気象災害に貢献を継続）
5. トルコ大地震救援募金
6. 台湾大地震救援募金
7. 有珠山火山活動救援募金
8. 伊豆諸島地震活動救援募金
9. 2001年芸予地震救援募金
10. 三宅島一時帰島支援物資寄贈
11. 米国同時多発テロ事件救援募金

12.「アフガンの子供たちへ」義援金募金
13. 宮城県北部地震災害救援募金
14. 北海道十勝沖地震災害救援募金
15. 新潟県中越地震義援金募金
16. スマトラ島沖地震義援金募金
17. 福岡県西方沖地震義援金募金
18. パキスタン北部地震義援金募金
19. ジャワ島中部地震義援金募金
20. 能登半島地震災害義援金募金
21. 新潟県中越沖地震災害義援金募金
22. 2008年岩手宮城内陸地震義援金募金
23. 中国四川大地震
24. 強盗殺人事件を受け「防犯対策委員会」を設立
25. 2014年2月14日の東北・関東甲信越地方の豪雪で山梨県のローソン店舗へのヘリコプターでの商品配送
26. 鳥取県中部を震源とする地震に対する救援物資送付

　「東北支社管内のローソンの加盟店やオーナーたちは自発的に，商品が入らないなかでも，お店を開け続けてくれました。それを可能にしたのは過去の経験です」と安平氏は言う（財部（2013））。
　また，「阪神・淡路大震災のとき，神戸には全国のローソンから応援隊が出てくれ，店舗は一日たりとも閉めず，24時間営業を続けることができた。これが神戸のインフラを支え，社会秩序の維持に貢献したと高い評価を頂きました。それが大きなスタートだと思います」と阪神・淡路大震災時の状況について述べている（財部（2013））。
　このような考えは2007年の新潟中越沖地震時にも，「新潟の大地震でも起きた瞬間は詳細な情報がないままでしたが，20数名の先遣隊が被災地の加盟店を訪ね，とにかく店を開けようという姿勢を貫徹しました。ローソンは一日た

りとも店を閉めない，社会のインフラとしての役割を果たすことを，何度かの震災から我々は当たり前だと考えるようになっていた」と再認識されたという（財部（2013））。

　ある大手スーパーマーケット（SM）チェーンでは，一定量の商品が入荷すると開店し，売り切れると閉店するという営業を繰り返したが，ローソンは，商品の在庫の有無にかかわらず，店舗を開け続け，いち早く24時間営業体制に復帰した。これを支えたのは，加盟店オーナーの"真摯な心意気"と東北支社の"強い思い"だった。

　物資を必要とする被災者を前に，在庫がなくてもお店を開けるという行為は加盟店オーナーにとって，つらい状況であったことは想像に難くない。その一方で，肉親の居場所を掴むことさえままならない非常時では，お店が開いているからこそ多くの人たちが集まり，結果として家族の安否や各種情報を確認することができたのである。

　この取り組みを知って，大学院の指導教授がよく口にされていた戦前の商店街の話を思い出した。昔の商店は，みな朝7時にはお店を開け，夜も遅くまで営業していたそうである。商業は，ずっと昔から社会のインフラだったのではないだろうか。ローソンの取り組みをまとめていて，商業の本質的役割にたどり着いたように思う。

　現在，ローソンでは以下のような危機変化への備えを行っている（ローソン（2016））。

① 事業環境の変化に関するリスク：国内外の経済環境，景気動向，社会構造の変動や異常気象がもたらす消費動向の変化及び同業他社・異業種小売業などとの競争状況の変化によるリスク
② 食品の安全性・衛生管理及び表示に関するリスク
③ 個人情報の取り扱いに関するリスク
④ 法的規制に関するリスク
⑤ フランチャイズ事業に関するリスク：加盟店オーナーとの信頼関係が損なわれ，フランチャイズ契約が解消されるリスク

⑥ 災害等に関するリスク：地震・津波・台風・大雪等の自然災害によりグループの店舗，製造工場，配送センター，その他の施設に物理的な損害または商品配送の混乱が生じるリスク
⑦ IT（情報技術）システムのトラブルに関するリスク：地震等の自然災害やコンピュータウイルスによる感染等により，ITシステムに不具合が生じ，商品配送の混乱，店舗サービス業務の停止が発生するリスク
⑧ 原材料価格の高騰に関するリスク

そして，店舗を開店し，営業を続けるという社会的役割とともに，地域の産品を活用して商品開発を行い，全国に展開することで，地場産業の復興にも寄与しようとする姿勢は，社会的意義がしっかりと企業経営にも反映されていることを物語っている（ローソンニュース）。

最後に，株式会社ローソンコミュニケーション本部広報室に対するヒアリングから，震災対応等の災害に対して積極的に取り組む理由が明らかになった。

ローソンのチェーン店は，フランチャイズ・システムにより運営されているため，加盟店への安定的な商品供給が不可欠となる。このことが地域の消費者への商品供給にもつながっていくため，震災対応に改善を重ねることは同社の使命ともいえる。

「私たちは，"みんなと暮らすマチ"を幸せにします」という経営理念に基づいて経営を行っており，有事の場合，すばやく行動することが当然の企業行動と位置づけられている。ただし，対応の仕方は，災害の状況によって様々な形となる。東日本大震災では，商品供給のための工場自体が被災して供給できなくなったために全国からの配送が必要になった。一方，今回の熊本地震では，工場は被災地にはなく，近隣の福岡県や山口県からの供給ができたが，問題は物流であった。また，供給先に横持ちをしてもらい，余分に生産したものを被災地に回すなど，パンなどは関東から空輸もした。コスト面では採算が合わなくても，災害時には社の方針として，コストを度外視してでも対応することになっている。このような対応は，同社が地域を大切にしているからであるとと

もに，そもそも地域が立ち直らなければビジネスそのものが成り立たないのだから，まずは，地域を復興させることが最優先課題となるとの考え方に基づいた行動である。

初動は救援第一に，救援物資をいち早く届けることが必要となる。しばらくすると，自宅等，避難所以外の場所にいる方向けに店舗への商品供給をいかに行うかというステージに移る。過去の災害から，ローソンでは復興の度合いに応じた対応を講ずることを心掛けている。

東日本大震災では，福島県に物資が入らなかった。そのため，東京などの消費者がSM等の他店で商品が購入できるエリアでは供給量を減らし，福島のローソン店舗への商品供給を優先的に行った。

ローソンではMO（マネジメントオーナー制度）を実施しており，約170名のMOが1,600店舗を経営している。これはローソン全体の店舗の10％以上となる。また，ローソンのエリア会では普段から加盟店同士の勉強会が盛んに行われている。このような背景の下，オーナー同士が日頃からコミュニケーションを行っており，震災発生時に近県のオーナーが発注を増やし，その分を被災地の店舗に回すという取り組みも自主的に行われた。被災後の過労を気遣って，店番を代わってくれる人たちもいた。オーナー同士の横のつながりもできているため，災害時には他店の応援に自発的に参加する人がいたのだ。

全国どこで災害が起きてもおかしくない日本の状況の中で，各地から被災地の応援に駆け付ける社員は，被災地の支援を通じて自らの地域での災害への備えや対応を実地で体験し，学ぶ機会になっている。これが，危機的状況にあっても工夫を続けられる基盤になっていると考えられる。

5. 事例研究②：ルネサスの2つの震災を経た進化と課題

次に，震災からの復興を図る産業財メーカーのルネサスが，既存のBCPに基づく行動が想定外の事態に直面したという危機をどのように捉え，進化していったのかについて，東日本大震災と熊本地震における取り組みから見ていく

ことにしたい。

(1) ルネサスエレクトロニクス株式会社の会社概要

　同社は，各種半導体に関する研究，開発，設計，製造，販売及びサービスを業務とし，自動車事業（売上比率約40％）と汎用事業（同約60％）に分かれている。生産する製品は，マイクロコントローラ，アナログ＆パワー半導体，SoC（System on Chip）である。自動車事業では車載制御と車載情報を，汎用では産業・家電，OA・ICT，汎用製品を対象分野とする。

　生産拠点は，前工程製造拠点が国内に7箇所（那珂，高崎，滋賀，西条，山口，高知，川尻），後工程製造拠点が国内に3箇所（米沢，大分，錦），海外に4カ所（北京，蘇州，マレーシア2カ所）となっている。

　半導体工場の特徴は，①微細加工（クリーンルームと超精密製造装置）と②大量の電気と水の使用，③複雑な工程（1,000工程を3〜5ヶ月）が自動化されている点にある。

　半導体の製造では，ウエハに回路を焼き付けていく工程が非常に多く，マスク（写真製版）が50数枚以上ある製品もあり，工程も細かいチューニングが必要である。その後，配線工程やパッケージング等を経て製品が完成する。外部の製造委託先に出すと，生産のリードタイム（手番）がさらにプラス1ヶ月くらい伸びていく。サプライ・チェーンとしては非常に生産工程が長く，何かトラブルが起き，最初の工程からやり直した場合，半年くらいしないと製品は出荷できない（工程中の製品からの出荷もありすべて最初からやり直すわけでは無い）。半導体の製造設備の設備投資に至っては，装置が非常に精密であるため，発注してから稼働させるまで1年ほどかかる装置もある。このように生産工程が複雑で生産のリードタイムが長くかかるが，同社では半導体を使用する顧客ニーズの変化が早いという課題も抱えている。

(2) 東日本大震災の被害状況と自動車工業界を巻き込んだ再生のプロセス

　同社の被災した生産拠点の中で那珂工場だけが，震災後1か月たっても復旧

第18章　危機変化モデル

しなかった。この工場の停止が，世界中の自動車生産に影響を与えた。当時の被災状況は，工場内はクリーンルームで半導体を製造するため窓が無く，外の状況を確認することができなかったが，強い揺れで天井が落ちて夜空が見えたという。クリーンルーム内は混乱し，サーバーも倒れたため，従業員は「二度と元に戻らないのでは」と感じたようである。しかし，復旧に向けて自動車業界を含め世界中から支援の手が差し伸べられた。

世界中から寄せられた様々な支援と同社社員の尽力により，事前に策定した復旧計画よりも良い意味での相違が出てきた。5月時点の予想では復旧作業が10月までかかると想定されていたが，6月の時点では9月まで，8月にはさらに前倒しとなる見通しが立ち，半年以上かかると予想されていた復旧作業は3ヶ月ほど早めることができた。

(3) 東日本大震災の際の問題点と教訓

同社の大村常務は被災時の状況について「1つは，お客様が殺到し，一体いつ再開するのかと問い詰められたが，被災当初は，まったく回答ができなかった。お客様にとっては，代替品に切り替えるのか，再開を待つのが良いのかという判断が求められたが，回答にはスピードとともに慎重なコミットメントが求められた」と語る。

また，同社は顧客のオーダーに対する回答に対し，公平性が確保できないという課題にも直面した。生産能力が限定されているため，すべての要求に同時に対応することができなかったのである。このように，被災後は，顧客が満足できる対応を取れなかった。

同社は被災と復旧から得たことを生かして，新しいBCPを制定した。強化のポイントは，従来の取り組みの強化と，新たな取り組みに大別できる。前者では，建屋，付帯設備，生産設備の耐震性強化と，マルチファブの構築（代替生産体制の整備）を行った。後者では，平時からのリスク低減活動と顧客への情報開示の対応について盛り込んだ。

図表18-1 ルネサス社の被災後の顧客への製品供給

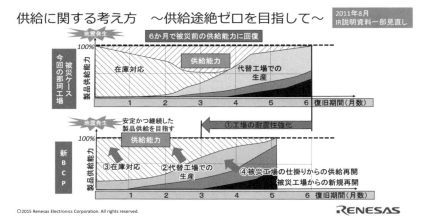

出所：ルネサスエレクトロニクス株式会社訪問時に執行役員常務兼第一ソリューション事業本部長の大村隆司氏によるプレゼン資料，p.18

（4）供給途絶ゼロを目指した考え方

　図表18-1は同社における被災後の顧客に対する製品供給の考え方を表したものである。供給途絶をゼロにすることが好ましいが，実際には，顧客に供給できないことも想定される。工場停止後の顧客への出荷は，まず在庫品で対応する（在庫が▨部分）。次に，代替工場での生産で寄与する。ただし，これは代替工場に生産余力があるときに限られる。最後に■部分は，被災工場において工程内の仕掛分が残っていた場合に出荷する。また，納期は長いものは，6ヶ月のリードタイムが必要なので，この状況について顧客に理解してもらうといった対応を講じる。

　顧客に対しては，工場の耐震強度を説明した上で，代替工場の選定，在庫の状況，工場の被災状況，仕掛品の状況や復旧に要する日数などを平時の段階から説明しておくことでリスク時の公平性を担保する。同社は新たな取り組みとして，情報開示のための対応を盛り込んだBCPリストを顧客へ提供することを決定した。また情報を迅速に開示するために，被災の状況も被災後24時間

第18章　危機変化モデル

図表18-2　顧客へのリスク情報の開示，共有（代替生産・製品ランク情報）

顧客向けランク	定義	顧客に依頼する作業	
		マスク準備	製品認定
Ⅰ	・既にマルチファブ化済（Multi-Fab）：代替工場において、当該製品の認定完了及び量産実績有りもしくは量産中。有事の際には、既製品投入可能（代替製品のデリバリは、生産指示から3ヶ月程度を想定）。	済	済
Ⅱ	・代替工場において同一（類似）プロセス製品の認定完了及び量産実績有りもしくは量産中（Fab-Ready）：製品毎の展開に伴うマスク準備及び製品認定が必要。有事の際には、マスク準備・製品認定完了後、即製品投入可能（代替製品のデリバリは、3〜5ヶ月程度を想定）。	要	要
Ⅲ	・代替工場に同一（類似）プロセスがなく、プロセスの新規立ち上げ、もしくは当該工場の再立ち上げが必要		

出所：前掲資料，p.20

以内に公開することを決めた。さらにその1週間後には復旧の予定を提示することを社内でルール化した。大村常務は，「これらの対応は，熊本の地震のときに役に立った」と語った。

　同社は代替生産と製品ランクの情報を顧客に提供するために，以下の手順を導入した。まず，対象製品を，生産拠点や代替生産の有無などのリスクに基づきランク分けし，推奨在庫量などのステータスを明確にする。次に，そのステータスを，年に1〜2回アップデートし，顧客に継続的に提供する。そして，顧客と相談しながら，図表18-2に記載されているランクⅠ製品を増産していくこととした。

　同社は顧客名，型名，製品情報，マザー工場，代替工場，代替生産の対応状況，耐震強化前の推奨在庫，耐震強化後の推奨在庫を7万行に及ぶリストにし，顧客に提供した。そして，有事の際に顧客の製品が生産工程のどの段階にあるかを明確化した。この新BCPリストは1年に1回または半年に1回更新している。

　「製品には旬な時期がある」と大村常務は語る。新製品の開発は自動車事業

の製品の場合2〜3年かかる。高い安全性が求められるため，顧客の厳しい認定基準がある。量産への移行は4〜5年後で，そこから10年間量産し，その後生産量を低下させていく。生産が低下している時期の場合は，デュアルファブのような効率の悪い対策を取るのは難しい。製品が旬な時に並行生産しながらリスク時の在庫の保有について顧客と協調しながら話を進める必要がある。しかし，今回の熊本地震で「実際には，リスク安全在庫については，在庫の保有がお客様のコスト増につながることもあり，お客様によって対策に差が生じた」と同社経営企画統括部の庄野部長は語った。

(5) 熊本地震におけるルネサスのBCPの対応状況と教訓

　同社のBCPは，熊本地震の際に機能した点としなかった点がある。機能した点の一つとしては，情報開示があげられる。地震後，直ぐに被災状況や復旧の情報を公開し，顧客から初動の早さが評価された。これは，同社のBCPで情報開示のルールを決めていたためであり，被災復旧の状況を24時間以内に公表するなど情報開示の期限をルール化していたことが奏功した。社長を筆頭に緊急対策のチームを作り，毎日の会議で情報を収集した。そして，情報発信の期限を切って，緊急対策チームにおいて，その時点でのベストな情報を判断して開示した。

　一方，同社は今回の熊本地震で平時のコミュニケーションの重要性を再認識することとなった。

　まず，不運にも想定外の地震に見舞われたことがあげられる。熊本地震では，同社工場は4月14日の前震と16日の本震の2回の地震，また8月にも再度余震によって被害を受けた。3回もの大きな地震が短期間で発生する事は想定外であったため，一部製品において在庫が枯渇した。

　また，製造委託先の被災が響いた東日本大震災時の際には，同社の後工程拠点や製造委託先は被災しなかったが，熊本地震時には複数の製造委託先が被災した。委託先は同社と別企業である為，同社と同様のBCPの整備は要求できていなかった。さらに，熊本県のハザードマップにも震度6以上の地震が発生

第18章　危機変化モデル

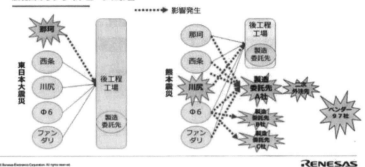

図表18-3　サプライ・チェーンの影響

出所：前掲資料, p.31

することは想定されてなかったため，地元の企業も，震度5までしか想定していなかった。つまり，同社のBCPに基づく製造委託先まで含めたサプライ・チェーンの維持は想定されていなかったのである。

一部の自動車関連の顧客との間では，同社とBCPに基づく推奨在庫の保有に関する取り決めを行っていたため，熊本地震の影響を軽減させることができた。しかし，先述の通り，顧客にとっても，取引先にとっても，リスクに備えて在庫を保有するためには，数億～数十億円という費用負担が必要となる。容易に対応できるものではないため，一部の顧客に対する供給に影響が出た。

同社はこの教訓を踏まえ，平時からの顧客とのコミュニケーションのさらなる徹底が必要と考え，BCPをBCM（Business Continuity Management）に改めて，リスクマネジメントの強化を図っている。

(6) 大部屋方式の採用で，スピード感をもって復旧に取り組む

全員が同じ部屋で同じ目標に向け，日々の進捗表を見て，毎日情報をアップデートする。誰が遅れているかが一目瞭然になるので，遅れているところを全員でフォローする。するとクリティカルなボトルネックが消えていく。目標を

271

立て，まずは実行する。そして遅れている人がいたら，全員で助ける。それができたらまた新たな目標を立てる。新たな，新たなと重なっていくと，ゴール達成に向けたプロジェクト全体のスピードが高まっていくというのが，大部屋のコンセプトである。

東日本大震災時に大部屋方式を導入した同社の社内では，グローバルにも大部屋という日本語が通じる。今回の熊本地震の際にも，那珂工場のスタッフが，熊本県で被災した川尻工場に急行し，経験やノウハウを生かして，大部屋を立ち上げて復旧に取り組んだ。

(7) 広報での発表のルール化

リスク時にはどうしても曖昧な情報や不都合な情報を確度が上がったり，対策が決まったりしてから発表したいという意識が働く。広報発表のルールが決まっていないと，実際のリスクの現場では情報開示が遅れやすい状態にある。そこで，同社は平時からリスク時の広報発表についてルール化し，社内の共有や意識統一を図ることによって，決められた発表のタイミングで適時適切に情報開示ができるように一丸となって対応している。

(8) 中小企業とのBCM構築の難しさ

今回の取材を通して筆者（佐々木茂）は自動車産業を対象にしている企業のサプライ・チェーンにおいてすべての取引先とBCP/BCMを構築することの難しさを感じた。これは，各取引先や顧客企業が，リスク在庫の負担を相応にせねばならず，取引に際してはその負担に耐えられる企業規模が求められているからである。

ただし，川下の顧客企業がリスク在庫の負担に応じてくれるようになると，川上の中小企業への負担が軽減され，こうした関係性が成り立つ可能性もある。地域の中小企業を活かしながら，サプライ・チェーンを実現していくためには，相応の知恵を絞る必要があると考えられる。

(9) 喪失した販路について

　商品の供給が途絶えている間に，顧客の中には自客への供給を滞らせることができないために，他社に切り替えてしまう企業も少なくない。実際に，同社が東日本大震災で被災した時，取引を止めてしまった企業があった。単一の仕入れ先から二社購買に切り替えた企業もあった。しかしながら，一旦は他社に切り替えたものの，同社の製品の品質やサービス面の優位性から2～3年経って，新製品の採用段階の際に改めて採用の検討を行ったという顧客もいる。最近の同社の好業績の背景には，過去の顧客との取引の再開が寄与しているという。

6. 事例研究③：マゼラン・リゾーツ・アンド・トラストによる外国人のトラベル・ボランティアの試み（観光交流が地域の活力源となる）

　本節では，観光分野における震災時の対応とその後について見ておくことにしたい。

（1）東日本大震災後に立ち上がった地方発の観光の取り組み

　日本の地理に詳しくない外国人の中には，東日本大震災による原発事故が原因で日本列島が隅々まで放射能で汚染されたと信じている人も少なくなかった。震災後の4月に来日した外国人は，前年度の63％減，9月になっても25％減という深刻な事態が続いた。震災後，日本の観光インバウンドになかなか復興の兆しが見られなかった。

　その中にあって，オーダーメイド旅行の手配を専門とするマゼラン（石川県金沢市）では，外国人富裕層のインバウンドが震災前までに前年比の300％と急成長を遂げていたが，原発事故の後は，50件の予約がすべてキャンセルされた。そして倒産の危機を感じた6月に背水の陣で次のプロジェクトに着手した（日本経済新聞地方経済面東北（2011.12.15））。外国人が日本の安全な観光を体験し，客観的に情報発信してもらうというトラベル・ボランティアのプロ

ジェクトである。この取り組みは，東日本大震災による観光産業の風評被害払拭を目的に企画され，募集に際しては85カ国1,897人から応募があった。この中からボランティアに確定したラファティとモリソン夫妻は100日間の日程で日本を1周し，フェイスブックやブログで毎日情報を発信した。2人は「日本の復興スピードは早い。日本全体をくまなく見て詳細に伝えていきたい」と話した（北國新聞（2011.9.14））。

(2) トラベル・ボランティアの行程概観

彼らの足跡を，いくつかの地方紙や全国紙の地方版から観察してみよう（以下引用）。

2人は富山県から旅行を開始し，電車などを使って100日間で47都道府県の観光地などをまわる。ゴールの石川県には12月21日に到着。同24日には被災した宮城県石巻市を訪れて，子どもたちにクリスマスプレゼントを渡す予定だ。旅行費用は基本的にマゼラン社が負担した。同社では支援金のほか，企画に協力してくれる宿泊施設や飲食施設，観光ガイドなどを募集中だ。詳細はホームページ（http://travelvolunteer.net/）に掲載されている。同社は「特に情報発進力の弱い地方の観光地が立ち直る助けになれば」としている（朝日新聞（2011.9.14））。

「トラベル・ボランティア」の英国人カップルは，20日夜，秋田市で開かれた北海道・東北ブロックの飲食店の業界団体の懇親会に特別参加。地酒やきりたんぽなどの郷土料理を堪能した。本県では秋田市や市内の商店街などでつくる「秋田駅周辺魅力創造プロジェクト」のメンバーが中心となり，旅を支援。なまはげ太鼓を気に入ったというラファティは「なまはげの形相に最初は驚いた。素晴らしい伝統が残っていることに感動した」と語った。モリソンは「自然豊かで風情ある秋田の温泉に入り，とてもリラックスできた」と満足げだった（秋田魁新報（2011.9.21））。

第18章　危機変化モデル

　市民ボランティア「善意通訳の会」の会員による案内で，初秋の花巻路を満喫。賢治記念館では，賢治が生まれた年と亡くなった年に，東北地方は大津波に見舞われた話や，賢治の作品が現在では，世界40カ国で翻訳されているといった説明を聞いた。ラファティは，「東日本の被災地は初めて訪れた。賢治のことなど，すごいことばかりで，世界に伝えたいことが沢山ある」と花巻が強く印象に残った様子。モリソンも「賢治はいろいろな分野に精通していて，とてもクリエイティブ。本の世界だけでなく，いろんなことに取り組んだ」と感服していた（岩手日日新聞（2011.9.27））。

　高山での初日は，奥飛騨温泉郷を訪問。飛騨・北アルプス自然文化センター客員研究員の案内で周辺の森を散策し，赤や黄色に彩られた日本の秋を満喫。樹木や木の実などを撮影した写真とともに「静岡に比べてぐんと寒い。日本の天気は地域によって違うことをまざまざと実感した」とブログにアップした。また，「震災後も安心して滞在できる日本の様子を，精力的にピーアールしたい」としている（高山市民時報（2011.10.28））。

　愛媛では，16日に瀬戸内しまなみ海道でサイクリングを楽しみ，この日の朝，JR松山駅に到着した。城山公園を散策したモリソンは「自然に囲まれた美しいお城ね」とほおを緩め，ラファティも「高台にあるから攻め落とすのは不可能だね」と城の造りに感心していた。その後，県庁と松山市役所を訪問。東倉・県経済労働部長から「長旅の疲れを道後温泉で癒やして」とねぎらわれ，午後からは道後温泉本館などへ。愛媛を「瀬戸内海の島々など自然が素晴らしく，古い建物や俳句など文化も残るすてきな街」と評し気に入った様子だった（大阪読売新聞（2011.11.18））。

　阿蘇の北外輪山の大観峰や中岳第1火口を訪問後，南阿蘇村でそば打ちを楽しんだ。火口縁では火口底の湯だまりを珍しそうにのぞき込み，カメラのシャッターを切っていた。「火山は何カ所か訪ねたが，火口を直接見ることが

275

できる阿蘇は最高。カルデラの内側で人々が安全に暮らしているのも実に興味深い」と2人（熊本日日新聞（2011.11.28））。

　本プロジェクトは，東日本大震災で落ち込んだ海外からの観光客を呼び戻したいとマゼランが企画したもので，アクセス数は約4ヶ月で5万件を突破した。福島県天栄村を訪れた際のブログには，米国で自分たちの家族がごく普通の生活を送る中で年間3ミリシーベルトもの放射線を浴びているといった趣旨の内容を記した上で，手に持った放射線測定器の写真を掲載し，「今私たちがいる福島での数値は年間1.4ミリシーベルトと，米国よりずっと低い」とアピールした（北国新聞（2012.1.29））。

（3）　トラベル・ボランティア・プロジェクトがもたらしたもの

　マゼランの取り組みも，実はCVS業界における危機変化モデルに相通ずるところがある。朽木社長によれば，「その後の業績は急回復し，当プロジェクトが終了した直後から，問い合わせと予約が増加した」という。

　さらに，当時の厳しい経営状況の中で退職する社員もいたものの，同志として業務に携わり続けた人たちが，現在の幹部社員として成長している。この取り組みは，災害に限らず，常に新しい市場の開拓を心がけるという前向きな事業開発スタイルに加えて，謙虚な気持ちで仕事に取り組もうとする経営姿勢の醸成にもつながっている。当プロジェクトから学んだ点は多く，今なお会社の誇りとして受け継がれ，会社としての自信につながっていることを確信しているという力強いメッセージを頂くことができた。

　マゼランが自社を取り巻く経営環境の激変に対して，1企業の問題を超えて日本全体の観光を外からどう変えていくかという点に注目したことは，安全な日本の観光を土台とした現在のインバウンド増加への第一歩につながったといえよう。

　外国人の視点で，当時から日本の状況を世界に発信し続けているJapan-guide.com（第9章参照）も同様の役割を果てしているといえよう。

7. 官官民民連携による災害復興への取り組み

　「官官民民」とは，国と地方自治体，産業，市民やコミュニティ組織のそれぞれが連携し，一つ一つの課題についてスピード感をもって克服する取り組みを示す筆者（佐々木茂）の造語である。本節では，熊本地震の際に，農林水産省から官邸に召集され，さらに，被災地の熊本県庁に赴き現地対策本部で陣頭指揮にあたった行政職員に対するインタビューをもとに発災直後の取り組みと官官民民の連携について考えることにする。

　この行政職員とは，元農林水産省食料産業局長の櫻庭英悦氏（現一般社団法人ヤマトグループ総合研究所）である。氏は，阪神淡路大震災の折に，食品流通局企画課で支援食料と現地の情報とのマッチング作業に当たり，新潟県中越地震の時は，総合食料局食品産業振興課長として支援物資を送り，東日本大震災の時は広報担当課長・農林水産分野の賠償担当審議官として震災対応に携わっていた人物である。また，熊本地震では，食料支援の担当局長として政府の対策本部に召集され，内閣官房審議官として現地に派遣された。櫻庭氏は，いわば大災害と向き合ってきた行政職員である。今回の熊本地震において氏の基本スタンスは明確であり，「熊本県に派遣されるに当たり，森山裕農水大臣から『支援食料は手元に届いてなんぼであり，状況をしっかりと把握し本省に伝達し行き届かせること。被災された方々に寄り添って行動すること』という指示を受けたことを忠実に守った」と述べている。このことは，今後の食料等の災害支援に当たっての核心であろう。

(1) 現場の組織体制をプロジェクト・ベースに修正

　今回の熊本地震の政府対応の特徴として，現地の政府対策本部の組織体制があげられる。これまで現地対策本部は，内閣府防災担当副大臣や政務官の下に内閣府防災担当審議官が各府省のリエゾンに情報伝達していたが，今回の熊本地震では関係府省の局長・審議官クラスを内閣官房審議官として併任させて現地に派遣した。そして，このチームに大幅な裁量権限を持たせながら東京の政

府対策本部と有機的な連携を図り，被災地の地方自治体と一体的に初動支援を行った。本来は霞が関でそれぞれの所管の対応指揮を行う行政職員が現地で指揮をとるが，今回は各府省の枠を離れて，現場の目線で省横断的に対応することができた。このような対応によって，スピーディな政府対策本部の意思決定と支援が行えたと考えられる。

(2) リーダーシップと連携

このように過去にはなかった組織体制がいかにして対応できたかについて，いくつかの実例を挙げて見ていくことにしよう。

上水道は厚生労働省，下水道は国交省の所管であり，地方自治体の担当課も分かれているといったケースが多い。今回も重要なライフラインである水道の通水に当たって，下水道がチェックできていないということから上水道の試験通水ができない，一方で上水道に水を流さないから下水道の状況が分からないという問題も出てきた。そこで，彼らは，上水道，下水道の担当者が一緒になってチームで回るように組織横断的な対応を行った。このような対応により，水道の復旧が飛躍的に早まったといえよう。

熊本地震の発生当初は，国と地方自治体が支援を行っていたが，これに加えて途中から現場の判断でNPOのネットワークと連携することにした。今回の震災では，熊本市内の指定避難所ではないところに大勢の人たちが避難し，混乱した状況が生じたが，こうした場所において，NPOの方々がサポート役を担った。後述するように今回の支援は「プッシュ型」であり，NPOとの連携によって非指定避難所にも物資を送ることが可能となった。

今回の熊本地震では2度の大きな揺れが襲い，多くの人たちが車中泊をしたため，支援食料品の数量把握に困難を極めた。加えて，ガス・水道のライフラインが未復旧のため，在宅避災者も飲食料品を求めて避難所に訪れた。このため，避難所には避難者の何十倍もの人々が集まる事態となった。この問題に対し，現地の本部は，コンビニを利用してもらうということになった。そこで，本部は経産省を通じて他県のコンビニのパンやおにぎりといった食料品を

送ってもらえるように呼びかけた。そして，九州の他県や中国地方のセブンイレブンやローソンなどがこれに呼応した。

さらに外食チェーン店や弁当店の稼働も要請した。水道は，東京都や横浜市等の水道局が，いち早く対応した成果もあり，徐々に供給できるようになった。熊本市の都市ガスの復旧はやや遅れていたが，外食や惣菜店の多くが火力の高いプロパンガスを利用していたことから，農林水産省を通じてプロパンガスの供給を要請した。

これらを動員した結果，食料の提供は，1週間〜10日ほどでほぼ改善され，結果的に，避難所の負荷が軽減した。

（3）ロジスティクス

熊本地震の際には，日本通運株式会社（日通）とヤマト運輸株式会社（ヤマト）が国交省の指示を受け，救援物資の配送部隊として配置されていた。発災当初からこの2社は県庁の災害対策本部に詰めたが，彼らは本部の会議室が空いているときにはその一角を使用できたものの，各府省の利用時は退去が求められ，時には外での立ち作業や打ち合わせが強いられた。これでは，物資輸送のコミュニケーションも上手くいかないので，現地本部の要請により少し距離は離れていたが，九州農政局の1室に彼らが執務できる場所を作った。農水省と日通とヤマトが，同じ場所で同じ地図を見ながら輸送オペレーションを遂行した。現場重視で，裁量を任され，官邸との間でも朝昼晩と対話することができたため，スムーズに話がつながっていった。

日通とヤマトが作業をするオペレーションルームには，東日本大震災の経験者がいた。当初は重要な支援物資も時間の経過とともに不要となる場合があった。東日本大震災は冬季に発生したため，春夏になると厚手の布団やセーター等の冬物を選り分けて，避難所から出すことに苦労したとの話を聞いた。震災直後，多くの避難所では簡易トイレや乾パン等が求められていたが，1週間もたてば不必要な物資をそこからどう出すかということが現場のロジスティクスの課題となった。熊本では，その時点で必要のない物資を契約倉庫や県の倉庫

に吐き出した。また，日通とヤマトが集積所において，プロの目で動線の確保や先入先出しができるように物資を整理し，碁盤の目上に用途別に配置することを決めた。配置は，男性用歯ブラシの区画は1-1-1，子供用の男の子は1-1-2，大人用の紙おむつは1-2というように機能的な配置をアドバイスした。救援物資を機能的に置くというという対応はマニュアル化しておく必要がある。

　ロジスティクス面では，現場の状況に合わせて提供方法にも工夫を加える必要がある。たとえば，2リットルの6本入り1ケースを1/4の500mlにする，ボトルではなくコップで飲めるようにするなどのニーズが現場にあるとわかってきた。また，水だけでなくジュースやお茶も提供した。

　東日本大震災『より良い被災者支援のための自治体のあり方』によると，ヤマト運輸が協力するようになると，集積所内の物資の種類や数量を正確に把握したり保管場所を整理したりすることができるようになったと記されている。また，地元の道路に精通したドライバーが配送することによって朝・昼・夕1日3回の配達が可能になったことも述べられている。さらにドライバーの自主的な判断により，避難所以外の場所に避難している被災者についても，居場所を把握するとともに必要なものを届ける「御用聞き」が行われるようになったことも記されている。

　同社は2011年12月末現在，延べ人数で14,151人，車両4,187台分の支援を東日本大震災の際に実施した。支援が実施された自治体では，物資の保管・整理や避難所への配送等が大きく改善された。また，集積所を担当していた自治体職員も，ヤマトのノウハウを修得することで他の被災地支援業務などに従事できるようになった（Team Emergency（2011））。

（4）プッシュ型復興対応の取り組み：発災からの状況に応じた行政の支援体制の変容

　ここで，熊本地震で効果を発揮したプッシュ型の復興対応についてみていくことにする。

第18章　危機変化モデル

図表18-4　第一段階〜数週間 ➡ プッシュ型復興方式

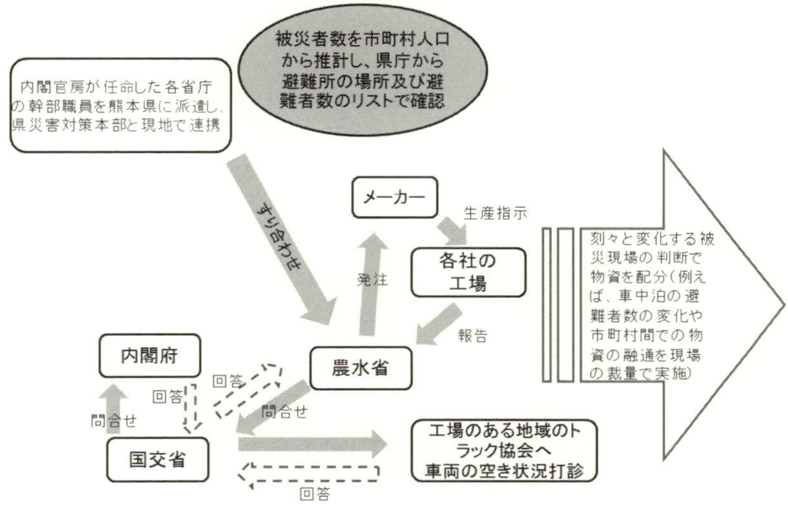

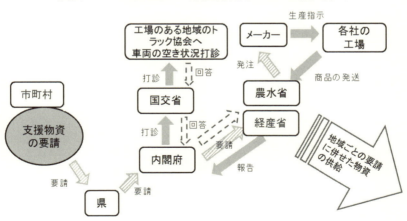

出所：筆者作成

図表18-5　おおむね1ヶ月程度以降 ➡ プル型復興方式

出所：筆者作成

281

① 第一段階

　発災直後の1～2日は，家庭や自治体が備蓄した物資による対応が不可欠となる。したがって，どのように平時において備蓄をしておくかという検討が，コミュニティ（居住地区，職場や学校や病院）ごとに必要になる。

② 第二段階：（災害の規模が大きくなると必要になる）

　プッシュ型とは，個々の市町村からの支援要請を待たずに見込みで支援物資を調達して現場まで輸送し，現地の判断で各避難所に配布することを指している。それに対して，プル型は，市町村単位に基づいて物資を提供する方式である。規模の大きな災害の場合，調達の体制が整うまでは，避難者の所在が不明確なこともあるので，プッシュ型で支援する形が望ましいと考えられる。

　熊本地震では，現場の派遣者と農水省がすり合わせて，プッシュ型でメーカーに食料品を発注した。これが可能になったのは，熊本県庁から避難所の場所や避難者数のリストが入手できたからである。このリストに基づき推計による発注を行った。(2)でも指摘したように，避難者数と現地の情報が一致せず，最初の数日は避難所によっては物資の不足感が発生していた。プッシュ型の支援を行いながらも実際には，A町に行く予定のおにぎりがA町では充足していたためにB村に送ったなど，現場での臨機応変な対応が多々見られた。プル型では，こうした融通を利かせることができない。なぜなら，当該市町村の要請に基づき行うということは，当該市町村の財政負担になるため，他に融通できないということになるからである。

③ 第三段階（熊本県の場合，市町村の状況により異なる）

　②で述べたように，プッシュ型を採用した結果，必要とされているところに食料が行き渡るようになった。「熊本地震：庁舎耐震化，市町村を支援　熊本知事が意向」の記事で，熊本県知事が，「国に対しては，「食料支援は成功した」と評価する一方，特に同県南阿蘇村の道路や橋が‥‥」（毎日新聞(2016.5.7)）と述べていることからも，食料支援については，国の支援が上手

（5）情報共有化のスピードアップ

　災害時には，電力の確保が不可欠となる。熊本地震では，電力が当初から使えたため，関係各方面との連絡に滞りがなく，復興のスピードが加速した。その意味で，災害時の電源確保という至上命題をコミュニティごとに，日頃から検討しておく必要がある。

　熊本地震の際には，SoftBankの孫正義氏によりタブレット1000台が無償で提供された。これによりソフトウェアを組み，端末でどこに何があるかについての共有化を大規模に実施することができた。食料在庫や企業のリストは東日本大震災の時に作成したものに修正を加え，タブレットで集約して活用した。

　情報伝達をいかにショートカットして，地元の自治体と共有するかが重要である。必要な情報は，常にプリントアウトして貼り出し，可視化した。今起きている状況を速やかに把握できるように，国土地理院がマップ化したものを掲示し，自衛隊機が飛んでいる様子もスクリーンで流した。

　情報の共有化で参考になるのが，岐阜県高山市のWi-Fi設置の取り組みである。同市では，「①観光客の利便性の向上を図るとともにSNS等による当市の魅力の発信を促す」，「②観光客に対し，旬な観光情報や災害時の緊急情報等を提供することにより，観光客が安心して快適に滞在できるようにする」，「③観光客の国や地域などの情報を入手し，動向を把握することにより，その後の誘客活動に活かす」といったマーケティングの目的を達成するために，2014年に市内12カ所にWi-Fiを設置した。実際に，2015年の大雨の際，観光客にメールで災害情報を発信し，観光客の安全確保に貢献している。

（6）コミュニティの価値

　学校を連休明けに再開したいという連絡がきたので聞いてみると，都会とは違い，顔が見える同じ集落，コミュニティが熊本には存在しており，子供たちのために避難所を引き払おうと話し合っている人々がいることが分かった。ま

た，避難所の中にペットをいれても，「あの猫は家族同様だよね」と周りが納得する。コミュニティが生きているというのは，災害の時ほど大切になる。

　避難所は，自治会のように運営する必要があるが，役場の人も被災者であり，すべてを役場任せにするわけにはいかない。NPOの方々のノウハウや現地での対応は特筆されるものであったが，基本的には，普段からコミュニティ作りを心掛ける必要があると思われる。

　中田実らによれば，保育所も学童保育所も，需要に対して待機児童が増加している中で，地域では，町内会やNPOが軸になって地域の子育て機関と連携して，子育ての悩み相談等に取り組む例も増えているという。一方，高齢化率は26.7％（平成28年版高齢社会白書（2016））に達し，高齢者数は3,392万人（同上書（2016））となる。65～74歳の被保険者の中で，要支援の認定を受けた人は1.4％，要介護の認定を受けた人が3.0％である（同上書（2016））。つまり，この世代の95.6％の高齢者は元気に過ごしている。この元気に暮らす高齢者の力を社会的に活かす必要がある。高齢者給食サービス，相互の見守り・訪問などの支援活動，危険個所などの点検などがコミュニティによって行われているが，これらの活動は高齢者自らの生きがいにつながる活動であり，そのことで地域の生活条件の向上が図られている（中田実，山崎丈夫，小木曽洋司 2009））。

　また，集合住宅におけるペットとの共生活動として，森の里荘団地自治会がペット問題プロジェクトチームを発足させ，問題解決に取り組んでいる（同上書（2009））。

　防犯の対策としても，町内会には町内全体の共同防衛組織としての機能を果たすことが期待されている。防犯は，各戸の自己防衛のみならず，住民同士のつながりを強めていくことが重要である。地震や火事・台風などの災害への配慮を欠くことはできないが，その場になって日常的な準備の必要性を痛感するというのが実態であろう。これまでの災害時の実態調査では，「誰が最も頼りになったか」という質問に，「隣近所の人」「自分の家族」をあげる人が多い。非常時を想定した町内会・自治会・コミュニティを基盤にした自主防災組織を

地域に確立していくことが課題になる（同上書（2009））。自主防災組織は，全国に153,600団体が存在し，全国の活動の77.9％をカバーしている（防災白書（2014））。この組織は，地域の自助，共助，公助という地域の防災の中で，地域や隣近所の人たちが協力し合って防災活動に組織的に取り組む体制を指している（自主防災組織の手引（2011））。

以上のことから，防災に向けてのコミュニティ作りは，事後的になされることもやむを得ないが，日頃から，他の目的でも構わないので，コミュニティでの活動を通じて協力関係やコミュニケーションが取れる関係性を構築しておくことが，災害時の生活を持続的なものにするインフラの形成につながってゆくと理解される。

（7）きめ細かい配慮～災害時だからこそ心がけたいポイント
① 女性のサポートが復興には不可欠

今回の地震では保健師，女性警察官，女性自衛官が避難所における様々な問題や情報を提供してくれた。たとえば，着替えや授乳の場所の確保や，プライバシーをどう守るかといった悩みを被災者に耳を傾けて改善につなげた。このように，災害時における女性の役割をマニュアルに位置付けることは重要である。

② プライバシー，安全・安心・衛生の確保

避難所のプライバシーをどう守るかは重要な課題である。トイレを男性用，女性用に分けるのは当たり前で，和式，洋式，さらには，トイレ掃除の当番や方法も問題になる。仮設トイレは経産省，臭い消しの強力な薬剤は環境省が用意していた。手洗い所には厚労省がアルコールなどを置いておくなどした。これらがスムーズに動いたのも現地対策本部内で情報共有がなされていたためである。

③ 参加型の復興

　避難所等においては，自治体職員やNPO等の多くの人々が支援活動を行っていたが，被災者自身もそれぞれの役割分担を明らかにすることは大切である。いわゆる避難所自治のあり方は今後の重要な課題といえる。発災当初の避難所はそれこそ空いているスペースに入り，休息をいかにとるかが健康を保持する上で重要になるが，一定の期間を経ると，各々の居住スペースをいかに確保するか，という再配置が課題となる。これは，被災者の理解がないと進まない問題である。参加型の例としては，主婦には炊き出しのおにぎり作り，子どもたちもバナナを配ったり清掃をするといったことで良い。このように，避難所の自治会組織の運用マニュアルも作っておく必要がある。

(8) マニュアルの整備と活用法

　食中毒が発生したが，原因はボランティアの人たちが素手でおにぎりを握ったためであった。ボランティアの人たちには炊き出しの衛生管理マニュアルがなかった。保健所があたりまえとしていることが混乱している現場では実施されていない。ノロウイルスが発生した避難所の環境は劣悪で，水洗トイレの水がなく，下の川からポンプでコンテナに水を揚げ，バケツで汲みだした水を流していた。また，トイレや体育館の廊下に土足で入っていたため，あっという間に菌が蔓延した。そこで保健所の指導の下，中学生・高校生が全て清掃を行った。土足は体育館の玄関だけで，他はトイレも含め土足を厳禁とした。発災直後に避難し，混乱状態では止むを得ないことではあるが，体調のすぐれない人は医師団に申し出るといったことや避難所の衛生管理の方法など，そのような配慮に基づくマニュアルが必要である。

　マニュアルは読んでおいた方がいいが，マニュアル通りにしようと思うと上手く機能しないこともある。マニュアルがあっても臨機応変に対応することも求められる。たとえば，熊本地震では阿蘇大橋が崩落して利用できなくなってしまったが，県がJAと災害時の農産物供給に関する協定を組んでいたものの，現地では全く物流が機能しなかった。誰がどこに運ぶかということが何も書か

第18章　危機変化モデル

れていなかったのである。

　このような状況に備えて，震災を経験した人がマニュアルを作成し，ひな形を作っておくと良いのではないだろうか。自治会をどう運営するのかなど，実用可能なマニュアルを作ると良い。マニュアルは与えられるものではなく，市町村が地域の実態に合わせて自ら作るものである。マニュアルを作るためのガイドブックの制作も望まれる。

　災害への備えとして，今すぐにできることはマニュアルの制作と見直しである。特に，福祉避難所，病院からどのように患者を動かすか，自家発電がいつまでもつのかなど，基本的なインフラの維持につながる部分から準備を行う必要がある。

　東京都が発行している「今やろう。災害から身を守る全てを。東京防災」は，一般の人にもわかりやすく防災への取り組みを解説している。まずは，こうしたマニュアルから日常の心がけを再認識することも良いのではないだろうか。以下は，東京都が発行したマニュアルに記述されているメッセージである。

　「今やろう。もしも今，東京に大地震が起きたら。そのとき，家にいたら？　地下鉄にいたら？　真冬だったら？　真夜中だったら？　ひとりでいたら？　守るべき誰かといたら？　東京が一瞬にして姿を変えるその瞬間，あなたはどうする？　今想像しよう。今正しい知識を得よう。今備蓄しよう。今家族や近所の人たちと話そう。一つひとつの小さな備えが，あなたを守る盾になる。人は，災害と戦える。今やろう。災害から身を守る全てを。」(東京都総務局総合防災部防災管理課（2015））

　本節では，熊本地震で機能した組織横断的な体制と連携のあり方について述べてきた。熊本地震の際には，現場の課題にスピーディに対応できたこと，発災時の行政のプッシュ型支援が奏功したこと，情報共有化のスピードが上がったこと，コミュニティの重要性が再認識されたこと，災害時のきめ細かい配慮が認識されたこと，そしてマニュアルの再整備が求められていることが明らかになった。こうした国・地方自治体・企業・市民が連携するとともに，非常時においてリーダーシップが発揮されることは，復興へのスピードアップを図る

上で有効である。

8. 震災に備えるための提言

　本章での考察を通じて，企業の経営面での危機的状態を乗り越える不断の努力は，想定外の自然災害を乗り越える基礎体力を養成する。そして，災害支援を通じて，次第に競争体力が磨かれ，企業の革新と進化につながることが明らかとなった。

　これらの行動を説明する危機変化モデルでは，適応と変化の段階に至ることができない企業は，市場から撤退せざるを得ないが，CVSは，危機的状況に力強く向き合うことによって加盟店数を増やし続けている。この姿勢は，経営トップが現場を重視し，現場に「まかせる」ことによって，時宜に適った意思決定を促すことができる。

　各地から被災地の応援に参加する社員は，支援を通じて自らの地域での災害への備えや対応を実地で体験するとともに，学ぶ機会を得ており，これが，危機的状況にあっても工夫を続けられる基盤になるものと考えられる。

　ルネサスの考察からは，BCPを制定して備えていても，想定外の事態にまで対処できないといった実態が明らかになったが，新たなBCPリストを作成することによってイノベーションにつながっていった。特に，サプライ・チェーン全体から協力を得て復興できたことは，同社にとって様々な資源を蓄積することにもつながっている。そして，平時でのコミュニケーションの重要性を認識しながらBCPからBCMへの転換を図り，マネジメントを強化した。

　一方で，川上の中小企業も含めたサプライ・チェーンを維持し，強化しようとすると，各企業の負担が大きくなってしまい，重複も出てしまうために，かえってコスト・アップ要因となってしまうことも判った。このためサプライ・チェーンを実現していくためには，相互に知恵を絞る必要があることが明らかとなった。

　さらに，災害で一度は顧客を喪失しても，上記のようにBCMを充実させ，

常に変化に対応し続ける柔軟性を身につけることによって，取引を再開できる顧客もいることは，復興の経営において何よりの成果といえるであろう。

マゼランの外国人ツーリストによる取り組みも，民間主導であるとは言え，客観的な実情を伝えることに奏功した。さらにこの取り組みは，マゼランの社内に市場の開拓に向けて意欲的に取り組もうとする事業開発スタイルを創出させ，日本のインバウンド観光を回復させる一助となった。

官官民民連携の考察からは，災害の状況に合わせた支援の体制を整えるとともに，復興の度合いに従って，より組織が機能するように切り替えていく柔軟性が求められることが明らかになった。

また，戦略面では，ロジスティクスの再構築を検討することが求められていることも判った。震災の際には，従来のルートが寸断されてしまうので，どこから調達し，どこに配分するのかということを再検討する必要がある。そして，復旧とともに，従前の形に戻すもしくは実状に適したロジスティクスを再再構築していくダイナミズムが求められている。復興支援に従事する企業や自治体には，さまざまなノウハウが蓄積されていき，支援や復興事業の経験は，自社や自地域のイノベーションにつながるのではないだろうか。

危機的状況に直面しても，内と外の視点を的確に使い分けながら，客観的な情報を提供することが，遠回りのようでいて実は本質的な問題の解決につながるのではないかと考える。

(注)
(1) 第4節は，株式会社ローソンコミュニケーション本部広報室のご協力の下，執筆させていただいた内容を元にまとめたものである。ご協力に感謝申し上げます。
(2) 第5節は，ルネサスエレクトロニクス株式会社の執行役員常務兼第一ソリューション事業本部長の大村隆司氏，同・企画本部経営企画統括部経営企画部部長の庄野栄三郎氏，同・企画本部経営企画統括部コーポレートコミュニケーション部部長の小林洋一氏のご協力の下，東日本大震災の前後から熊本地震での対応とその後の状況について，ヒアリングさせて頂いた内容を元にまとめたもの

である．ご協力に感謝申し上げます．
(3) 第6節は，マゼラン・リゾーツ・アンド・トラスト株式会社代表取締役朽木浩志氏にヒアリングさせて頂いた内容を元にまとめたものである．ご協力に感謝申し上げます．
(4) 第7節は，(一社) ヤマトグループ総合研究所エグゼクティブアナリスト　櫻庭英悦氏にヒアリングさせて頂いた内容を元にまとめたものである．ご協力に感謝申し上げます．

【参考文献】
Louis W. Stern and Adel I. El-Ansary (1988) *Marketing Channels, Prentice Hall*, 3rd ed, pp.222-223.
秋田魁新報 (2011.9.27) 「＜支え合おう東北＞東日本大震災・秋田からできること　英国人カップル本県入り，ブログ通じ世界へ情報発信　日本の観光と復興をPR　地酒や郷土料理堪能」
朝日新聞
　　http://www.asahi.com/articles/ASJ4M5FWXJ4MTIPE02V.html
朝日新聞 (2011.9.14) 「「日本安全」外国人ブログ旅　風評被害払拭へ，金沢の旅行会社企画／石川県」
岩手日日新聞 (2011.9.27) 「英国人トラベル・ボランティア2人，安全な花巻発信へ」
NHKニュース
　　http://www3.nhk.or.jp/news/business_tokushu/2016_1014.html
大阪読売新聞 (2011.11.18) 「「ステキ松山」英国人発信　日本縦断ブログ旅　若者2人＝愛媛」
熊本日日新聞 (2011.11.28) 「震災後「日本の姿」正確な情報を発信　2人の英国人が大観峰など訪問　金沢の旅行社企画　風評被害　イギリス」
経済産業省『商業統計表の各年度の業態別統計編 (小売業) 平成26年度商業統計』
佐々木茂 (2012) 『「産学連携共同研究」観光経営マネジメント教育推進ワーキンググループ報告書』観光庁
DIAMOND Chain Store (2016) 「Top Line Insider　熊本地震発生　あらためて示された小売業の役割」『ダイヤモンド・チェーンストア』(2016.6.1) p.22.
高山市民時報 (2011.10.28) 「高山の魅力ブログで世界へ」
財部誠一 (2013) 『ローソンの告白』PHP研究所，pp.175-204.

第18章　危機変化モデル

チェーンストアエイジ（2013.6.1）p.52.
徳永豊（1990）『アメリカの流通業の歴史に学ぶ』中央経済社，pp.226-230.
日刊工業新聞（2016.5.31）「深層断面/熊本地震で存在感発揮したスーパー・コンビニ，東日本大震災の教訓」
　　http://www.jfa-fc.or.jp/particle/320.html
日刊工業新聞（2016.5.11）「コンビニ3社の4月売上高，全社がプラスに─販促が奏功」
日本経済新聞（2011.12.15）「「日本救う中小」に東北16社，ニューズウィーク日本版が選定日本」
北國新聞（2011.9.14）「英国人カップルに決定　トラベル・ボランティア　日本の魅力発信へ」
北國新聞（2012.1.29「英国人ペア日本を発信　ブログで安全性PR　100日間アクセス5万件」
ローソン（2016）『ローソン統合報告書』
ローソンニュース
　　http://www.lawson.co.jp/company/news/detail/1272924_2504.html
Team Emergency（2011）「より良い被災者支援のための自治体のあり方〜東日本大震災を受けて〜」p.160.
　　http://www.hitozukuri.or.jp/jinzai/seisaku/80kenkyu/01/H23/H23_emg_all.pdf
毎日新聞（2016.5.7）
高山市のインバウンドの取り組み（2014）
　　https://wwwtb.mlit.go.jp/chubu/kikaku/syoryudo/sub-meeting-go/no2-4-1.pdf
中田実・山崎丈夫・小木曽洋司（2009）「地域再生と町内会・自治会」自治体研究社，pp.33-40.
内閣府（2016）「平成28年版高齢社会白書」
　　http://www8.cao.go.jp/kourei/whitepaper/w-2016/zenbun/28pdf_index.html
内閣府（2014）「平成26年版防災白書」p.16.
消防庁（2011）「自主防災組織の手引」p.5.
　　http://www.fdma.go.jp/html/life/bousai/bousai_2304-all.pdf
東京都総務局総合防災部防災管理課（2015）「今やろう。災害から身を守る全てを。」東京防災

（佐々木　茂）

震災に備えるための産業持続策
～BCPの視角から～

1. はじめに

　わが国では，阪神・淡路大震災，中越地震，東日本大震災，そして熊本地震と四半世紀の間に大きな震災を4回も経験した。これらの震災では，多くの企業が人材や設備等の貴重な経営資源を失い，廃業や倒産に追い込まれた。他方，震災の影響が小さかった企業でも，復旧が遅滞し，製品やサービスの供給が不可能となり，顧客を失い，従業員を解雇せざるをえない状況に追い込まれることもあった。多くの地質学者は，今後の地震発生も予測し，警告を発している。これまでの章では，震災発生後だけでなく，震災に備え多様な取り組みが，個人（家庭），企業，社会において必要なことが指摘された。本章ではこれまでの章を踏まえ，震災に備えるための産業持続策をBCP（Business Continuity Plan＝事業継続計画）の視角から取り上げたい。

2. 事業継続計画（BCP）の必要性

（1）震災後の事業継続体制の整備

　多くの製造業は，震災発生によって事業継続が困難となり，製品の安定供給が不可能になる。燃料や電気等のエネルギー供給の制約，情報通信機能の断絶が長期間に及び，直接被災しなかった企業もその影響を受け，事業活動の回復

が遅滞する。これらは調達，生産，流通，販売の段階を集約化し，効率性を追求してきた結果でもある。そのため，平常時の生産性を維持し，非常時に備え，物流システム等で複数のバックアップ体制の検討等，災害時にも機能するサプライ・チェーン構築の必要性は第14章で取り上げた。

　サプライ・チェーンへの対応は，企業，業界等，行政で異なる。企業は，事業活動の持続性を高め，効率性追求とバランスをとりながら，リスク分散を図る必要がある。さらに製造から販売体制までの見直しや本社機能分散等の補完体制構築，非常時における調達先の複数化やサプライ・チェーン全体での適正な在庫配置・確保等の検討が必要となる。また業界等では，サプライ・チェーンを総合的にとらえた緊急連絡体制の整備，在庫の融通等に積極的に取り組む必要がある。そして行政は，業界内等の連携で解決できない課題は，平常時から不測事態を想定し，様々な規制等を見直すために検討する必要がある。特に複数県や広範囲に跨がるバックアップ体制構築等，製品のサプライ・チェーン対策をし，非常時の情報提供・緊急連絡体制を強化する必要がある。このような事業継続のための企業，業界，行政の取り組みは，この四半世紀にわが国で起きた震災により，大きく改善され，今日に至っている。震災による事業継続の重要性がその度に強く認識されるようになった。

(2) BCP構築とBCM

　震災により，多くの企業は同様に操業停止となる。阪神・淡路大震災のような局地的被災から東日本大震災のような広域被災まで幅がある。前者の場合，顧客が被災していない場合も多く，一時は被災企業の復旧を待っても，長期間は待つことができず，他社へと取引を切り替えることになる。したがって，企業の製品やサービスが停止すると，当該企業の顧客をはじめ，社会に影響を及ぼす。そこで経営者は，個々の事業形態・特性を考慮し，企業存続のためにBCPとその運用，見直しまでのマネジメント全体であるBCM（Business Continuity Management）の構築が望まれる（経済産業省（2005）p.1）。

　英国規格協会（BSI：British Standards Institution）が策定したPAS56「事

業継続管理の指針（Guide to Business Continuity Managament）」では，BCPは「潜在的損失によるインパクトを認証し，実行可能な継続戦略の策定と実施，事故発生時の事業継続を確実にする継続計画」（BSI：http://www.bsi-global.com/index.xalter）としている。また中小企業庁では「企業が自然災害，大火災，テロ攻撃などの緊急事態に遭遇した場合において，事業資産の損害を最小限にとどめつつ，中核となる事業の継続あるいは早期復旧を可能とするために，平常時に行うべき活動や緊急時における事業継続のための方法，手段などを取り決めておく計画」としている。また前者ではBCMを「組織を脅かす潜在的インパクトを認識し，利害関係者の利益，名声，ブランド及び価値創造活動を守るため，復旧力及び対応力を構築するための有効な対応を行うフレームワーク，包括的なマネジメントプロセス」としている。つまり，BCPやBCMは，災害発生から「いかに事業を継続させ」「いかに事業を目標設定時間内に再開させるか」への対策である（経済産業省（2005）p.2，内閣府（2016）p.2）。そこでは，計画を実行するマネジメントの視点が要求される。

　中越地震では，都市直下型地震であった阪神・淡路大震災に比べ，本社や重要拠点の直接的な被災は少なかったが，被災地に製造拠点を置く取引先や子会社が被災し，サプライ・チェーンで問題が生じ，そこでは代替拠点の確保等，サプライ・チェーン・マネジメント（SCM）観点からBCM構築の必要性が認識された。そして，企業活動の早期再開・早期復旧・全面復旧等，事業継続に関わるBCMの重要性が明確になった（経済産業省（2005）p.5）。

　サプライ・チェーン・マネジメントはそれを構成する企業全体で経営効率化を図る経営管理手法である。これにより，在庫削減や仕掛品削減，生産・供給のリードタイム削減等につながる。他方，サプライ・チェーン・マネジメントの導入は，サプライ・チェーンを構成する一企業にボトルネックがあると，構成企業全体に影響する可能性がある。つまり，サプライ・チェーンを構成する一企業の事業中断が，他の企業の事業中断に波及する。そのため，自社だけでBCPを構築せず，それを構成する全企業でBCPを構築する必要があり，この考え方が浸透するグローバル企業では，サプライ・チェーン構築企業に対し，

図表19-1 震災時に企業が守るべき対象と考慮要素

守るべき対象	考慮すべき要素
顧客や従業員の安全	災害時は顧客や従業員の安全第一。施設の耐震性、火災時の避難経路確保等
会社の事業	できる限り事業を止めず、いかに早く事業を復旧するかが重要。災害時の会社施設の変化や事業を復旧する手順を想像。
顧客	顧客との取引を維持・回復し売上確保。顧客と平常時に話し合い、事業復旧時期を考慮。
従業員の雇用	従業員を解雇しないことは経営者の大きな使命。

出所:中小企業庁(2009)より筆者作成

BCP策定や適用を求めることが多い(経済産業省(2005)p.3)。

(3) 事業継続から地域継続へ

BCPからCCP(Community Cotinuity Plan=地域継続計画)への展開・普及がある。第1章では、BCPをレジリエンスの醸成・延伸ととらえている。それは21世紀になる頃、「2000年問題」や「9.11」を経て、世界的な非常時に組織機能の維持・再開ついて事前検討の重要性が認識されたことによる。また2000年頃から、震災時のBCP策定への認識が社会に拡大し始め、中越地震がそれを加速させた。世界では国際規格ISO22301(Business continuity management systems-Requirements)、わが国ではJISQ22301(日本工業規格:事業継続マネジメントシステム)が制定された。災害復興論、防災社会工学領域では、BCPをCCPともに、復興と防災を関連させ位置づけている。

BCPでは、その内発性・自立性が重要である。ただシステムエンジニアが机上で策定した強靱性を事業計画書に記入するのではなく、現場が主体的に策定するBCPはCCPと連動させ、レジリエンス基盤のBCPを策定すべきである。また、震災時、顧客や従業員の安全が最優先であるが、企業を守るためにはBCPが必要である。そのために中小企業庁(2009)では、対象と対応に分けて明示している(図表19-1)。この表からもわかるように守るべき対象を守

ることは，地域を守ることにつながる。

3. BCP策定の要点

(1) 事業計画のための優先事項

　BCPは，企業等が特定の災害や事象によらず，事業活動の停止等に直面した際，重要事業を絞り，優先的に継続する体制やルールの手順書となる（東京商工会議所（2012）p.6）。図表19-2は，危機発生後，企業の売上・利益が減少し，発生以前からの落ち込みが確認され，それをできる限り抑えるためにBCPを発動し，危機発生以前と同水準への復旧を時間軸で示している。ここではいかに損失を最小限に止め，回復時間を短くするかが重要となる。

　震災が発生し，企業が被災すると事業継続が困難になり，顧客の需要に応えられなくなる。最悪の場合は廃業となり，廃業に至らずとも事業縮小を余儀なくされる。この防止には，計画的に行動可能な対策が必要になる。図表19-3は重要課題と対応の具体策である。非常時に向け，中核事業と目標復旧時間（RTO：Required Time Objective）を明確にすることで，BCPの骨格ができる。

　また企業内で事業が多岐に亘ると，優先すべき事業を明確にする必要がある。そこでは事業の中断による損失を想定し，組織に与える経営上の影響をできる限り数値化，分析する（ビジネスインパクト分析）。そして，①利益高が高い事業，②売上高が高い事業，③現金化できる期間が短い事業，等を特定する。さらにこれら基準で選定した事業の外部との依存関係や当該事業を進めるために重要な経営資源を調査する。ここで洗い出した資源で「社会・取引先への影響」「代替が効かない」「再調達に時間がかかる」「必要不可欠なデータ」等を抽出し，重要性を整理する。また事業の中断による利益喪失を時系列で分析し，顧客が他社へ移り始める停止時間なども検討する（東京商工会議所（2012）p.8）。これらの分析により，中断時期の限界や復旧目標時間を決定し，早期に復旧すべき重要業務を決定する。

第19章　震災に備えるための産業持続策～BCPの視角から～

図表19-2　事業継続計画の概念図

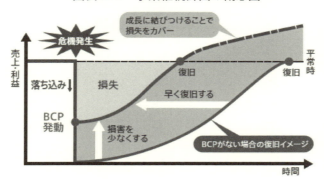

出所：東京商工会議所（2012）p.6

図表19-3　BCP策定における重要課題と具体的対応

重要課題	対応の具体化
①中核事業の特定	a) 事業のうち、非常時に優先して継続・早期復旧すべき事業の特定 b) 重要な顧客、利益が大きい事業、今後の成長が期待できる事業等、経営者が総合的に判断し、中核事業を選択
②目標復旧時間決定	a) 中核事業の復旧目標時間を決定 b) 目標決定により、実現への対策を進め、緊急時の計画的行動を促進 c) 顧客との取引維持、会社の財務破綻等の観点から決定
③事前対策や代替策準備	a) 中核事業継続に必要な経営資源が非常時も利用可能なよう対策、代替策準備 b) 目標復旧時間達成に必要な対応をし、取引先からの要員応援、協力会社への代替生産依頼や調達先の複数確保、コンピュータのバックアップ対策

出所：中小企業庁（2009）より筆者作成

（2）BCPの事前対策と代替策の策定

　製造業にとって被災時の代替生産は、企業間のマッチングや調整が難しく、製造コストも嵩む。ただ代替生産は、災害に備えてBCPの一方策として検討する必要がある。また産業支援機関も代替生産のマッチングに関する情報を平常時から収集すべきである。

　特に中小企業は、地域基盤産業の中心であるため、BCPの事前対策や代替

策準備が必要となる。企業規模別のBCP策定状況（2015年調査）は，大企業では60.4％が「策定済み」と回答した（2013年度比6.8ポイント増）。これに「策定中」（15.0％）を加えると8割近くに達した。中堅企業では，29.9％が「策定済み」とし，これに「策定中」（12.1％）を加えると4割強となった。これらから大企業を中心にBCP策定は進捗しているといえる。また，業種別では金融・保険業がBCP策定率が86.9％と高い。次いで情報通信業（59.1％），建設業（50.0％），製造業（48.1％）と続いている（内閣府（2016）pp.7-8）。他方，企業活動を取り巻くリスクを具体的に想定した経営を，「行っている」「現在計画中である」「行う予定がある（検討中を含む）」とする企業が想定するリスクは，全体では「地震・台風等の自然災害」（93.4％）「通信（インターネット・電話）の途絶」（54.5％），「新型インフルエンザ等の感染症」（50.4％）であった。また，企業活動を取り巻くリスクを具体的に想定した経営を「行っている」「現在計画中である」とする企業において，外的事象が発生したときの対応を従業員に浸透させ，実効性を高めるための取り組みの実施状況は，全体では77.5％，大企業では85.7％，中堅企業では68.6％，その他では70.4％が実施している（内閣府（2016）pp.11-12）。企業規模に関わらず，BCP策定企業は，緊急時も中核事業維持だけでなく，早期復旧でき，利害関係者からの信頼を得，事業拡大も期待できる。特にリスクマネジメント視点ではリスクがチャンスになる。ただ，中小企業は経営資源に余裕がなく，BCP策定が容易でない点が課題である。

　BCP策定では，個々の計画項目を見直しながら，自社の経営活動や生産活動あるいは生産活動に大きく影響しないことを前提として，BCPに取り組む必要がある。震災の被害状況・復旧状況を想定し，関係機関との一部の寸断が自社の経営活動に影響を及ぼした場合を想定し，自社に合うBCPを実行する。そして，職場や取引先の理解を早め，既存の仕組みを見直す上での効果が大きいことが第16章では指摘された。

4. BCP運用上の要点

(1) BCP運用における要点と要素

　BCPを一旦策定した後は，それを顧客や従業員に説明し，理解を得なければならない。特にBCPでは，当該企業に適合する計画が必要となる。中小企業庁（2009）では，図表19-4のようにBCP運用上の要点を整理している。BCPの運用では，顧客，従業員と協議を重ね，継続的に改善する必要がある。

　またリスク管理の手段11項目である，①BCP作成，②定期的訓練（被害を抑え復旧を早める計画），③工場移転，④工場の分散立地，⑤工場の耐震化，⑥自家発電設備（被害を避けるハード面の措置），⑦他社との代替生産の取り決め，⑧部品の標準化，⑨代替輸送方法の検討，⑩在庫の保有増加，⑪部材の分散発注（ビジネス継続，供給継続準備）は，すべてBCP策定の要素となる。

図表19-4　BCP運用上の要点

BCP運用上の対応	要点
①顧客と予め協議	a) 顧客からの信用を守るため、相互の思い違いがないようにする
	b) 中核事業や目標復旧時間は顧客の了解が得られるように相談する
	c) 災害時、顧客との緊急連絡手段や相互の要員応援等を決定する
②従業員との話し合い	a) 災害時、従業員が安全に行動し、駆けられるかを検討する
	b) 災害時の経営者の行動意思、従業員への行動期待等を話し合う
③継続的な改善	a) 当該企業に適合した「使えるBCP」にすることが重要
	b) 訓練や定期的な見直しにより、BCPを継続的に改善することが重要

出所：中小企業庁（2009）より筆者作成

(2) 地域継続計画を視野に入れた取り組み

　中小企業は大企業に比べて災害に脆弱であり，BCPの準備態勢は弱い。ただ企業には強みもあり，それらを示すことで，非常時には企業同士で融通し，統合して対応する体制を構築する「地域BCP（DCP：地域継続計画）」を策定する必要もある。これが形成できる外部環境は，地場産業群や工業団地であ

る。平常時から施設・設備・輸送・情報等での協力体制は，非常時の有効な訓練になる。このような協力体制が構築される地域は，企業の事業活動においても災害に強い地域となり得る。

そして，これらの支援は，「行政＋企業・経済団体＋支援組織＋地域」という機関で行われ，具体的には国，地方自治体，商工会・商工会議所，NPO法人事業継続推進機構（BCAO），金融機関等である。支援策では，①行政機関の防災対策にBCPの意義と必要性の明示，②ガイドラインやマニュアルの整備と普及，③BCPの普及啓発と策定のためのセミナー開催，④企業同士の情報交換や先行事例紹介により，アイデアを発信するBCP策定を支援する専門家の派遣，⑤BCPを策定し，運用する人材育成，⑥BCP策定を要件とする金利や保険料を優遇する融資制度や保険商品の提供，⑦サプライ・チェーン全体でBCP策定や運用，⑧BCP策定企業の訴求，である。特に地域継続計画では，BCP策定を一企業に任せず，地域や同業によって策定する必要がある。

中小企業の場合，定期的な訓練と継続的研修により，BCPの有効性を確実にする必要がある。そして実施の際，具体的な活動を取り入れ，災害に対してとるべき行動や復旧を円滑にする詳細な指示まで徹底的に行うべきである。つまり，BCPは一度策定しても，常に経済環境，社会環境が変化し，社内でも人事異動や新製品開発による重要業務の変化，財務体質の変化等があるため，BCPを実践的・効果的にするには，継続的に改善・管理することが重要である。他方，企業として事業継続に対する考え方や方向性がなければ，社員一丸となれない。そこでゼロからBCPを策定する場合，最初に方針を定め，組織として事業継続に取り組む姿勢や方向性を明確にすべきである。またBCP策定では，組織を横断的に検討すべきことが多くある。そして，一部署や担当者だけではできず，自社の事業を早期に再開する方策決定は経営者にしかできない（東京商工会議所（2012）p.10）。

5. BCP策定することの有効性

(1) BCP策定の優位性

　BCPの未策定は，知識やノウハウ，人材や資金等の経営資源不足によることが多い。他方，BCP策定企業は，親会社が存在する製造業が多く，複数の事業拠点，海外企業との取引関係，災害による事業中断の経験がある企業という特徴がある。

　東日本大震災で被災した中規模企業への調査では，震災後の危機管理対策では，「定期的な訓練やBCP作成」「工場の耐震化，自家発電装置の装備」「代替輸送方法」等が優先的に検討されるが，「ごく希にしか起こらない巨大自然災害に備えるコストをかける余裕はない」とする企業も一方では存在する。中小企業がBCP策定により，災害に強くなるだけでなく，平常時のメリットとして考慮する必要もある。それはまず，顧客からの信用向上である。BCP策定企業は，信頼できる企業と認識され，大企業では取引先にBCP策定を要請する企業もある。さらに従業員や協力会社との連帯が高まる。BCPは従業員や協力会社等と協働するため，その過程で企業を守る経営者の姿勢を示すことができ，従業員の安心感を生み，協力会社等との関係強化にもなる。またBCP策定企業が防災対策のための費用は，優遇金利で融資が受けられる。何よりもBCP策定は，中長期の経営戦略を練る貴重な機会となる。策定過程ではこれまでに取り上げてきたように中核事業を絞り込み，経営資源の弱点を抽出し，顧客や協力会社等との関係を再構築する。これは経営戦略の立案そのものである（中小企業庁（2009））。つまり，BCP策定により，多面での企業価値が向上がメリットとなる。そしてBCP策定により，社会的責任を果たせ，多方面で変化に強い企業体質に変革でき，事業の見直しの促進や雇用の確保にも結実する。

(2) 経営戦略としてのBCP

　海外では，BCPを他社と差別化する経営戦略と位置づける傾向がある。つ

まり，BCP水準を利害関係者である株主や顧客に訴求し，企業価値を向上させるというものである。大規模な事故・災害・事件等が発生しても短期的に事業を復旧できる企業であることは，企業が将来の取引先を選別における重要な要素となる取り組みである。

　BCPでは「目標復旧時間」を決定することが特徴である。これは災害発生の場合，発生時から基幹事業の再開まで，企業が設定する目標復旧時間である。先に触れたが，BCP策定では緊急時に優先して継続・復旧すべき中核企業を特定することが要点であった。その上で，中核企業の目標復旧時間（RTO）や目標復旧レベルを顧客と予め協議する。他方，全従業員とBCPの方針や内容を話し合う機会を設ける。特に従業員が担当外の業務の知識や価値観を共有（多能工化）し，日常業務への関心や問題意識を高められると事業中断の影響は最小限となる。そして，必要最小限の項目策定から開始する。また，具体的想定を行した上で，災害の発生時間（業務時間中や時間外）により，各々の対応策を検討する。このような対応自体が経営戦術となり，経営戦略となり得る。

　BCP策定企業は，大災害が発生しても目標復旧時間内で製品提供を再開することで，他社より優位となる。実際，大規模災害が発生した際のBCPの有無が大きく市場構造を変化させることもあり，その意味でもBCPは経営戦略としての位置づけが必要である。

6. 震災に備えるための提言

　震災に備えるための産業持続策として，BCPの視角から整理をした。わが国では阪神・淡路大震災以前は，大企業では災害が起こった後の事業活動について，「ある程度の」備えや訓練は行われていたが，現在のような準備ではなかった。他方，中小企業ではほとんどなされていなかったというのが実際であろう。しかし，わが国がこの四半世紀に経験した大きな4回の震災は，阪神・淡路大震災以前の準備では事業活動の継続が困難であることを広く知らしめ

た。この四半紀のBCP策定は，大企業を中心に進んできたが，中小企業ではまだ道半ばである。ただ，強調したいのは，企業規模によらず，当該企業にとって重要な事業を確定し，それらが何らかの災害によって中断した際には，復旧に要する時間を明確に確定することがBCP策定の根幹となることである。この根幹部分については，経営者，従業員，顧客との間で十分に意思疎通を図る必要がある。また，企業が立地する地域においても，協働可能な分野について積極的に取り組む必要がある。

【参考文献】
経済産業省（2005）「企業における情報セキュリティガバナンスのあり方に関する研究会報告書」事業継続計画策定ガイドライン
静岡県西部地域しんきん経済研究所（2009）「中小企業の事業継続計画（BCP）の取組状況調査」
商工総合研究所（2016）「地域機能継続に果たす中小企業の役割―BCM（事業継続マネジメント）と地域防災活動」『平成28年度調査研究事業報告書』
中小企業庁（2009）「BCP（事業継続計画）」中小企業庁経営安定対策室
東京商工会議所まちづくり委員会事業継続に関する専門委員会編（2012）「事業継続計画を作って信頼を高めよう」東京商工会議所
内閣府（2016）「平成27年度企業の事業継続及び防災の取り組みに関する実態調査」内閣府防災担当

（石川 和男）

産業復興における連携の必要性

1. はじめに

　東日本大震災では，沿岸部に立地していた水産加工会社が被災したが，被災した企業の多くは中小零細企業である。被災した中小零細企業は，政府が創設した補助制度によって自社の生産設備を復旧させることができたが，第7章で述べたように販路開拓に悩む企業が多く，販路を回復させた企業との間で格差が生じる状況も見られるようになった。宮城県石巻市や気仙沼市のように，大規模漁港を擁する水産都市の水産加工業は，地域内の原材料や蓄積された技術を相互に活用することで企業が成長してきた「産地型集積」に分類される。地域の企業間において収益性に格差が生じ，事業者数が減少していくと，地域産業の衰退といった問題に止まらず，住民サービスの低下や人口流出，高齢化といった問題が生じる可能性も否めない。地域全体の衰退を防ぐためには，就労機会を維持するとともに労働生産性や雇用の質を高めていかなければならない。

　地域産業はサプライ・チェーンといった関係性を踏まえると，多様な利害関係者が相互に連携していくことが求められる。被災地においても，地域が一体となって産業復興に向けて行動していくことが求められる。

　本章では，大震災によって被災した神戸市長田区のケミカルシューズ産業や石巻市の水産加工業界の状況や取り組みを踏まえながら，産業復興期における連携のあり方について考察し，今後の震災や災害に備えるべく対応について提

第20章　産業復興における連携の必要性

言する。

2. 阪神淡路大震災の教訓

　本書第3章で述べたように1995年に発生した阪神淡路大震災では，神戸市長田区に集積していたケミカルシューズ産業の業界が被災し，工場などの生産基盤を焼失した。震災後，被災した事業者は，操業を早期に再開することを望み，自社の生産設備が再整備されるまでの間，政府や兵庫県が開設した仮設工場で操業することになった（関・大塚（2001）pp.28-49）。しかしながら，生産数量や従業者数は，震災から20年を経過した現在でも震災以前の水準まで回復していない。その背景には，安価な海外製品との競争の激化が関係していると言われている。また，問屋依存体制の下，製造業務だけに傾注していたことも復興の足かせになっているという指摘も存在している（本書第3章参照）。神戸市長田区におけるケミカルシューズ産業は，地域集積と分業体制によって安価かつファッション性が高い製品を生産し，量的優位性によって飛躍的な発展を遂げてきた（加藤・山本（1998）p.33）。だが，かつて収益性を高めたビジネスモデルであっても，外部環境の変化に適応した対応がなされなければ，被災の有無に関係なく衰退していくことは自明である。

　阪神淡路大震災が発生した1995年は，バブルが崩壊してから間もない頃であり，デフレの進行とともに海外産品の輸入が増加した時期でもあった。このような状況において外部環境に巻き込まれないようにするためには，量的優位性から質的優位性に転換し，海外産品との差別化を図っていかなければならない。さらに，販売活動についても，卸売会社や大手メーカーの下請け業務に徹するといった依存体質から脱却し，地域が一体となって営業スキルを高めていかなければならない。震災後，神戸市長田区のケミカルシューズ業界は，産品に質的優位性を付与する必要性に鑑み，「神戸シューズ」という商標を掲げたブランディング事業を展開している。そして，各メーカーが販売活動に携わる拠点として，JR新長田駅の北側に「シューズプラザ」というファッションビ

ルを開設した。

　震災の翌年に発行された文献において，ケミカルシューズ産業の「新生」をはかる必要性について述べた神戸市産業振興局の宮崎は，「業界の魅力づくり」，「高品質な靴づくり」，「新たなネットワークの形成」，「分業体制と雇用問題を含めた生産システムの検証」といった方向性や克服すべき課題を提示している（宮崎（1996）pp.291-293）。宮崎が提示している諸項目は，産業復興に際し，製品志向中心のマーケティングから顧客志向，社会志向を踏まえたマーケティングにシフトさせていくとともに，外部環境の変化に応じたソリューションを地域が一体となって開発していく必要性について示唆したものである。分業体制下で製造業務を中心に行ってきた中小零細規模のメーカーが，販売事業を展開していくことは容易なことではないと思われるが，地域で新しいネットワークを構築することができれば，中小零細規模のメーカーであっても製造から販売に至るまでの事業を展開していくことが可能になる。そして，このような対応が産品ブランドの形成につながるものと考えられる。

　産業復興期において，地域の連携体制を再構築し，市場動向に即したソリューションを開発していく必要性は，神戸市長田区のケミカルシューズ業界の取り組みから得られた教訓であると言えるだろう。

3. 東日本大震災の経験を踏まえて

　阪神淡路大震災で被災したケミカルシューズ産業と同様に，東日本大震災では宮城県の水産加工業界も生産基盤を失った。これまでも述べてきたように，被災した企業はグループ補助金といった公的な補助金を受給して生産設備の再整備にあたったが，生産再開までの間に販路を喪失したため，震災から5年以上が経過する現在でも売上が伸び悩んでいる企業が多い。また，本章冒頭にも述べたように，最近では業績が好調な企業と不振な企業との間で格差が生じる状況も見られるようになり，補助金を受給して生産設備を復旧させたものの，売上げが伸張せずに経営破綻した企業も存在する（河北新報（2016））。

第20章　産業復興における連携の必要性

図表20-1　被災企業調査の結果

	震災前から生じていた	震災後に生じた	問題なし	未回答
デフレの影響による取引価格の低下	54 (63.5%)	11 (12.9%)	20 (23.5%)	17
輸入品との競争の激化	35 (42.7%)	11 (13.4%)	36 (43.9%)	20
大手量販店による価格交渉力の強化	41 (52.6%)	8 (10.3%)	29 (37.2%)	24
自社営業力の不足	36 (43.4%)	22 (26.5%)	25 (30.1%)	19
商品開発力の不足	35 (46.7%)	17 (22.7%)	23 (30.7%)	27
競合他社との差別化	30 (30.7%)	20 (24.7%)	31 (38.3%)	21
自社製品のオリジナリティの欠如	26 (34.7%)	14 (18.7%)	35 (46.7%)	27
自社ブランド形成の必要性	30 (39.0%)	13 (16.9%)	34 (44.2%)	25

出所：三陸産業再生ネットワーク（2013）

　第7章でも取り上げたように，筆者ら（石原・李ら）は2013年1月以降，石巻市と気仙沼市の被災企業（水産業と関連業）に対する調査活動を継続的に実施しているが，自社工場での生産を再開する企業が増えてきた2013年7月に実施した調査では，図表20-1のような状況が明らかになった（三陸産業再生ネットワーク（2013））。

　石巻市や気仙沼市といった特定第三種漁港を擁す水産都市の水産加工会社は，一次加工までを手がける企業，大手メーカー製品や流通業界が手がけるPB商品を下請け製造する企業，自社製品の製造を手がける企業に大別することができる。一次加工を行う企業では，漁港で水揚げされた水産物を三枚卸しにしたり，冷凍加工したりする業務を行っているが，量をさばくことによって売上を高めることができたとしても収益の源泉となる付加価値額を高めることは難しい。大手メーカーの製品やPB商品を製造する企業についても同様に，大量受注によって売上金額を高めることが期待できるものの，付加価値額を高めていくことは困難であり，原料価格などの変動費が高騰する時期は収益性が著しく減少するといったリスクも生じる。その一方で，オリジナル製品の製造を手がける企業の場合は，製品に対する評価を得ることができれば付加価値額を高めることが可能であり，さらに製品ブランドとしてのステータスを確立す

ることができれば価格競争に巻き込まれることなく持続的に販売することができる。

　図表20-1で示したように，収益性向上に向けてマーケティングスキルを高めていく必要性やブランディングの重要性については，被災した水産加工会社も認識している。大手量販店による価格交渉力の強化を震災前から感じていた企業は約5割強（52.6％）を占めており，震災後に生じたと感じる企業を合わせると6割（62.9％）を超えている。また，自社営業力や商品開発力の不足を感じている企業もそれぞれ7割弱（69.9％・69.4％）を占めており，同様に自社製品のオリジナリティの欠如や自社ブランドの形成の必要性を感じている企業も5割程度（53.4％・55.9％）占めていることが明らかになった。

　しかし，大手メーカーや流通事業者などに依存してきた中小零細規模の水産加工会社が自社製品をNB（National Brand）として販売していくことは，経営資源を考慮すると容易なことでは無い。近年の市場動向を考慮すると，モノをセールスしたり，取引先の御用聞きをしたりするだけの営業要員では収益性を高めていくことはできない。顧客志向，社会志向に基づく現代的マーケティングの考え方に適応した資質を修得し，製造要員と一体となって製品価値を創造し，価値を提案できる能力を身につけなければならないだろう。だが，第2章で示したように水産加工業における労働生産性や平均年収を考慮すると有能な人材を集めることは容易ではない（図表2-8参照）。実際に人手不足に悩む水産加工会社も多く，東北経済産業局がグループ補助金を受給した企業に対して実施した調査によると，建設業の68％で震災以前の水準まで人材の確保がなされているものの，水産・食品加工業については37％にとどまっていることが報告されている（東北経済産業局（2015））。

　水産加工業の被災は，立地する地域における産業の衰退を加速させたものの，震災の発生によって生産設備の喪失や販路を失ったことが直接的な原因では無い。阪神淡路大震災で被災した神戸市長田区のケミカルシューズ産業と同様に，デフレや市場の縮小，海外産品の競争激化，流通環境の変化といった外部環境の変化によって影響を受けた問題なのである。したがって，被災地の水

産加工業の復興を目指していくためには、業界が抱える根本的な問題を解決していくことが求められる。

阪神淡路大震災後に宮崎が指摘していたように、東日本大震災で被災した水産加工業の再生をはかるためには、分業体制と雇用問題を含めた生産システムを検証し、新たなネットワークを構築しながら、高品質な製品を造っていくことが求められると考えられる。そして、このような対応を着実に推進していくことが、「業界の魅力」を高めることにつながると思われる。

4. 地域産業を持続させるためのアライアンス

阪神淡路大震災で被災したケミカルシューズ産業も、東日本大震災で被災した水産加工業界も、「依存型のビジネス」を展開していた。このようなビジネスは需要が供給を上回る時代には適応することが可能であったが、現代のように成熟した市場においては収益性の向上を図ることは困難である。たとえ優れた技術によって生産された製品であったとしても、価格競争に巻き込まれ、結果的にコモディティ化してしまう可能性も否めない。

市場規模が縮小する状況において製品の価値を高めていくためには、「依存型」から「自立型」のビジネスへ転換しつつ、客観的な視点に基づき、消費ニーズに適応した製品を開発していくことが求められる。また、製品の生産から販売に至るまでのプロセスを貫く価値伝達の仕組み（バリューチェーン）を構築し、生産過程で創出した価値をターゲットとなる顧客に伝達していかなければならない。

しかし、経営資源が限られている中小零細企業にとって「自立型」のビジネスを展開していくことは容易なことではない。とりわけ、震災で被災し、公的な補助を受けながら再建を目指している企業にとっては、そのような事業に転換することは困難である。このような状況においては、新たなネットワークを形成しながら「連携型」のビジネスへの転換を図っていくべきであろう。

企業間の連携（アライアンス）による事業展開は、競争上の強みを創出する

上で有効であり，社外の経営資源を広範にアクセスすることが可能になる。また，経営上のコントロールも柔軟に対応することが可能になるとともに，企業が相互に協調することによって，製品価値の向上，市場の拡大，技術上の強みの創出，組織の強化，財務面の強化をはかる上で有効であるとされている（Lewis（1990））。近年では，航空機業界や国内の自動車メーカーでも企業間の連携が行われており，自社が得手とする事業と連携先が得手とする事業を組み合わせた事例は枚挙に暇がない。また，飲料メーカーと老舗の茶店との連携など，異業種による連携も行われるようになり，このような連携は製品価値の増大や差別化のポイントを強化する上で有効であるとされている。

　その一方で，2008年には「中小企業者と農林漁業者との連携による事業活動の促進に関する法律」（農商工等連携促進法）と「企業立地の促進等による地域における産業集積の形成及び活性化に関する法律」（企業立地促進法改正法）が相次いで施行され，農（農林水産事業者）・商（商業事業者）・工（製造業者）が相互に連携する事業に対する支援体制が整備された。農商工等連携促進法が対象とする連携のイメージは，同法の施行と同年に発行された「農商工連携88選」（農林水産省・経済産業省（2008））や「農商工連携取り組み事例集」（東北経済産業局（2008））で確認することができる。「農商工連携88選」では，事例を「新しい生産方式又は販売方式の開発」，「新サービスの提供」，「新商品の開発（農畜産物を活用したもの）」，「新商品の開発（林水産物を活用したもの）」に分類しており，新商品の開発や生産から販売に至る事業において連携をはかるイメージが提示されている。一方，「農商工連携取り組み事例集」では，「販路開拓」，「生産性向上」，「新商品開発」，「人材育成」，「ブランド化」，「商品の差別化」，「品質管理」，「資金調達」，「環境対応」，「その他」といった「連携のテーマ」を提示しながら，それぞれのテーマに基づいた連携事業が紹介されている。

　農商工等連携促進法が想定する事業は，東日本大震災で被災した東北地方の企業の販路開拓や収益性の向上を図る上で有効であると考えられる。しかし，「連携型」のビジネスを展開していくためには，被災企業の意向を把握する必

第20章　産業復興における連携の必要性

図表20-2　被災企業調査の結果

	計	はい	いいえ	未回答
同業種との連携	102	47(56.6%)	36(43.4%)	19
異業種との連携	102	46(55.4%)	37(44.6%)	19
大学及び研究機関との連携	102	41(50.0%)	41(50.0%)	20

出所：三陸産業再生ネットワーク（2013）

要がある。図表20-2は，図表20-1と同様に，筆者らが2013年7月に石巻市と気仙沼の被災企業（水産業と関連業）を対象に実施した調査の結果である。設問の提示に際しては，「大学及び研究機関との連携」，「異業種との連携」，「同業種との連携」に分類してそれぞれの意向について尋ねた。調査の結果から，被災企業の半数程度が同業種および異業種と連携する意向を示していることが判った。また，支援機関となる大学及び研究機関との連携についても，半数の企業が意向を示していることが判明した。

　農商工連携のように，複数の事業者間で連携事業を展開するためには，マッチングをはかる仕組みを構築することが求められる。堀田は，農商工連携事業の推進に際して，「消費者のニーズに沿った安定的な商品と原料供給」，「農商工間の知恵や知識の創出により達成した商品開発」，「付加価値の高い安定供給可能な段階の形成」が必要であるとし，知恵，知識の創出には大学等の研究機関や流通業者がサポートする場合があると述べている（堀田（2012）pp.15-16）。地域の産業界には，業種ごとに業界団体や組合組織などが存在しているが，業種が異なる異業種との交流機会は存在しないものである。農商工連携のように異業種が相互に連携する事業を展開していく場合は，大学などの研究機関や経済団体，金融機関といった産業支援組織が介入し，各企業のニーズを収集しながらマッチングを図っていく必要があると考えられる。ただし，被災地域の産業復興を視野に入れて連携事業を推進していくのであれば，連携による実績を1つの取り組みだけで終始させるのでは無く，地域全体に波及させていかなければならない。技術的な側面だけに着目するのでは無く，地域産業を包含する多種多様な業種を俯瞰しながら多様な連携スキームを構築していくべき

であろう。

5. ソーシャル・イノベーション・クラスター

　地域産業は，中小企業白書（1985）で説明されている「地元資本による中小企業群が一定の地域に集積し，原材料，労働力，技術等の地域内の経営資源を活用し生産・販売活動を行っている」といった地場産業の概念とは異なる。その産業を支える産業も広く含めた概念であり，その地域社会に深くとけ込んだ存在である（伊藤（2011）p.36，石原（2014）pp.41-42）。このような地域産業の概念は，阪神淡路大震災で被災した神戸市長田区のケミカルシューズ産業にも，東日本大震災で被災した東北地方沿岸部の水産業や水産加工業にも適用することができるだろう。地域産業がその地域の基幹産業として根付き，集積し，発展したという経緯を考慮すると，被災企業は地域産業を支える構成員としての意識を持つとともに「地域の産業は地域で守り，維持する」といった「共助」の精神を持つ必要がある。

　このような考え方に基づいて産業復興を図っていくためには，本書第17章で提示しているように被災企業は「社会性」，「事業性」，「革新性」という基本的特徴を持ち，社会的課題の解決に取り組むソーシャル・エンタープライズ（社会的企業）としての意識を持たなければならない（谷本（2006）p.4）。そして，地域の産業界は社会的商品・サービスの開発やそれらを提供する新たな仕組みの形成を目指す「ソーシャル・イノベーション」を連携体制の下，創出していかなければならないだろう。

　谷本（2006）は，「社会的企業，中間支援組織，資金提供機関，大学・研究機関などが地理的に集中し，これらが協力的かつ競争的な関係を構築することにより，多様な社会的課題への新しい解決方法や新しい社会的価値が生み出され，新しい社会的事業が形成されるような組織の集積状態」を「ソーシャル・イノベーション・クラスター」（SIクラスター）と定義している（前掲書, p.37）。そして，「SIクラスターは，特定の地域が核となり形成されるもので

第20章 産業復興における連携の必要性

あるが,基本的にオープンな場であり,そこに多様な人間が出入りすることでソーシャル・イノベーションが地理的な制約性を超えて広がりを見せることもある」と述べている。クラスターの概念は,M.E.ポーターによって提唱された産業クラスター論が有名であるが,その対象は特定の産業分野となっていた。それに対して,SIクラスターは対象分野を特定せず,様々な社会的課題において多分野にかかわる幅の広さを持っている(前掲書,pp.39-40)。

多様な人間や事業者が連携する必要性については,ソーシャル・キャピタルの研究でも述べられている。D.Cohen and L.Prusakは,ソーシャル・キャピタルの概念を「人々のあいだの積極的なつながりの蓄積によって構成される。すなわち,社交ネットワークやコミュニティを結びつけ,協力行動を可能にするような信頼,相互理解,共通の価値観,行動である」と位置づけ,企業群がソーシャル・キャピタルを形成することによって次のようなメリットがもたらされると説明している(Cohen and Prusak(2001)邦訳書,p.7)。

・信頼関係に基づくリレーションシップと共通の参照枠組み,共通の目標が確立されることにより,知識の共有が改善される。
・(企業内,他の企業や顧客・パートナーとの関係において)高いレベルの信頼と協力精神が生まれることにより,取引コストが低下する。
・離職率が低下し,退職関連コストや採用・研修費用が低下し,頻繁な人員交代による不連続性を避けられる。また,貴重な組織的知識が維持できる。
・組織の安定と共通理解により,行動の一貫性が向上する。(前掲書,p.18)

東日本大震災後,被災地では「絆」という文字が書かれた看板や商品を目にするようになり,人的なつながりの重要性が再認識されるようになった。産業面の復興に限らず,被災地の復興に際しては,様々な立場の人間が相互に交流し,様々な局面で連携しあうことが肝要である。震災に備えるための対応としても,人的なつながりを業界の枠に縛られない形で構築しておくことは,非常時における合意形成や意思決定の迅速化につながるとともに,結果的に復旧・復興事業を加速させるものと考えられる。また,Cohen and Prusakが説明し

313

ているように，信頼関係に基づくリレーションシップやパートナーシップは，事業に対する組織的な意識を高めるとともに，諸コストの削減や人的資源の確保，事業能力の向上といった効果を創出されることが期待できる。ソーシャル・イノベーションやソーシャル・キャピタルの研究で提示されている考え方については，被災地の産業復興に際して意識されるべきである。

　第7章で取り上げた産学・異業種連携開発商品「石巻・飯野川発サバだしラーメン」の開発事業は，東日本大震災で被災した水産加工会社と製麺会社に加え，石巻市郡部地域の商店街関係者や農事組合法人といった震災前までにつながりがなかった関係者が相互に連携した取り組みであったが，第17章でも述べているように，関係する各事業者は自社の収益性向上とともに地域全体の復興を目指していきたいという意識を持っていた。また，第2弾の商品として開発した地域間連携開発商品「鳥取・境港発カニだしラーメン」，第3弾の商品として開発した「宮城・石巻発シャケだしラーメン」の開発に際しても，異業種連携による商品開発の手法を地域内の他事業者や石巻市と同様に水産業が衰退している地域にも広げていきたいという想いがあった。筆者（石原）は，これらの事業に関与した当事者の1人であるが，震災前までに交流機会が無かった各事業者らは，事業を推進する過程において自社の損得に関係なく，地域の復興に向けて建設的な議論を交わすようになった。また，連携事業の枠組みを広げるために，他の被災企業に参画を働きかけるなど，オープンな環境を構築しようと行動した。

　実際に，2016年6月には，震災後，石巻市の観光客数が回復しないという状況に鑑み，「食」を中心とした産業観光を開発するための研究会組織（石巻フードツーリズム研究会）を新たに設立した。同研究会には，「サバだしラーメン」の開発に携わった企業に加え，石巻魚市場（産地卸），道の駅「上品の郷」，石巻商工会議所，JR東日本仙台支社といった企業や団体の関係者が参加している。同研究会では，産業観光を定着させるためには，民間が主体的にホスピタリティの精神を修得し，観光客との関係構築を図ることが重要であると考え，JR東日本が企画する日帰り型のツアー（「駅からハイキング」）におい

て，震災後に再建された石巻漁港や被災した水産加工会社，津波避難タワーなどを徒歩で巡るイベントを2016年10月と11月に開催した。同イベントでは，首都圏から来訪した参加者に対して石巻魚市場の復興状況や同市場内において実施されている放射性物質検査（第2章5節参照）について説明がなされた。また，水産加工会社では震災時の様子や震災後に取り組んでいる事業内容に関する説明がなされるとともに，水産加工品の試食や石巻焼きそばの調理方法などの体験イベントが開催された（図表20-3）。このイベントは，参加者の募集開始日の翌日に定員に達するほどの人気企画となったため，2017年3月にも「石巻の復興グルメを知って・学んで・味わう」というイベントを開催した（JR東日本（2017））。

　このほか，学校給食において国産の水産物が活用されていないという問題の解決を図るために，水産加工残滓として排出される魚の中骨をレトルト加工したもの（レトルト中骨）を給食の食材として提供するプロジェクトが立ち上がった。このプロジェクトには，「サバだしラーメン」の開発に携わった関係者に加え，練り物を製造している水産加工会社（被災企業）が新たに参加している。同プロジェクトで開発した宮城県産ギンザケと石巻産サバのレトルト中骨を活用した給食メニューは，2016年9月より宮城県女川町の学校で提供されるようになり，12月からは，地産地消に向けた取り組みが伝統的に盛んな山形県高畠町の学校でも提供されるようになった（図表20-4）。

6. 震災に備えるための提言

　東日本大震災後，石巻市の被災企業とともに産業復興をはかるための事業に携わっている筆者は，阪神淡路大震災で被災した神戸市長田区のケミカルシューズ産業の経験や反省が教訓として生かされていなかったことに悔やみきれない想いを感じている。神戸市長田区のケミカルシューズ産業も，石巻市や気仙沼市の水産加工業も，地域の暮らしを維持する上で欠かすことができない基幹産業である。震災によって基幹産業を衰退・喪失させてしまうと，人口流

図表20-3　石巻フードツーリズム研究会のメンバー

出所：筆者撮影

図表20-4　レトルト中骨を活用した学校給食メニュー

出所：筆者撮影

出や地域の空洞化を引き起こす可能性も否めなく，実際に石巻市では人口が減少する状況が続いている。未曾有の災害とは言え，過去の震災の経験や震災で得た教訓は，震災に備えるべく対応として平時の段階から地域産業の関係者らで考察していかなければならない。

　被災時に業界の壁を越えて連携体制を構築することは，阪神淡路大震災で被災した神戸市長田区のケミカルシューズ産業の復興に際してもその必要性が指摘されていたが，このような対応は16年後に被災した石巻市の水産加工業界

でも同様の必要性を感じた。従来まで直接的な関係を持たない業界や事業者との間で水平的かつ垂直的な連携体制を構築することは容易なことではないが，多様な連携による事業展開は，中小零細企業同士であってもノウハウや技術を結集させる機会になるとともに，地域産業のイノベーションを促進したり，地域の社会的な課題を解決したりする上で有益な機会につながることが期待できる。既成概念にとらわれないアライアンスの仕組みは，被災した後だけでなく，震災に備えるべく産業持続策としても検討していくべきである。

【参考文献】

D. Cohen and L. Prusak (2001) In Good Company: How Social Capital Makes Organizations Work, President and Fellows of Harvard College（沢崎冬日訳『人と人の「つながり」に投資する企業―ソーシャル・キャピタルが信頼を育む』ダイヤモンド社，2003年）

J.D. Lewis (1990) Partnership for Profit, The Free Press（中村元一・山下達哉訳『アライアンス戦略－連携による企業成長の実現』ダイヤモンド社，1993年）

石原慎士（2014）「地域産業」佐々木茂・石川和男・石原慎士編著『地域マーケティングの核心―地域ブランドの構築と支持される地域づくり』同友館，pp.41-54

伊藤正昭（2011）『新地域産業論―産業の地域化を求めて』学文社

加藤恵正・山本誠次郎（1998）「ケミカルシューズ産業の復興過程と課題」加藤恵正・山本誠次郎『阪神大震災からの都市再生―復興の現実と新たな視点』中央経済社，pp.32-44

河北新報（2016）（2016年12月6日）

三陸産業再生ネットワーク（2013）『被災企業調査』
　　http://ishihara-lab.org/home/s3net/

JR東日本（2017）『駅からハイキング』Webサイト
　　https://www.jreast.co.jp/ekihai/evdetail.aspx?EvCd=0816063

関満博・大塚幸雄（2001）「大震災とケミカルシューズ産業の被災の状況」関満博・大塚幸雄『阪神復興と地域産業―神戸市長田ケミカルシューズ産業の行方』新評論

中小企業庁（1986）『1985年（昭和60年）版中小企業白書』第5章第2節地場・産地における中小企業の活力ある展開

東北経済産業局（2015）『グループ補助金交付先アンケート調査（2015年6月実施）』
堀田和彦（2012）『農商工間の共創的連携とナレッジマネジメント』農林統計出版
宮崎誠（1996）「ケミカルシューズ産業の復興」財団法人神戸都市問題研究所編『震
　災復興の理論と実践』勁草書房，pp.275-294

（石原　慎士）

おわりに

　2011年3月11日14時46分，筆者（石原）は，出張先の青森県八戸市で会議を行っていた。激しい揺れが生じたとき，すぐに宮城県沖が震源では無いかという予感がした。揺れが収まったあと，近くに居た人が手にしていた携帯ラジオに耳を傾けると，震源が宮城県沖であることを知った。実は，東日本大震災の2日前にも三陸沖を震源とする大きい地震（M7.3）が起きていたので，嫌な予感がしていた。
　当初，日帰りの予定の出張であったが，停電が生じ，交通網も寸断されたため身動きがとれなくなった。学生のこと，大学のこと，地域のこと，家族のことを考えると一刻も早く宮城に戻らなければならないと思ったが，気持ちを落ち着かせて八戸市中心部に開設された避難所に向かった。
　青森県八戸市は，震災前年の2010年3月まで居住していた土地である。旧知の方々も多く，私が避難所にいることが伝わると，報道された情報や宮城の状況を教えていただいたり，食料を提供していただいたりした。震災の翌日，水産加工会社の役員を務める知人から「津波で工場が被災したので，八戸に居るのならば見に来て欲しい」という話を受けた。筆者は，水産加工会社の被災状況を確認するために，水産加工団地が集積している同市鮫地区まで徒歩で向かった。訪問した水産加工会社は，津波で建物の壁が損壊しており，工場内の生産ラインや機器類は瓦礫の中に埋もれていた。しかし，水産加工会社には従業員が集まっており，一日でも早く再稼働できるように，工場内に入った泥や海水をかき出していた。後に知った話であるが，訪問した水産加工会社は，被災した同業者とともに使用可能な生産機器類を寄せ集め，翌月には共同体制で生産活動を再開したということである。停電していた電気も3日目には復旧したため，冷凍保管していた加工原料の腐敗は辛うじて免れた。
　筆者は，八戸駅から北に向かう鉄道の運行が再開されたという情報を得た後，青森駅に向かい，その後，奥羽本線，羽越本線を乗り継いで日本海側を南

下することにした．移動の途中，新潟から仙台行きの高速バスが緊急車両扱いで運行されているという情報を得たのでとりあえず新潟市に向かうことにした．そして，震災から9日目にして，宮城県内の自宅に帰着することができた．

　自宅に帰着した後，勤務している大学が所在する宮城県石巻市に向かった．勤務している大学の建物は損壊が軽微であったが，構内には被災した方々の避難所やボランティアセンターが開設され，自衛隊のヘリコプターが離着陸を繰り返していた．筆者は，大学に立ち寄った後，水産加工会社が集積している石巻市魚町に向かった．

　そのとき筆者は，魚町で目にした光景と震災翌日に八戸市で見た光景に大きな違いがあることに気づいた．日本一の長さを誇る魚市場の建物は一部しか残存しておらず，漁港に係留されていた漁船は陸に打ち上げられていた．また，水産加工会社は建物そのものが流出し，基礎の部分しか残っていない企業が多数見られた．まるで，爆撃を受けたかのように何も残っていない水産加工団地は，見通しが良くなったためかエリア全体が狭くなったような感じがした．

　震災から2ヶ月が経過した頃，筆者は石巻市の水産関係者で設立した石巻水産復興会議に参加した．そのとき，同会議には多くの被災企業の経営者が参加していたが，自社設備を喪失し，復旧への見通しが立たない状況の中で，多くの経営者は公的な支援策に期待を寄せていた．具体的な支援策が発表されないことに苛立ちを隠せず，会場で怒号が飛び交う光景も目にした．

　そのとき，東日本大震災後，筆者は阪神淡路大震災や新潟県中越地震といった先の大震災の経験や教訓，反省点が震災前になぜ生かされなかったのかということをたびたび感じた．2017年3月で震災から6年の歳月が経過したが，被災した企業の経営者と面会すると今でも同様のことを感じている．本書でも述べてきたように，1995年に発生した阪神淡路大震災のときは，神戸市長田区に集積していたケミカルシューズ産業の工場が焼失し，生産基盤を失った．ケミカルシューズ産業は，震災後，海外諸国で生産される輸入品の増加に伴い，結果的に産業規模が縮小してしまった．東日本大震災によって被災した石巻市の水産加工業も，人件費が安価な諸外国で水産加工品が製造され，輸入されて

おわりに

　いるという状況を考慮すると，復旧・復興過程で産業が衰退してしまう可能性が否めない。労働集約型産業の衰退は，人口流出を引き起こす危険性もあり，震災以前から人口の減少が進む地方都市の場合は，地域社会が空洞化してしまうことも危惧される。

　宮城県は，東日本大震災前に巨大地震が生じる確率が高い地域に位置づけられていたが，大震災の発生が想定されているのであれば，なぜ，先の震災経験で得た経験や知見は事前に生かされていなかったのだろうか。

　被災地となった石巻市では，「震災を風化させてはならない」という声を耳にする。その一方で，辛い経験をした人たちの中には，「あの日を思い出したくない」という人も存在する。しかし，東日本大震災で経験したことは，今後想定されている地震に備えるべく対応として生かされるべきであり，辛い経験をしたとしても後世に伝えていかなければならないことは間違いないことである。東日本大震災後，全国各地で事業継続計画（BCP）を策定しようとする動きが散見される。阪神淡路大震災の後，震災への備えに取り組んできたコンビニ業界は，東日本大震災という未曾有の大災害において過去の反省を活かせたものの，さらなる試練にも直面した。しかし，そのたびに学び直し，新たな備えを充実させながら進化している。石巻では，震災から6年の月日の中で，地域内外の連携の必要性を共有できるようになった。

　災害は，想定されていない地域でも不意に襲ってくるものであることは，今般の熊本地震や幾多の水害で明らかになった。この20有余年の大災害の経験を肝に銘じて，日々の備えを意識の中におきながら，明日の経営を考えたい。本書の内容や筆者らが取り組んできた活動が，今後の震災に備えるための対応を検討する際に少しでも参考になれば幸いである。

2017年7月

編著者　石原　慎士
佐々木　茂
石川　和男
李　東勲

【執筆者紹介】（執筆順）

大矢根 淳（おおやね じゅん）：第1章　執筆
専修大学人間科学部教授

三谷 真（みたに まこと）：第3章　執筆
元関西大学商学部准教授　現在NPO法人まちづくりネットワークTOMネット副理事，近畿・中部会会長

上村 靖司（かみむら せいじ）：第4章　執筆
長岡技術科学大学工学研究科教授

晝間 尚子（ひるま なおこ）：第5章　執筆
ニュージーランド，クライストチャーチPlains FMラジオパーソナリティ

河藤 佳彦（かわとう よしひこ）：第10章　執筆
高崎経済大学地域政策学部教授

伊藤 宣生（いとう のぶお）：第11章　執筆
山形大学名誉教授

加藤 茂夫（かとう しげお）：第12章　執筆
専修大学名誉教授　現在NPO法人流通農業大学学長

大津 俊雄（おおつ としお）：第13章　執筆
元神戸国際大学経済学部教授　現在同大学非常勤講師，NPO法人神戸まちづくり研究所

舛井 道晴（ますい みちはる）：第15章　執筆
石巻専修大学経営学部准教授

姜 徳洙（かん とくす）：第16章　執筆
嘉悦大学ビジネス創造学部准教授

佐々木純一郎（ささき じゅんいちろう）：第17章　執筆
弘前大学大学院地域社会研究科教授

【編著者紹介】

石原 慎士（いしはら しんじ）：第2章，第6章，第7章，第20章　執筆
石巻専修大学経営学部教授　博士（学術）。
弘前大学大学院地域社会研究科博士後期課程修了。
［主要業績］『新版　地域ブランドと地域経済—ブランド構築から地域産業連関分析まで』（共編著），同友館，2009年。『地域経営の課題解決—震災復興，地域ブランドそして地域産業連関表』（共著），同友館，2013年。『新版　地域マーケティングの核心』（共著）同友館，2016年。

佐々木 茂（ささき しげる）：第5章，第9章，第18章　執筆
東洋大学国際観光学部教授　博士（商学）。
明治大学大学院商学研究科博士後期課程　単位取得満期退学。
［主要業績］『流通システム論の新視点—トータル流通システム構築に関する研究』（単著）ぎょうせい，2003年。『イノベーションによる地域活性化』（共著）日本経済評論社，2013年。『新版　地域マーケティングの核心』（共著）同友館，2016年。

石川 和男（いしかわ かずお）：第14章，第19章　執筆
専修大学商学部教授　博士（経営学）。
東北大学大学院経済学研究科博士課程後期修了。
［主要業績］『わが国自動車流通のダイナミクス』（単著）専修大学出版局，2011年。『基礎からの商業と流通（第3版）』（単著）中央経済社，2013年。『新版　地域マーケティングの核心』（共著）同友館，2016年。

李　東勲（い どんふん）：第7章，第8章，第13章　執筆
石巻専修大学経営学部准教授　博士（経営学）。
専修大学大学院経営学研究科博士後期課程修了。
［主要業績］『経営目的からみる小零細小売業の課題』（単著）専修大学出版局，2007年。『フランスの流通・政策・企業活動—流通変容の構図』（共著）中央経済社，2015年。『新版　地域マーケティングの核心』（共著）同友館，2016年。

2017年7月30日　第1刷発行

産業復興の経営学
―大震災の経験を踏まえて―

Ⓒ 編著者　石原　慎士
　　　　　佐々木　茂
　　　　　石川　和男
　　　　　李　　東勲

発行者　脇坂　康弘

発行所　株式会社 同友館

〒113-0033 東京都文京区本郷 3-38-1
TEL.03(3813)3966
FAX.03(3818)2774
http://www.doyukan.co.jp/

落丁・乱丁本はお取り替えいたします。　　　　三美印刷／松村製本
ISBN 978-4-496-05297-2　　　　　　　　　　　Printed in Japan

本書の内容を無断で複写・複製（コピー），引用することは，特定の場合を除き，著作者・出版者の権利侵害となります。